杨西北 著

曲·乡曲

儿子笔下的诗人

楊騷

中国华侨出版社

·北京·

图书在版编目（CIP）数据

心曲·乡曲：儿子笔下的诗人杨骚 / 杨西北著 .—
北京：中国华侨出版社，2020.9
ISBN 978-7-5113-7997-9

Ⅰ .①心… Ⅱ .①杨… Ⅲ .①杨骚（1900-1957）—
传记 Ⅳ .① K825.6

中国版本图书馆 CIP 数据核字（2019）第 185617 号

心曲·乡曲——儿子笔下的诗人杨骚

著　　者 / 杨西北
责任编辑 / 刘雪涛
责任校对 / 孙　丽
经　　销 / 新华书店
开　　本 / 670 毫米 ×960 毫米　1/16　印张 /18　字数 /270 千字
印　　刷 / 三河市华润印刷有限公司
版　　次 / 2022 年 2 月第 1 版第 2 次印刷
书　　号 / ISBN 978-7-5113-7997-9
定　　价 / 49.80 元

中国华侨出版社　北京市朝阳区西坝河东里 77 号楼底商 5 号　邮编：100028
法律顾问：陈鹰律师事务所
编辑部：（010）64443056　　　64443979
发行部：（010）64443051　　传真：（010）64439708
网　址：www.oveaschin.com
E-mail：oveaschin@sina.com

序

杨骚自传手迹

鲁迅说过："当我沉默着的时候，觉得充实；当我开口说话，就感到了空虚。"

我只是个普通人，此时，亦有同感。

我的父亲杨骚是个作家、诗人、翻译家，以及其他等等称誉，我是后来才知道的。他去世的时候，我才5岁半。5岁半，能懂得多少事情呢？父亲那张苍老的、与实际年龄不相符的脸庞给我留下了印象；

他牵着年幼的我在楼前的草地散步、那只在眼前晃动的青筋毕露的大手背给我留下了印象；他抄起鸡毛掸子要抽打淘气的我时那种愤怒给我留下了印象；还有在灵堂中他躺在玻璃长盒里沉睡的模样也给我留下了印象。此外，对他几乎一无所知。

随着时光流转，我渐渐长大。最初是在家中为数不多的书籍报刊中发现了父亲的名字，有他写的书和文章，还有别人写的关于他的文章，后来在许多中国现代文学史里也看到了他的名字。从此我开始注意搜集和整理他的资料，有突破性的进展是在"文化大革命"结束之后，坚冰消融，大地回春，老作家重新复出有了良好的外部条件。在40余年不懈的了解与追寻中，父亲在我心中逐渐血肉丰满起来。

如今，出版界空前活跃，报刊林立，媒介高速发展。多家出版社相继出版了父亲的选集、散文集、海外诗文选等，还有关于他的传记和研究论文集。父亲的一些遗著也得以重版，如收入他三部诗剧《记忆之都》《心曲》《迷雏》的诗剧集《记忆之都》，以及他和白薇的书信集《昨夜》。

《昨夜》是作为中国现代小品经典丛书之一重版的。重版前，其中的一些信，就被各式各样的情书集选入，流传甚广。一些报纸杂志网络，颇费心思地登载了有关他和白薇关系的文章，并冠上种种醒目的标题。我十分感叹，都过去八九十年了，真的有那么强的生命力？真的那么有价值？不仅如此，父亲还被移植上了银屏。有一篇文章说："近日，在看电视和读报刊时，不知怎的，常感到'历史成了一个百依百顺任人打扮的女孩'。例如，传媒上透露的一些重要的史事竟有胡编乱造之嫌。比如中央电视台播放的电视剧《白薇》，竟把柔石烈士写成是为了掩护白薇、引开敌人而被捕的。"这篇登于《人民日报》1995年12月12日的短文叫《历史不容任意'打扮'》，作者是个很有造诣的学者。当然，这只是一家之言。我作为一个读者和观众，却常想：这就是我的父亲吗？

于是我萌起一个念头，将我了解和认识的父亲——杨骚写出来。

然而这并不容易。当我是一个旁观者时，心里是很踏实的，父亲在我心中是什么样子就是什么样子，无须他人指指点点。当我要将他写出来时，那就是另外一回事了。这样写准确吗？这样写真实吗？这样写人家会怎样想我的父亲呢？诸如此类的问题就会出现。迟迟疑疑，拖了一年又一年，竟成了心头的一种负荷。

思前想后，我终于下定决心——走自己的路，让别人说去吧。

我试图以杨骚情感历程为主线串起这本书。当然，所有的事实都有依据。

母亲说，我在她怀胎8个月时就出生了，是个早产儿；俗话说"七成八败"，又说我出生时瘦小得可怜，像只猫一样。父亲断定我活不成，想把我扔掉，可母亲舍不得，我毕竟是她身上掉下的肉，于是就养了下来。我出生在印度尼西亚的雅加达，出生时，正好是父亲工作比较安定的时候，也是我们家比较安定的时候，所以我不但活了下来，还长得胖胖的。回国后，幼儿园的阿姨以为我胖得不正常，结果一检查，身体顶好。假如当年父亲把我扔了，这本书的作者又会是谁呢？

我将按照我的思路和理解来写这本书。

愿九泉之下的父亲安宁。

—目录—

楔子

3　一　相隔数十年的几则消息

8　二　我敲开上海高安路的一扇门

第一章　梦幻

3　一　他们在东京的日子

12　二　湖南妹子A

19　三　东京大地震

27　四　西子湖畔春色多

35　五　终于分手

42　六　湖南女子白薇

52　七　心曲

第二章　迷惘

63　一　滞留漳州

71　二　提琴如诉

78　三　新加坡的穷教员

84　四　受难者的短曲

第三章　呐喊

93　一　重逢白薇

101　二　与鲁迅先生的交往

110　三　上海——春的感伤

118　四　上海——昨夜

126　五　他唱出《乡曲》

第四章　跋涉

143　一　热血榕城

151　二　前线半年

163　三　南温泉有一段回忆

第五章　南洋之行

173　一　再赴新加坡

184　二　山芭隐居

193　三　椰岛之国的姻缘

201　四　耕耘《生活报》

211　五　夜半低吟

第六章　叶落故土

217　一　回国啦

222　二　家乡纪行

227　三　北京的六月与热情

232　四　温馨的文德路和宁静的白鹤洞

第七章　没有结束

243　一　A妹

246　二　寻白薇

254　三　他倏然离去

261　四　六十年以后

后记

楔子

一、相隔数十年的几则消息

20世纪50年代初的某个秋天。9月25日，这是一个很平凡的日子。然而对我们全家来说，这一天是一个标志。父亲、母亲、哥哥和我4人一起登上客轮离开雅加达，返回祖国。

此时我才1岁多，虽然已经会走路，但很可能是被母亲抱着的。哥哥嘬着嘴，脸上挂着眼泪。出海关时，他佩带的一把十分漂亮的玩具砍刀被蛮横的检查人员强行扣下，母亲还想同他们理论几句，父亲非常宽容地说："算啦，留下吧，回去后，买一把更威风的。"哥哥

20世纪20年代日本留学留影

在旁边放声痛哭，哄了许久才止住。当然，这个情节是许多年以后听母亲说的。

这一天，应当是阳光灿烂。客轮驶离码头，平稳地行驶在蓝色的爪哇海域。父亲在船舱里，轻松地燃上一支烟。颠沛流离了大半辈子，难得有这么舒坦的心境。他可能还走上甲板，透过无边无际的波澜、烟云迷离的天际，眺望北方。那里有亲爱的祖国。离开祖国已经整整11年了，祖国，您还记得您这个儿子吗？

　　客轮途经望加锡，停了两天，然后从容地穿过望加锡海峡。长达十余天的海上旅途中，父亲一定思绪万千。

　　船停泊在香港。我们从香港进入广州。在广州暂时安顿下，就住在海珠广场边上的爱群大厦。父亲于11月下旬到达北京。

　　11月8日，《南方日报》第三版发表了为庆祝十月革命35周年而作的《短歌三首》，署名杨骚。其中一首如下：

　　　　劳动使猿猴变成了人，
　　　　十月革命使人看到了光明。
　　　　歌颂吧，劳动！
　　　　歌颂吧，十月革命！

　　　　劳动创造了人类的一切，
　　　　十月革命使一切为着人。
　　　　歌颂吧，劳动！
　　　　歌颂吧，十月革命！

　　　　十月革命以前劳动者不被当人看待，
　　　　十月革命以后劳动成为神圣和光荣。
　　　　劳动吧，不停地劳动！
　　　　劳动吧，为了更美好的将来！

　　当时，我堂兄杨荣正在张家口读书，晚自修的时候，他浏览报纸，不经意间看到《短歌三首》，非常兴奋。他忍不住看了好几遍，忍不住告诉其他的同学，还给远在福建漳州的妹妹写了一封信。这个堂兄深受他的伯父（我父亲）影响，后来也涉足文坛。杨骚在国内发表作品了，它传递出杨骚已经回国的信息，这信息大概在家乡的亲友间成为一时的话题。

　　但是，杨骚回国的信息，除了成为他家乡亲友的谈资，更多的是要告诉关心他的人们，杨骚将回到文学界，回到他们的行列中来。20

年代后期到30年代末一直活跃在文坛的杨骚，从40年代开始不知去向，在大陆的文坛上销声匿迹。现在，他回来了。他将为了美好的将来而辛勤地劳动。

到北京后，中国作协设宴为从印度尼西亚回来的杨骚和从朝鲜前线回来的杨朔洗尘。在宴席上，父亲与许多老朋友重逢，非常激动。他已经很长时间不喝酒了，今天破例喝了好几杯。他同杨朔在抗战期间一起在前线跋涉半年，患难与共，我将在后面讲述这段往事。回到祖国，父亲下了很大的决心，他要将自己半生的经历化成绵绵长长的文字。

遗憾的是，杨骚没能重新活跃起来，他几乎是沉默了，直至去世。

去世以后，是一段长长的空白。星移斗转，20多年就这么过去了。

1980年3月，"左联"成立50周年，周扬在纪念大会上讲话时提到了杨骚。这使我们很激动。

1987年4月3日，《人民日报》(海外版)登了一篇文章，题目叫《杨骚与我》，作者是凌璧如。文章的末尾，编辑加上了编者按。编者按是这么写的："此文辗转从台湾寄来。作者凌璧如，现代作家、文学翻译家，80余岁，现居台湾。杨骚，即杨维铨，中国诗歌会发起人之一，中国左翼作家联盟成员，1957年1月病逝于广州。"这篇回忆文章和这段编者按提醒我，父亲没有被遗忘。我拿着这张报纸，久久没有放下。

在《杨骚与我》文章中，作者以真挚的感情记述了他和杨骚的友谊。他写道："我们的友情有时淡如水，有时却热如焚。有时像林间的一对鹁鸪，有时又似碧空上的两朵浮云。虽是离多聚少，意趣长相依存。"凌璧如是什么人？我后面将很快提及。

三年后，《杨骚选集》由厦门大学出版社出版，除大陆的媒体刊载了消息外，中国新闻社还向海外发布了消息。1990年4月16日中新社以"《杨骚选集》已由厦门大学出版发行"为题的消息这样介绍："(《杨骚选集》)除精选杨骚诗歌29首、剧本4部和散文、评论17篇，计20万字以外，又收入'中国诗歌会'发起人之一任钧(森堡)的回忆录《诗人杨骚》和王任叔(巴人)写的纪念文章《忆杨骚》，并附有《杨骚简谱》，全书共23万余字。"不少海外华文报纸转发了这条消息。

这个版本的《杨骚选集》是父亲的好朋友、老作家沙汀题签的，虽然是我编选的，杨骚简谱也是我写的，但其中凝结着许多人的心血。搜寻这些资料，几近于大海捞针，其中的艰辛只有亲身经历过的人才能感受得到。《杨骚选集》本来是北京一家权威的出版社要出版，后来出于经济上的考虑，迟迟无法上机。文化遗产的保存和积累，还真是步履维艰。

又过了两年零七个月。1992年11月26日至28日，杨骚学术讨论会在杨骚的故乡福建漳州市举行，讨论会结束的当晚，即11月28日晚，新华社发了通稿。通稿这样写道："彭冲副委员长为杨骚学术讨论会题辞，欧阳山、沙汀、楼适夷、端木蕻良、艾芜、草明、胡絜青、任钧、于逢等向讨论会发来贺电贺信。讨论会收到杨骚研究论文30多篇，来自全国各地的33名专家学者在会上进行了学术交流。"通稿又写道："这次学术讨论会是由福建现代文学研究会、福建省作协、广东省作协、漳州市政协、漳州师院、漳州市文联等单位共同发起主办的。"完整地说，主办单位还有福建华安县（杨骚的祖籍地）人民政府和芗城区（原漳州市）人民政府。接着，《人民日报》（海外版）《光明日报》《文艺报》《文学报》等报刊纷纷发了有关讨论会的消息。

这次讨论会取得了极大的成功，是对杨骚文学第一次较为全面的研究、分析、评价和总结。但是，这次讨论会背后的策划、组织、筹措经费等所付出的辛苦，只有为数不多的人知晓。这是许多年来的一个特有的现象，许多著名的现代作家著作的出版、学术讨论会的召开，无不饱含着作家亲属殚精竭虑的付出。

两年以后，在杨骚诞辰95周年之际，漳州举办了一系列纪念杨骚的活动，包括杨骚戏剧演出和戏剧研讨会、杨骚诗歌朗诵会、专题讲座等，以《闽南日报》1994年12月17日的《纪念著名作家杨骚诞辰95周年活动拉开序幕》的报道为发端，报刊和电视台对此作了大量的宣传。这次活动，尤以戏剧演出引人注目。漳州师院芗涛剧社上演了杨骚的《记忆之都》《蚊市》《钉子》三个剧目，反映了新中国成立前人们追求美好生活的幻灭、知识分子的悲惨际遇以及人们抗击日本侵略者的坚强意志，这些剧目受到年轻人的热烈欢迎，演出场地爆棚，连边廊和窗台都挤满了人。这可能是抗战结束后杨骚的剧作第一次被搬上舞台。

从此以后，大多数逢五和十的杨骚周年纪念，漳州师院（后更名为闽南师范大学）和有关部门几乎都要举办纪念活动，芗涛剧社先后排演了杨骚的7个独幕剧和诗剧。杨骚的母校也排演了他的长篇叙事诗和抒情诗。

随着杨骚的名字被重新提起，人们也开始关注起杨骚的情感生活。有人坦率向我问起，有人欲说还休，我也尽我所知，满足人们的探寻欲。就我自己而言，何尝不想多了解一些，毕竟是自己的父亲。

于是，我也开始积极寻找，寻找那些人们关心的事情。

这些事情通常在公开的媒体上不易看到，即使看到也通常是片面的、被渲染过的。这不是我希望的。我想要的是自然的、真实的、不事声张的、小溪潺潺般流过的，即使瀑布般汹涌，也要汹涌得透亮、不含糊。美之永恒，不正是因为有这些元素在起作用吗？

二、我敲开上海高安路的一扇门

　　第一次听到白薇这个名字是母亲告诉我的，现在想来仍让人觉得有些不可思议。母亲一向不问世事，同白薇素昧平生，大概是从父亲与他人交往的言谈中不经意得知的。谈不上宽容，也谈不上大度，似乎在她心中，这算不得什么。可能是我在翻看家中书籍或是问起父亲什么事情时，她也是很不经意地说出来，说白薇曾经是父亲的女友，文章写得很好，甚至讲过写得比父亲还好这一类话。那时我年纪还小，对大人的事似懂非懂，但是这句话我却记住了。那天，在我们老家那间光线挺不错的房间里，她对我讲这句话时，我得以清楚地看到她的脸。在柔和的光亮中，她的脸显得安详平静，略带笑容，因此，讲这句话时那种赞赏的意味也不加掩饰地流露了出来。长大以后，我才明白，母亲这种淳朴有多么难得。

　　后来，我在家中看到一本书，扉页有父亲和白薇的合影，书中的内容就是他们来往的信。以我那时的年龄，觉得这本书没情节，没什么故事性，看不下去，因此随便翻翻就放下了。以后这本书不知被谁取走了，便不知去向。

　　数年以后，我又看了这本书。那时我作为一个知青，已经上山下乡到农村接受再教育去了。正是长知识的时候，在那文化荒漠的年月，我们一些人经常交换着看当时的文学禁书。一次回城，一个朋友找到我，意味深长地笑着对我说："我借到一本书，是你父亲写的，和一个人的通信，那人名叫白薇。"我向他借来了这本已经没有封面的书。我不求甚解，囫囵吞枣地看完它。此时，我已经长大，我明白这本书的价值。于是我小心地对这个朋友说："我能不能把这本书留下，我有用。看看书的主人有什么条件？"朋友答应试试看。几天之后，得到的答复令我欣喜万分。原来条件只是用一本同样厚的书交换，另外还有人想看，看完后书就属于我了。我找出一本厚厚的关于红军二万五千里长征的故事集，还有点舍不得，又将其中一张长征路线图裁下来，才交给朋友送去。这本书最终到我手中时，扉页和杨骚与白薇的照片也都没有了，我找来一张牛皮纸，小心翼翼地将它封贴起来。这本书就是《昨夜》。

真正激发我较系统整理父亲的资料是1973年夏天发生的一件事。当时我插队的生产大队推荐我去上大学，到公社就被刷掉了，理由是没有政审，正值"文化大革命"，"作家"这顶帽子不由得使人联想到黑帮分子。我找来各式评介父亲的有关报刊，也无济于事，政审材料姗姗到来时，招生早已结束。还好我没气馁，利用回城的机会，整理家中父亲留下来的信件和笔记本。

在一本薄薄的、浅土黄色封皮的笔记本中，我看到了父亲写的简略自传。其中有这么一段话："东京这一次大火灾……给我机会尝到初恋苦味，更因而认识另一位女性，纠缠不清，使自己以后十余年的生活在极无聊的苦恼中过去了。"

东京大火灾是由东京大地震引起的，东京大地震发生在1923年9月，那时父亲不满24岁。这段话明白无误地告诉我，父亲年轻时，曾有两个女性走进他的心中，这段感情的纠葛，至少缠绵十余年。这十余年，正是杨骚创作的鼎盛时期。

这两个女性一个是白薇，另一个呢？

我翻阅着《昨夜》，想寻找一些蛛丝马迹，但是书中每封信所涉及的人名，除了极个别以外，一概用英文字母代替，鲁迅在信中也成了"L"。尽管如此，我还是从信中看出了一点眉目。双方信中曾多次出现"A"或"A妹"，这是同一个人，从信中的内容完全可以看出，A妹曾是杨骚钟爱的一个女性。那么，这个A妹又是什么人呢？

1980年2月，我在漳州市一条偏僻的小巷子里，找到当年同父亲一起到日本留学的吴玉德老先生，此时他已80岁了。吴老先生从中学一年级就和杨骚同班，日本留学回来后，一直在教育界做事，虽然如此高龄，脑子还十分清醒。他回答了我感兴趣的一些问题，可能是初次见面，还不熟悉的缘故，我没有向他问起有关父亲个人生活方面的事，但是他自然而然地谈到了。他说，东京大地震后，我和维铨（维铨是父亲的学名）一起回国，先在上海住了几天，同行的还有一对湖南兄妹，维铨同这对湖南兄妹关系非常好。我当时听了没有留意，白薇是湖南人，可能这个女性就是白薇吧。回来以后静心一想，似乎不对头，没听说白薇有个哥哥。

我第二次走访吴老先生时，他告诉我：那对湖南兄妹，哥哥叫凌璧如，妹妹叫凌琴如。又说，凌琴如后来嫁给钱歌川，钱歌川低我们一届。

1985年春节前夕，我公干到海南岛万宁县，春节是在兴隆华侨农场堂兄杨荣家中过的。杨荣即是我在上节文中提到的在张家口读书的堂兄，现在农场中学教书，父亲晚年时，他同我们住在一起，朝夕相处，陆陆续续听了养病中的父亲闲谈时聊起的不少往事。在我住的招待所里，堂兄向我谈起关于父亲的逸闻。他说1948年在台湾求学时见过凌琴如，父亲年轻时曾倾心于她。

第二年，在台湾的堂叔杨杰离开大陆近40年后第一次返回家乡漳州，他与在台湾的凌璧如兄妹非常熟悉。原来，A妹就是凌琴如。

通过堂叔的穿针引线，我同凌家在上海的小妹妹联系上了。多年以后我才意识到，我迈向了通往父亲心灵深处的很关键的一步。

凌家的小妹妹叫凌瑄如。第一次同她见面是与王克平一道去的，王克平是著名作家巴人的儿子，住在上海。我们骑着自行车，穿过一条条熙熙攘攘的大街，来到高安路，与大都市的喧闹相比，这条路显得格外安静。我抬起手，敲开这里的一扇门。这是80年代最后一年的初秋。天气很好，阳光充足，使人感到一切都那么明朗。

这是一栋别墅式的公寓，已经很旧了，有绿树掩映着，虽然楼中的装饰已褪色剥落，仍可看出昔日的奢华。这里是上海人民艺术剧院的宿舍，住着几户人家，凌瑄如是这家剧院的导演，已经离休了。她家住在楼上。

见面之前我们已经多次通信，因此没有太多的客套。我最初称她为"凌老师",没多久,她就不满意了,嗔怪道:"怎么叫我老师,都生分了。"于是我改称为"凌阿姨",一切都显得那么自然,没有一丝牵强。

我们娓娓交谈着。原来她认识父亲,她说:"那时我还是个小女孩,你父亲给我留下的印象是衣着朴素,手里拿着个普通的手提包,像个地下工作者,我老怀疑他是地下党。"她这个说法使我感到非常新鲜。她同白薇来往也密切,她一个女儿在北京一家电影制片厂工作,每逢她上北京,总要同女儿一道拜访白薇。她让我看了几本影集,里面有不少她家同辈人的照片,我惊讶地发现,凌琯如笑起来同凌琴如如此相像。中午她留我们在家中吃午饭。凌阿姨的爱人特地上街买了啤酒,他叫胡子,上海人民艺术剧院的顾问,70多岁了,提着啤酒回来时,汗水沁出两鬓,使我觉得很不好意思。

之后,每逢出外,只要途经上海,我都要上门拜候,有一回还在她家留宿了一晚。这些都发展得顺理成章。有时我觉得这世界有点玄妙,前辈人的事,越过时空,曲折回转,断断续续,还是牵扯了下来,人们在生活中留下的一些富于美感的东西,想让它在冥冥中消失,恐怕也难。

我们彼此都坦率地谈了不少。她对杨骚同二哥(凌璧如)二嫂、大姐(凌琴如)大姐夫以及白薇的关系洞若观火(我希望"洞若观火"这四个字在这里能最充分展示自己的意义)。

她已70岁,阅历也多,就当事人来讲,她是局外人;就家庭来讲,她是局中人,这种局中局外的双重身份,使她能较理智地观察和体会姐姐姐夫、哥哥嫂嫂、杨骚白薇之间这种不多见的、交错复杂的感情。

不久,我同在台湾的凌璧如老人联系上了,他通过在美国的钱歌川老人,给我寄来了他写的长达近两万字的关于杨骚的回忆。其中写到了他和大妹凌琴如与杨骚的友情,写到了东京大地震,写到了他们一起逃难回国后在西湖度过的甜美日子,真实地描写了凌琴如与钱歌川先行回东京的过程和杨骚极为痛苦的失态。

后来,他又辗转给我寄来了他写的长篇回忆录《趣园往事话童年》,这本十多万字的书是1985年在台湾出版的,这是一部凌氏家族沧桑史，其中有许许多多凌氏兄妹童年的经历，书一直写到他们到日本留学，也写到东京大地震。尤其这场大地震，让人看得惊心动魄。书里也提及"同学挚友杨维铨（杨骚）"。

所以我在这里要先说上一句，我将在本书中写到的父亲他们在日本留学的生活、凌琴如幼年时的逸事、他们在东京大地震的经历、西湖的日子等，所有的情节无一虚构，不少情景描写和对话都是凌璧如先生的原文。

每次我与凌琯如交谈，无论时间长短，我的脑际总会浮现六七十年前杨骚等一群年轻人的一幅幅生活景象，他们的爱恋、他们的苦恼、他们的相聚欢畅、他们的离愁别绪、他们艰难的锲而不舍的奋斗、他们牵肠挂肚的痛苦。

当然，杨骚告别年轻以后的生活也渐次淡入。

我将我的了解和理解诉诸以下文字。

第一章　梦幻

一、他们在东京的日子

1918年夏天，杨骚在福建省立第八中学（现在的福建漳州第一中学）毕业。漳州的夏天，一派繁盛的景象。荔枝林中，暗红的荔枝簇簇坠在枝头，芒果树上悬着的墨绿色的芒果开始透出成熟的嫩黄，与发亮的绿叶争俏的串串龙眼也渐渐饱满诱人。流过漳州南门外的南门溪（九龙江西溪），冬日略见瘦削的腰身，在春雨的滋润和阳光炽热的爱抚下，也日渐丰满起来。

漳州地处九龙江冲积平原，气候温煦，土地肥沃，雨量充沛，物产丰富，人们知足安逸。然而偏偏有人就不安分，不安分的血在血管里涌动，不安分的想法从脑子里冒出，想闯世界，想出人头地，想成就一番事业，这些念头在心里啃啮。当然这是些年轻人，年轻人喜欢做梦，梦往往是很美丽的。

维铨（这时的杨骚叫这个名字）爱游泳。这天，他穿着短裤衩，脖子上扎着条白毛巾，光着脚，满脸喜气地出了家门。他家在南市街，走到南门溪要不了三两分钟。他到了南门溪，瞄了瞄满江漂动的西斜阳光，转身溯江朝西走去，在一棵枝杈探向江面的老榕树下停住了。这个地方叫洋老洲，他从这里下水，向江中游去。江的西南方向，隆起一座线条很优美的山，这座伫立江畔的山叫圆山，海拔近500米，圆山东麓，繁衍生长着驰名海内外的水仙花。维铨的目光缓缓滑过圆山，滑过江边密密的竹林，落入温暖的水中。碧绿的江水向前流去，他也轻松地顺流游去。他换了一种姿势，用侧泳游着。一只手插入水中划动，双腿一剪，既不费劲，游得也快，还可以舒适地想想心事。维铨在江边长大，对这条江很有感情。几天后，他将东渡日本留学，特意来同南门溪再亲热亲热，也算告别。他时而蛙泳，看着前方宽阔迷蒙的江水；时而仰泳，望着高深莫测的蓝天。他不知疲倦，一直游到东闸口，足足游了两公里，才意犹未尽地上岸。

天色已经暗了下来。当他从东闸口走回到南市街，踏在凉凉滑滑的石板路上时，不禁生出一种依恋。

八月的一天，他们上路了，前往对他们来说具有神秘色彩的日本东京。他们，指的是杨维铨、吴玉德、戴扬光、郑玑、黄宗均，前4

日本留学期间的杨维铨

名都是杨维铨省立八中的同学，从一年级起就与其同班，后一名是福建第二师范学校的。他们都才十八九岁，这些人的家庭，都同属漳州这个小城的望族。既然少年家有志想出外见世面，家里也乐得支持，留洋镀金，回来光宗耀祖，跻身上流社会，何乐不为？

他们5人从漳州乘上帆船，船顺九龙江向下开去，开往石码镇。维铨坐在船舷边，将手伸进水中抚弄，水从指缝轻柔地哗哗流过，"别了，九龙江，再见时恐怕得几年以后了。"维铨心想。

石码镇在九龙江入海口处，他们就在码头转乘小汽轮，小汽轮突突地开向厦门，当天晚上在厦门找了家旅社住下。这一夜，他们当中有谁能睡得安生呢？兴奋，对未知的惴惴然，也许没有一人能呼呼打鼾。

第二天下午五时，一行人上了一艘有两三千吨级的日本轮船，轮船天亮以后到达台湾基隆港。在基隆一家小旅馆又住了一夜。然后才乘上一艘五六千吨级的大轮船开赴日本。

这艘船真叫大，船上可以放电影，船员讲的都是日本话，使人感受到这全然是另一个地方、另一种生活，并开始注入异国的味道，使人感受到开始离开自己的国家了。这一小群未来的留学生离开家乡时那种惴惴然并没有为船上的新鲜所驱逐，反倒渐渐弥散开来。还算幸运，他们在船上认识了一个名叫吕焕文的四川留学生，他已经在东京高等师范读书了，讲得一口颇流利的日语。一路上，他照料着这些可能是未来同伴的少年，充当他们与船员间的翻译。在海上过了两个夜晚，终于到了日本神户。从神户又坐了两个晚上的火车，才到达东京。

吕焕文热心地把他们介绍到小石川区玉川馆住下，同住的多是中国留学生。小石川区也算是一个热闹的地方，有电车通神保町。杨维铨、吴玉德、戴扬光三个人同住一间房，房间八席宽，每席约有二尺，包吃住，三餐干饭，每人每月二十三四元。生活总算有了着落。

维铨进入日华、东亚等预备学校学习日语，补习英语和数理化。没想这一预备就预备了两年多时间。

他们一行人到东京，是准备考官费学校的。当时有帝国大学、高等工业学校、高等师范学校、千叶医专、第一高等学校5所学校是官费学校。他们一心想考帝国大学，但是没能考上。这两年多时间，维铨除了复习功课，还看了不少书。他后来在《自传》中说："因为自己爱好文艺，在这一时期，无计划地看了许多日译本世界各国名家的小说、戏曲、诗歌。家乡漳州文化水准非常落伍，可以说，自己到日本以后才接触到新思想的。看到而且喜欢看《新青年》杂志，也是在这个时候，颇受影响。"

1921年，他考入了高等师范学校英语系。这不是维铨想读的学校，但总不能年年月月靠家中寄钱养活，而且家里出现了接济不上的迹象。首先得解决生活问题。上了高师，每月有75日元生活费，伙食和住宿每月要35日元，如果不挥霍的话，大抵在东京待下去还是可以的。维铨想先学点英语，毕业后再考日本帝国大学。

然而后来的路子完全不像他设计的那样，人毕竟很难把握自己的命运。他结识了新的朋友，后来发生了感情的波折，这些又有谁能够预想得到？连维铨自己也只能跟着感觉走。

刚入高等师范学校不久，维铨就认识了凌璧如。

他们认识的经过，无论我怎样描写，也不及凌璧如自己写的那样真切动人。以下是我摘录的一段他的文章：

> 1921年的一个晴朗的4月天。这时在东京正是樱花盛开的季节，但日本的各学校大都在这个月初就开始春季学业了。
>
> 我从住所搭乘了二次市营电车。下车后，徒步走往学校。这学校是我刚在几天之前通过入学考试被录取入学的。
>
> 我来到日本已两年多了，想考进一个有"官费"的学校，目的是学工科。不料今春竟染上了欧战后大流行的流行性感冒，并被送进了医院。虽然保住了一条命，但是所有的几个官费学校大都在二三月间我病重的时候招考过了。长居安，大不易。以我的经济情形来说，决难以维持到明年此时。所幸今春还有最后一个学校——东京高师——距招生日期还有十天。于是我不理医院的劝告，由友人扶持着蹒跚出院了。这就是我这次投考入校的经过。这儿虽没有工科，不合我心愿，但终能使我不必担心生活费用读几年书了，不是件可喜

的事吗？

　　沐浴着暖和的阳光，怀着几分愉快的心情，我走进了教室。这是上课的第三天了。教室的座位是各人自由选定的，我仍坐在中间一行的后面，不时望望周围那些新面孔，但是没有兴趣跟他们打交道。因为我素来拙于言辞，不爱交际，所以人家总说我是个落落寡合的人。

　　在第二节课后的十分钟课间休息时，有些同学们开始交谈或是走动，我只是转动着身子，伸个懒腰，然后呆呆地望着窗外那株小银杏树。它的扇形小叶被微风吹得不停地闪动着，不禁使人联想起阳光照映下在海面上轻轻颤动的涟漪来！

　　正在这个时候，突然觉得耳根上被什么东西碰了一下。转身一看，落在书桌上的乃是一只纸飞机，折得非常精致。我立即站起来向四面察看，只见最左行的前排座位旁有一位同学正背靠在玻璃窗边站着，对我微笑。而且他修长的手指间还夹着另一只纸飞机！他是个风姿绰约的青年，略显清癯，从他薄薄的唇边出现的微笑，与人以喜悦和亲切之感。我非常高兴地走到他的座位旁，与他攀谈起来。从折飞机谈到其他的一些事情。这就是我和维铨相逢的开始。

　　从此，维铨和凌璧如相从甚密。

　　他们两人意趣相投，课余一起到操场打球，假日互相走访。他们都喜欢音乐，音乐成了系结他们心灵的一条无形的纽带。

　　这是一个迷人的黄昏。维铨吃过饭，回到房间，从榻榻米上的枕头边拿起小提琴，夹在下巴与肩头间，随意地拉了几下空弦，之后走到窗前，就着初起的、半透明的暮色，自我陶醉地拉起来。他拉的是舒伯特的《小夜曲》。尽管窗外是异国的天空，拂来的风却带着清爽与温馨。年轻的维铨似乎无忧无虑，想的自然不会是家乡。这首《小夜曲》的旋律完全是一种低回的倾诉，这种倾诉还带着梦幻般的诗意，只能意会，无法言传。

　　他拉了一遍，接着又从头开始。这时，凌璧如来了。维铨抬抬眉头，算是招呼。譬如倚在门边，随着提琴旋律用日语轻轻哼唱起来。

大意是这样的：

> 我的歌声穿过深夜，/向你轻轻飞去。/在这幽静的小树林里，/爱人，我等待你！/皎洁月光照耀大地，/树梢在耳语，树梢在耳语。/没有人来打扰我们，/亲爱的，别顾虑，亲爱的，别顾虑！/歌声也会使你感动，/来吧，亲爱的！愿你倾听我的歌声，/带来幸福爱情，带来幸福爱情！（邓映易译）

他们大概属于那种有些语言天赋的人，日语都学得很不错。维铨放下小提琴，走上前，激动地拥抱着璧如，这个动作没有一丝的做作。他留着长发，有一绺落下，搔着璧如的耳际。他为有这样的知己感到幸福。

"舒伯特，伟大！"维铨说。

璧如回应道："生长舒伯特的奥地利也伟大。"

"对，奥地利出现那么多大音乐家，太伟大了。"维铨赞同道，开始讲起舒伯特的逸事，说他有一回到维也纳郊外的一家酒吧，看到吧台上有一本莎士比亚的诗集，于是拿起来看，忽然叫道，旋律来啦，五线谱。同伴将菜单翻过来，画上五条线，递过去，舒伯特用笔记下，这就是著名的《听，听，云雀》。

维铨犯疑地又问："你怎么不学学小提琴呢？"

"我会吹口琴，简单好学。"

维铨听了颇不以为然，"口琴怎么能与提琴比"。当时，几乎所有的人都认为小提琴在器乐中的地位是至高无上的，在东京教提琴的人也有不少。

他怂恿璧如学提琴。后来他果然也学了。但是璧如一直不知道维铨拉的这一手好提琴师出何门。

舒伯特的这首《小夜曲》，不知对维铨日后的感情生活有些什么隐喻。

系结维铨和璧如心灵的另一条纽带是文学。

　　维铨在家乡念书时，就对中国文学有浓厚的兴趣，最初看的是《说唐》，接着是《封神榜》《东周列国》《水浒》《三国志》等。到日本后，阅读的书籍有一个重要的转折。这里应插上一段话。与维铨同住一个下宿（简易旅社）的有一个来自四川的留学生，名叫李初梨，他沉迷于外国文学，常常作诗，维铨深受他的影响。李初梨后来成了创造社后期主要成员，从事左翼文学活动。维铨后来在一篇《最初和外国文学接触是在日本》的文章中说："经过李君（李初梨）介绍看了屠格涅夫的《猎人日记》以后，觉得另外有种味道，接着便看同一作者的《散文诗》，以后是《初恋》《烟》《前夜》《父与子》《罗亭》等，几乎把同作者的作品全都看完了。我注意西洋小说，是这样开始的。以后入了高师，对校里的功课总觉无趣，老是看小说，或剧本、诗歌，有个时候竟非常热心看歌剧本。但所看的大都是日译的外国东西，不管哪一国的都好，有机会便看，没有系统，也没有深加研究，马马虎虎……"在广泛阅览之中，他萌生了创作的欲望——开始写诗。

　　璧如也是个热爱文学的青年，时常是这样的：维铨有了新的作品，就涌现出急切要同璧如分享的念头。他急急走到璧如住处，"来，本子。"于是璧如找来本子递上。维铨在纸上匆匆涂着诗句。这都是些白话新诗，有《樱花树下》，写两人相恋最终又无奈分手；有《一个日本女子》，写一个妹妹对情哥哥的一片痴心；有《船公和船婆》，写一对恩爱的老夫妻齐心协力逆流撑船的情景。璧如总是不加掩饰，爽快地谈出自己的感受。维铨有不同的看法，也马上陈述或反驳，当然也有赞同的时候。在这样的交流中，他们都得到了莫大的愉悦。

　　维铨壮着胆子，开始向国内的报刊寄稿子。在几近望眼欲穿的企盼中，一些白话新诗发表了，在上海《民国日报》的副刊上。投稿成功，给了维铨极大的鼓舞。也许可以说，他的文学创作生涯就这样开始了。

　　璧如也没有虚掷光阴，他在积累着、磨砺着。当时，白话新文学运动正在中国兴起，中国留日学生在这场文学革命中起着先驱和主力军的作用。璧如后来翻译出版了《英美短篇小说集》《朵莲格莱的画像》《继配唐夫人》等著作，晚年还写了长篇家族回忆《趣园往事话童年》。

　　留日学生中的文学青年不少喜欢霍普特曼、安特列夫、王尔德等象征主义和唯美主义作家的作品。维铨也一样。

　　在东京求学的几年中，维铨崇尚自由和崇尚艺术的天性得到极大的发展。他弄文学，拉提琴，还画画。60年后璧如这样写道："有一次，我到旅社去看他，发现他独自站立在住室中央的一个画架前，专心致志地在画那书架上的石膏半身像。这使我大吃一惊，因为我一直不知道他又在学画。他的性格就是如此，他认为独自埋头学习，没有必要向朋友们宣扬。我还记得一两年后的某一天，他匆匆走来我家，交给我一张画。那是他自制的像明信片般大小的一张卡片。卡片上画着一个半身人像。我一眼看去，就知道是罗曼·罗兰的像，画得酷似。那卡片后面，还用日文写了100多字的赞词。他的日文是够好的。这也许可说是他的即兴之作。他的兴致一来，就或画或写，一挥而就。然后交给我，一言不发。……可惜在抗战西迁途中我遗失了一口小箱子，那张画正装在箱子中的另一相片簿内。这个损失，令我惆怅难忘。"

　　初到东京时，维铨留的是小平头似的短发，后来慢慢蓄起长发。这头发从额头止中分成两边，形成两道弧从两边的眉梢划过，很随便地向脑后伸去，路过两页耳朵时，不经意地淹没大半截耳朵，这种不知应称为什么的发型，很特别，但是用"浪漫"二字形容它则是贴切的。这发型很符合他当时近于奔放的心境。

　　维铨很欣赏自己的这种发型，对着镜子百看不厌。闲时，他在纸上涂抹作画时，画的常常就是自己的脸庞速写，几笔勾出脸型，两个圆圈，中间一横，就是鼻梁上的那副眼镜，最有特点的是额头那两捺，当然代表自己的长头发了。这肖像速写他到处送人，也寄回遥远的家乡，他很得意地宣称："这就是我！"

　　他们尚未入世，正当年少，精力很是充沛，除了学习和醉心文艺，年轻人还想出了一些天真的玩法。他们都喜欢体育，游泳和打网球都很来劲儿，维铨特别爱游泳，这些炫耀体力与技巧、速度与灵敏、平衡与协调的活动还不能满足渴求。

　　有一天，璧如突发奇想，他对大家说："走，我们来搞一项新的比赛，到街上再详细讲。"得到了响应，男男女女一伙人骑着自行车上街了。街上行人还不算多，有轨电车不时从街中心的两条铁轨上辚辚碾过。璧如指着那两条铁轨说："就在那儿，我们两个人一组，在铁轨上骑自行车，看谁骑得远。"铁轨窄窄的，在上头骑车肯定不是一件容易的事，但是年轻人什么都想试一试，几乎没有犹豫，维铨说："我先来。"璧如身先士卒，同维铨一起将自行车骑上铁轨。很可能璧如曾骑过，他在铁轨上优雅地踩着自行车的脚踏，一圈又一圈，如履平地，博得声声喝彩。维铨可就出了洋相，他显得紧张，两手僵硬，好不容易踩动脚踏，踩不到几圈，就吱溜地滑出轨道，引起一阵开心的哄笑。他不服气，又一次上路，这一次也好不到哪里去，自行车的轮子不听使唤，没骑多远又滑了下来。他无奈地笑着："不行，不行，我输了。你们谁来？"突然，一个女生尖叫："电车来了！"只见一辆电车迎面驶来。只见璧如不慌不忙，轻巧地一提自行车的把手，自行车就顺从地跃下轨道，又博得一阵赞叹。维铨嚷道："你可大出风头啦。不过下回还是看我的。"

这种在电车轨道上骑自行车，有一阵子成为这伙年轻人的活动项目。没多久，他们大多数人的技艺都能与璧如并驾齐驱，维铨非常得意。

这伙年轻人包括钱歌川、万涛、凌琴如等。

二、湖南妹子 A

A妹是何人？曾使一些杨骚研究者颇费思量，在相当长的一段时间里，也成了我脑子里的一个悬念。如前面所说，实际上她就是凌琴如。因为在本书之前有关杨骚的文章中，凡需涉及凌琴如的，一概以"A"传"A"，被冠名为"A妹"，所以本节题目也沿用"A"字，用以醒目。以下所述内容，将为A妹正名。

凌璧如进入高师英文科几个月后，即1921年夏末，他大妹凌琴如和几个男女亲友也到东京来了。凌琴如刚在家乡读完师范学校，是璧如叫她来日本继续升学的。他们兄妹同亲友起初都住在市区，后来搬到郊区的池袋，租住一所贷家（数人合租一宅）。璧如请了一个日本女教师给妹妹教日文，琴如学得很快，次年初，她考上了音乐学校，主修声乐，兼修小提琴。这时，她还不满16岁。

正当豆蔻年华，凌琴如健康美丽，活泼开朗，一双流动的大眼睛，笑起来嘴角微微上翘，纯朴迷人。她很自然地进入了二哥（凌璧如）的朋友圈子，给这个圈子带来了阳光，这阳光也照进了维铨心中。

维铨与凌璧如同班，进进出出总在一起，他从璧如那里知道了不少琴如的事情，多数是她小时候芝麻大的生活逸闻，这些逸闻，让维铨觉得十分有趣，都记在了心里。璧如也喜欢闲谈大妹的话题，大妹的聪明伶俐，让他这个当二哥的很是骄傲。这一回，他们一伙又相约上街骑轨道自行车。

璧如和琴如双双上场，他们表演似的在电车轨道上骑着自行车，琴如的技术和她二哥不相上下，只见她娴熟地骑了一段，双手一提，自行车从铁轨上低低腾起，轻轻落到了地面上。维铨大声赞叹："哇，姿势太美了。"他还用手比画出一道弧线。

后来大家一起到一家小面馆吃面，仍念念不忘琴如的勇敢和灵巧。维铨说："你们有所不知，她这是冰冻三尺，非一日之寒。"他开始如身临其境般地描绘起来：我们这个小妹妹小时候，顶多才两三岁，有一回从门外跑向房里时，因为雨天路滑，一下子在石阶摔倒了，她"哇"地哭了一声，就这么一声。璧如二哥在房里听到了，心疼得不得了，正要跑出去牵她起来，被母亲制止住。他们从窗里向外看，只见琴如双手撑住地面，抬起圆脑袋四处张望，希望有人来拉她一把，但是不见人影，无奈只得自己爬起来。扭着小脚进门后，她向母亲诉说跌倒的事，母亲大大夸奖了她一番。琴如非常高兴，从此便勇敢起来。

琴如一脸迷惑不解的样子，迟迟疑疑地问："怎么我都没有什么印象？"

"那时你太小，当然不会留下记忆。"维铨调侃道，"如果你记下了这件事，那就太聪明了。科学家认为，一般4岁以后的孩子才会有记忆。"

璧如抿嘴笑着不语。人们还想继续听下去。维铨看到这种情形，用眼色征求了璧如的意见，又娓娓说开。

凌家的院子可大啦，有假山，有亭子，有荷池，他们兄妹几人四处跑着跳着玩着。一次在水边一个叫"漱石亭"的地方玩，亭子里有一张石桌，环着几只鼓形的石礅，琴如已经能像男孩一样爬上爬下的了，她在石礅间跳来跳去，一不留神没踩住，擦着石礅边沿掉下来，嘴也碰到了。她没料到会跌下，一时站着发愣，她弟弟吃惊地叫："姐姐，你嘴巴流血了。"她用袖子一抹，看了一下血沫，似乎什么也没发生过，又爬上石礅跳来跳去。弟妹们都很佩服这个无畏的姐姐。后来，玩累了，个头小小的她异想天开地要到荷花池里采莲蓬，果然她就去了。不过莲蓬没采成，人陷到泥沼中，烂泥没到腰部。其他孩子急得脸都白了，琴如却是一副大智大勇的模样，毫不惊慌，自己一人挣扎着，终于爬上岸，脸上竟然还带着一丝笑意。

听到这些，琴如脸唰一下红了。

有人戏谑地问维铨："喂，到底你是哥哥，还是璧如是哥哥？"

维铨满不在乎地应道："我与璧如兄弟一般，当然也是哥哥啦。"他来日本读了几年书，本来已经变得沉默许多，但在气氛好时，他少年时调皮的本性也会冒出来，甚至妙语连珠。

琴如是湖南省平江人。曾祖父在清朝咸丰同治年间任宜昌知府，沉浮宦海，深知仕途艰险，稍不留意，就可能满门抄斩。不久他急流勇退，告老还乡，在汨罗江南岸一个名叫"甲山"的小村庄里盖了一处宅邸，地方人士都称这所宅邸为"甲山大屋"。县外省外的人则称其为"凌家大屋"。这凌家大屋被南北两路青砖围墙围着，包括房屋、上下花园、后山小树林、共被圈入近百亩地。其中楼台亭树一应俱全，有河流般的池塘，有游船，各处建筑都由曲折的回廊和回檐相连接。所用的砖瓦都是由专门建造的十几口窑灶烧制的。这是一处典型的清朝"大夫"的园林式住宅。

琴如的祖父不到24岁就病逝了，她的父亲、叔父、姑母3个孩子由祖母一手带大。她父亲成人后，这个封建大家庭被一股清新的空气荡涤着。1906年，她祖父的堂弟（她称之为六叔公）从日本回来，就在凌家大屋创办了新学堂。六叔公在日本留学时，加入了孙中山先生组织的同盟会，被日本政府驱逐回国，一同被驱逐回国的还有宋教仁、秋瑾等18人。她父亲和叔父在六叔公的影响下也成了同盟会的会员。凌家大屋成了传播新思想和新文化的地方。

琴如兄弟姐妹8人，璧如是老二，琴如是老三，瑄如排第八，老大和老八相差20多岁。琴如是凌家三代以来的第一个女孩，凌家上上下下对她疼爱有加。包括她父母在内，人人都叫她"妹子"。这也许是许多年以后，维铨和其他人在文字表述中将琴如称为"A妹"的缘故。

在这样的环境中，凌家兄妹幸运地受到开明的熏陶和新式的教育，自由地成长着。

当时湖南同各地一样，重男轻女的封建观念顽固地盘踞在人们的脑中，女人缠足和束胸成为当然，有的穷苦人家生下女孩，不愿喂养，就趁夜晚无人之时，偷偷放到白天看好的富裕人家门口，放一小串爆竹，匆匆跑掉，更有狠心的一生下女婴，就塞进马桶溺死。琴如的姑母首破禁锢，甩掉裹脚布，放开天足。她六叔父办的第一座学堂就叫

"启明女学堂"，教育出一批批新潮女学生，革除缠足和束胸，这个举动在穷乡僻壤出乎意料地得到了迅速响应。凌家还立下家规，凡生下女孩，立即敲锣打鼓，鸣放鞭炮，大肆声张于乡间，一时引起轰动，传为佳话。不久，凌家大院又设立了"甲山寻常小学堂"和"甲山夜班学堂"，均由琴如父亲主持校务，入校学生一概免费。

但是千年遗留下的陈规陋习，并非一触即溃。有一次，琴如想参加凌氏家族的祭祖，被劝阻了。原来祭祖的宗祠只准男性进入，不允许女性参加，琴如的父亲也觉得这非常不合理，但一时无法说通族人，只得迁就，后来叫琴如女扮男装，混了进去。

在新风尚的影响和家庭教育下，形成琴如对封建习俗反叛的性格，她勇敢大胆，热情奔放。

星移斗转，时光流逝。由于自然灾害和民国初期军阀割据时的兵荒马乱，凌家的经济逐年衰落。琴如父亲接手主持家政时，家中已不再富裕，年收入不过七八百石租谷，又年年倾资兴办教育，开始呈现窘相以致举债。1916年，凌家大屋遭到兵匪洗劫，元气大伤，次年这处寄满凌家兄妹童年和少年记忆的欢乐园地，卖给了族人。但是，这凌家大屋的一草一木，依然时常萦回在他们的脑中，直至他们年老。抗日战争中期，长沙会战前后，有一天，大后方重庆的各家报纸载了一条简短的消息，称："平江凌家大屋遭日军轰炸全毁。"这已是后话。

凌家兄妹在东京的住地成了维铨最喜欢去的地方，如果说当初他同璧如的关系十分融洽，现在因为琴如的出现，来往频繁，更是亲如兄弟；如果说当初他找璧如，仅是寻觅一个同性知音，现在却是渗入了异性的成分，更具磁力。

维铨丝毫不想隐瞒自己对琴如的喜欢，她那双扑闪的大眼睛，笑起来两边微翘的唇角，已令维铨着迷。

他坦率地对璧如说："真是奇怪，几年前我在家里时，还十分讨厌女人，看到书中的插图是裙钗之辈，就会将这本书扔掉，连《红楼梦》都没有看，喜欢的都是带刀带枪的英雄好汉，一心想仗义行侠。《红楼梦》我还是到日本以后才看的，林黛玉的命运深深吸引了我，我整整三天不能平静，感觉自己受到一种前所未有的打击，非常难过。"

"你的忧郁由此而生。"璧如插话道。

"是的，知我莫如璧如兄啊。从此我用另一种眼光看女人，女人真可怜，尤其是中国的女人。真应该宽容她们，善待她们。从此我对女人由嫌至怜，然后至爱。这时候，你妹妹来了。"

璧如微笑着，他何尝不知道维铨的这个心思。

维铨专注、投入，带着一股诗人般的热情，他品味到一种全新的人生。

为了上学方便，琴如又搬回市区，住在东京牛辽区办天町的"滨居"寓所，和她同住的是白薇的妹妹黄九如。

维铨开始成为这里的常客，起初他还约璧如一道来，渐渐地就独来独往。琴如学的是音乐，她天生一副好嗓子，受过专业训练后，音域更宽广，音色更甜美，小提琴和钢琴也日臻上手。音乐又成了沟通维铨与琴如关系的天然桥梁。

物以类聚，人以群分，这话一点也不假。他们这群年轻人，热爱文学艺术，思想无所羁绊，鄙视封建习俗，追求理想生活。用单纯浪漫来形容他们初期的留学日子，是非常恰当的。

同琴如交往中，维铨发现她很喜欢奥地利音乐家的创作，而对海顿、莫扎特、施特劳斯、舒伯特，又无一不崇拜景仰，尤其是舒伯特的歌曲。维铨大喜过望，"怎么我喜欢的她也喜欢，莫非真是心有灵犀一点通。"

在琴如那间明亮的房间里，维铨拿起小提琴，"来，咱们合作一曲。"他一运弓，旋律如刚刚苏醒过来一般，昏蒙着眼睛，缓缓地飘流出来。这是舒伯特的小夜曲。虽然这是白天，它依旧旁若无人地在房间中萦绕。太美了，维铨自我陶醉地想。这时，琴如的歌声也紧傍着琴声唱起。琴如是女高音，歌声圆润透亮，同往常一样，似乎在不经意间，她就进入了角色。

"我的歌声穿过深夜，向你轻轻飞去……"

歌声穿过深夜向你飞去，这歌声是我的，向你飞去时是轻轻的，多么富于诗意。此时，维铨根本无法分清这歌声是她的或是自己的，他沉浸琴声与歌声的交响中。音乐无国界，音乐能穿越时空，其实最重要的是经典音乐能奇妙地传递出人类细腻的感情，并使之亘古长存下去。

维铨找到了一种最能表达出自己丰富感情的载体，当然这就是音乐。或渴望，或爱慕，或忧郁，或惆怅，或喜悦，或兴奋……无一不是从舒展的琴弓，魔幻般的琴弦，还有小提琴那扁扁的、令人不可思议的共鸣箱中流涌出来。语言交谈在它面前显得多么苍白。

已经是冬天了，维铨的心却是炽热的。

他认为这是一种最好的方式——拉琴给琴如听。而且要在夜深人静的时候。这真是一种骑士方式。

于是，在繁星满天的夜空下，或是静静的月光铺洒大地时，甚至月黑风高的日子，在琴如居住的公寓前，总会飘荡起悠扬的提琴声。维铨立着，面向琴如的窗口，忘记了世界的存在。都说夜莺的歌声最动人，但不知夜莺是什么。如果有的话，它便是维铨。

琴如在房间里静静地听着，默默地享用，感受着小提琴声不绝如缕的震颤。

这一天，夜空飘起雪，还有北风。琴如的窗口还亮着灯光，浅色的窗帘遮着，看不清房间，但那温暖的灯光透出来，在寒冷的雪夜中显得如此柔和，甚至含情脉脉。维铨凝视着，心里翻动起热流。他拿起提琴，熟练地用下颌夹在肩上，运起琴弓。他先拉了一首《匈牙利舞曲第五》，表达自己此刻不可阻挡的热情，那执着的旋律，那由下向上奔突的音阶，无一不蕴含着热力。接着他又拉起一首舒伯特的《摇篮曲》，这是一种低回的、不间断的穿透。接着他拉《听，听，云雀》，再下来是《悲歌》。他没有停下来，他大概也没想过要停下来。雪花飘到他的脸上，被他透出的情热化开了；雪花飘到他的长发上，却渐渐沾起一层白色，似乎也依恋起这个纯洁的年轻人。风刮来了，其实是很冷的，但维铨没有感觉到，雪夜是很冻人的，但他的手指还是很灵活。

维铨全神贯注于提琴，他没有发现那浅色的窗帘动了一下。

琴如静静向外望去，起初什么也看不清楚，后来看见不远处的白色地面上，渐渐显出一个瘦长的影子。那就是他，在雪地上拉着提琴给自己听。四周是浓重的夜色，依稀可见空中舞动的雪花。

维铨开始拉起自己最拿手的舒伯特的《小夜曲》。他看到那叶窗口灯光还亮着，这就是说，她还在听。这让他很激动。

雪停了片刻，又下起来。那动人的琴声在深夜里显得格外清晰。

楼上有一扇门打开了，灯光很弱地渗出。琴如披上大衣走出来。她站在门廊上，大声叫道："维铨！"

他太投入了，没听到。

"维铨！维铨！"清亮，悦耳，空旷，动听。

提琴声戛然停住。维铨望着那尊女神塑像。

"我都听到了。天气太冷，又下雪，会冻坏身子的，快回去吧！"

提琴声再度飘起。维铨将《小夜曲》最后一个音符拉完，曲末的揉弦传递出绵绵情意，还有些凄切哀伤。

在缭绕的琴声中，维铨缓缓离去。

维铨走得看不见影子了。琴如还伫立在门廊。眼前只有飘飘洒洒的雪花，只有天地间无处不在的茫茫夜色。

几天后，万涛听了这件事，她对璧如说："维铨真是疯了。"许多年以后，万涛又将这件事告诉给维铨的堂弟杨杰。

璧如半晌沉吟，不作一语。后来他缓慢地说："维铨完全是诗人气质，热情外露，心无芥蒂，实在是可爱。"

琴如虽然来日本不到两年，但因为才貌出众，颇受一些留日学生倾慕，只是给她留下印象的似乎极少。毫无疑问，维铨在她心中占有位置。

三、东京大地震

1923年9月1日，这是一个灰色的日子。

这一年暑假，维铨与同乡留学生吴玉德在开学前到东京附近一个叫房州的海滨去玩。他们住在同一个房间，同行的还有两个朋友。他们玩得非常开心。

这里有一尘不染的沙滩，有浩渺而又柔美的海浪，有高远辽阔令人心驰神往的蓝天。他们散步、游泳、聊天，无忧无虑，似乎大自然这一派美轮美奂的风光是为这些年轻人生就的。

维铨的思维很活跃，时时冒出火花。9月1日的前一天，他突发奇想，对吴玉德说："喂，咱们今天游到那边去。"那边指的是离海滨不远的一个小岛屿。平日，他们坐在沙滩上闲扯，有时就指着这个小岛屿说，上面有密密的绿树，有那样高大的岩石，甚至可见海鸟起落，却没见哪怕是一只小小的船只去过，没准隐藏着什么故事。维铨立刻说，对，有鲁滨逊，有礼拜五。听了维铨的建议，吴玉德看着那个小岛屿，觉得有些怵头，虽说不算远，可也有一些距离，这可是一趟冒险行动，他劝维铨打消这个古怪的念头。

维铨倔强起来，"嘿，我去！你们等着。"他穿着一条黑色游泳裤，轻捷地冲向海边，在柔细的沙滩上孩子般地打了两个滚，站起来向他们招招手，纵身跃入海中。

这是一起危险的行径。距离不说，体力不说，对海情不熟悉，遇上鲨鱼怎么办？但维铨认为生活的大门为他敞开，一切都是美好的。他同大海进行了一番相互融合的亲热，还顺利地爬上了小岛屿。

这个小岛屿其实很小，小树林也不密，疏疏落落的，和从远处看的大不一样。他发现这里的树叶呈现出奇怪的晦暗，没有光泽。生命之树常青，这里的树没有常青的润泽，当然也就没有生命的蓬勃。维铨在岛上走了一遭，没看到一只动物，后来在一棵树上，看到一队个头颇大的蚂蚁慌慌张张地向树梢爬去。岛上沉寂，有一股不对劲的热在浮动。什么鲁滨逊，什么礼拜五，影子都不见。维铨满肚子热情消失了。他攀过一块岩石，小心翼翼地下水往回游。

吴玉德和其他同伴在沙滩上坐着，心头七上八下，惴惴不安。维铨这家伙真是太妄为了，万一有个闪失如何是好？就在他们如坐针毡的时候，海面上出现了黑点，维铨终于回来了。

维铨说了他的观感。晚上，他力主明天回东京。理由很多，玩够了，要开学了，离开朋友多日了也是一条，这朋友无疑包括琴如。还有就是直觉，应该走了。

大家拗不过他，第二天，打点简单的行李，乘车回东京。

以后发生的事情说明维铨的决定是多么伟大。

回到东京，是中午11时。维铨走进房间，甩下行装，躺在榻榻米上，想休息一会儿再吃午饭。他闭上眼睛，迷糊过去了。他似乎在海上游泳，很兴奋，很激烈，在海浪中一会儿上，一会儿下，起伏得非常厉害。他被晃醒了。

维铨睁开眼，觉得不对劲。房子会发出声音，"空通空通"地响着，伴随着这种从未有过的声响，房子在重重地晃动着。维铨揉揉眼，断定这不是在梦中。地震！他一骨碌跃起。但是已经站不住了。茶几上的玻璃杯、桌上的书本，无一例外地滑落到席子上。木屋四角的石灰不断崩下，木头在扭歪、裂开，屋顶的瓦片哗啦啦地摇落。外面传来女人声嘶力竭的尖叫。门已被扯开，夸张地扇动着，维铨踉跄着跑出门外，抱住一根廊柱，身体和两脚被摇摆的柱子冲撞得没有节拍地胡乱抖动。完了，难道必须葬身在这里不可？

幸好，悲剧没有出现，就在维铨胡思乱想时，起伏的地面平静了，房子没有倒下。他抓住机会，冲到街上。

街上一片混乱，人们像没头苍蝇似的跑动着，他也跟着跑，不知跑了多久，来到了一片小空地，这里已集聚了一些人，大概是个安全地带。维铨得以喘口气，想想这到底是怎么一回事。周围的人，每张脸都挂着惊惶。不断有房子倒塌，房子倒塌后，先是腾起一阵尘烟，尘烟尚未落定，就冒出了黑烟，接着蹿出了火苗。日本多是木屋，此时又是正午时分，人们正在做饭，煤气炉都开着，倒塌的房子很快被点燃。更要命的是此时起风了，风势很大，火在风的鼓动下，熊熊烧起来。风是朝维铨住宿的方向扫去的。维铨闭上眼，小石川区完了，我那些可怜的家当完了。

天空是混沌的灰色，太阳失去了往日的光芒，变得像月亮一样苍黄，活像世界末日即将来临。这是冥冥之中一股怎样恐怖的力量啊。余震不息，房子继续倒，火越烧越大，举目所见，烟云漫漫。逃难的人陆陆续续跑来，带来了各种令人心酸的消息，还带来"在乡军人"虐杀朝鲜人的消息。"在乡军人"就是后备军人，第一次大震刚停后，大批"在乡军人"就出动搜杀朝鲜人，理由是害怕他们乘机在水井投毒和放火焚屋，有一户7口人家的朝鲜人都被杀了，一个当场替他们喊冤的日本青年也挨了一顿好揍。据说已经有好几百个朝鲜人死于"在乡军人"的棍棒下。说话间，人们看到有五六条年轻汉子朝这里走来，他们横眉怒目，一脸凶相，手里还提着粗木棍。维铨看到他们臂上箍着红袖章，上头的白字写着"在乡"两字。

"我们来清除异己，大家别慌别跑。"一个头目模样的一声断喝。

他们走进人群中，眼睛溜过每张遇到的脸。

"朝鲜人！"一个人用棍子指着维铨。维铨不觉一道凉气滑下脊梁。

剑拔弩张之时，一个善良的中年女子劝解道："看错了，是外国人。"

"什么外国人？"一句话硬邦邦回过来。

"看看，支那人嘛。""支那"是一个很侮辱人的词，平时听到令人难以容忍，此刻在维铨听来，竟如大赦令。

"在乡军人"疑疑惑惑地走了。维铨再三向这个日本女子道谢。

躲过又一劫，维铨才感到口渴得厉害。井水是混浊的，不能饮用，他只得四处走动寻找。在一处偏远的地方，意外地发现还有一家铺子开着，货架上还有两瓶牛奶，他喜出望外地向店主要来，一口气都喝光了。他照价付给店主两角。

直到此时，他才似乎从地震的惊恐中回过神来。往回走的路上，他想起刚才发生的两件事：灾难之中见人心，日本女子仗义执言，店主不趁机抬价发地震财，维铨心里很有感触。

已近黄昏，一片巨大的桃红色从东南方升起，这是从未见过的景象，绝不是晚霞。这片桃红色向四周扩展着，然后向天穹延伸，颜色均匀鲜艳，艳得有点妖。这不知意味着什么，但一定不是吉兆。

第二天，天空中的桃红色消失了，变成一种灰白，天上不断飘下灰烬。维铨打听到，昨晚城里烧了一夜的大火，因为没有水灭火，着火点又是成百上千处，只能任由火龙蔓延。夜里的桃红色就是火光。这灾难的火光以这样妖冶迷人的脸孔从空中俯视人世间，是不是在炫耀自己的力量？

晚上，桃红色再度抹上天穹，火继续在燃烧，似乎不烧光东京的一切不罢休。只是后来风向转变，牛辽区和小石川区的一部分才侥幸保存下来，其中包括维铨住的旅馆。皇宫四周空地大，也得以免于陷身火海。东京其余十来个区均成为一片瓦砾。

火尚未完全熄灭，余震开始稀疏时，在周围走动的维铨看到了一幅幅惨景。地震时河水是滚烫的，河边肿胀的尸体也被煮熟了；街中的电车里躺着横七竖八的尸体，这是地震开初时躲入车中的人，由于后来两旁的房子着火，就被窒息和烤死了。街上的死尸不计其数，有的完全成了焦炭。这场大劫难给维铨的心灵造成极大的震动。几十年后他在《自传》中说：东京大火灾使自己觉得自然威力非常伟大可怕，人类非常渺小丑恶。

维铨又是福星高照。如果他们9月1日没有回东京，仍然在房州的话，必死无疑。地震时，房州发生海啸，天翻地覆。日本著名作家厨川白村当时正在海中游泳，因此丧生。他的尸体被海浪卷回岸边，口中塞满泥沙。半个多世纪后，我拜访吴玉德老人，他说："东京大地震几年以后，我又到过房州一次，风景还是很美丽，只是离海岸不远的那个小岛不见了。"就是说，维铨访问过的那个小岛屿，第二天就被一只巨大的手奇怪地揪回了海底，被海水一口吞没了。

得知牛辽区没遭火灾，维铨首先想到是璧如兄妹等人。他穿过一片狼藉的街道，来到办天町琴如住的"滨居"寓所，只见寓所楼房的墙壁裂开大大的缝，像被闪电劈过一般，楼梯倾斜得很厉害，显然楼中空无一人。人能够到哪里去呢？

维铨漫无目的地在周围兜着，在街口遇到了一个维持秩序的警察，他上前向警察询问这一带居民的疏散点。经过指点，来到一处空地。

空地上，挤着黑压压一片难民，地面上有一摊摊简易的铺盖，每张脸都是疲惫的、失血的、污垢的。他在难民中转来转去，在一个不引人注意的角落，看到了璧如，他正同万涛谈着什么。维铨快步穿过去，抱住璧如。璧如看到是维铨，喜极，也紧紧拥着他。

"活着！"维铨说。

"都活着！"璧如说。还有什么能比生命更可宝贵的呢？

维铨放开手，又搂着个子较小的万涛的肩头，戏谑地说："你也好好呀？"

万涛向上蹦了一下说："我还想往上长呢。"

在兴奋之中，维铨问到了琴如。万涛朝后努努嘴。原来琴如坐在璧如身后的铺盖上。

琴如一只手缠着绷带，眼皮有些浮肿，神情悲戚，想笑，但是没能笑出来。维铨牵起她的手，将她拉起来道："妹子，应该高兴才是，怎么反倒拉长脸？"亲近的人都管琴如叫"妹子"，只是维铨平时很少这样叫她。

在维铨带来的热烈气氛中，琴如笑了，但笑容很快逝去。她说："死了太多人，太可怕了。"

地震可以用瞬间的巨大威力，摧垮侥幸活下来的人。我（笔者）在东京大地震80多年后，曾以一个记者的身份采访过中国汶川大地震后的情景，在都江堰市聚源中学废墟上认识了一个失神的女学生，她由表姐（一个心理干预的志愿者）陪伴着，原来这个叫杨莎的小姑娘有14个同班同学一下被倒塌的教学楼夺去性命，她非常幸运地被救出。她完全不明白这一切是如何发生的，极度迷茫，整日在这里徘徊，几近崩溃。琴如大抵就是这种状况。

璧如也十分感叹。他认为人太弱小了，大自然太伟大了。维铨有深切的同感，又觉得大家都这样未免过分沮丧，于是说了一通，人有一颗聪明灵巧的脑袋、总有一天会征服自然的话等。尽管他也知道这道理说服不了自己。

东京大地震，沉重打击了这群对生活充满憧憬的年轻的留学生。这是一种自天而降的残忍。

在交谈中，维铨知道了璧如他们的情况。

地震那天，璧如和张万涛到千叶海滨浴场游泳。张万涛也是湖南人，父亲早年以博士弟子员身份留学日本士官五期，是老同盟会会员，北伐时官居上将，曾主湖南省政及军参院等。这时他们的关系已大致确定下来了。中午他们回到东京，想到滨居看看琴如，路过山伏町"三叶"时，去几个湖南老乡处坐坐，张万涛洗好衣服正在小院子里晾晒，突然太阳失色，天空起黄，地震就这样在人们猝不及防之时来临。他们逃到空地后才想起琴如，于是又跑到滨居找她。

璧如在楼下大声叫唤，没应，再跑到楼上。九如出去还没回来，琴如显然给这突如其来的地震搞蒙了。她的手臂被掉下的瓦片砸破了皮，流出血来，呆呆地坐在房里，看到璧如出现在面前，眼泪禁不住涌出来。现在可不是哭的时候，璧如催她快往外跑，一边卷起床上的铺盖跟在她后头下楼。三人一起回到空地。

地震之初，躲在安全地带的人们主要的活儿就是寻吃的找喝的。日本是个地震比较多的国家，有着丰富对付地震的经验。地震时，警察忠于职守，冒险疏散人群，第三天，就给灾民每人分发半升糙米，并指定饮用水的地方。还告知人们路旁的邮筒可以使用。

现在大概不会有什么危险了，可是露宿野外终是件遭罪的事。经过商量后，听从维铨的建议，4人一起搬到小石川的国师馆旅社暂住。这天晚上，他们在黑暗中酣然入睡。这是地震后几天来睡的第一个安稳觉，他们太疲劳了。

这次地震，被称为日本关东大地震，震级8.3级，震中在横滨以南64公里的相模湾里，距东京约90公里，毁掉横滨96％的房屋和东京73％的房屋。震中的海底发生断裂错动，出现一二百米的起落。海啸洗劫了横滨和横须贺等城市。据统计，死亡和失踪人数达142807人。地震中，东京发生了一个十分悲惨的故事。有两个警察引导四处逃生的人到"代代木"大练兵场避难，人们扶老携幼，一批一批被带来，这个练兵场陆陆续续会集了两万多难民。没想到大祸临头，后来东京燃起大火，火焰从四面八方围住练兵场，没有人能逃得出去，两万多人全部被烧成焦炭。这两名警察得知这个消息后，承受不了心中的痛苦，双双剖腹自杀。

中国留学生遇难的不多，正当暑假，有的回国了，有的外出旅行了，尽管如此，幸存者经历这场惊心动魄的大灾难后，都有劫后余生的感觉。

善后工作开展得很快，东京第四天就出现了报纸，政府还成立了关东震灾复兴局。几天之后，日方通知中国留学生，说要派一条专轮免费送大家回国，在东京湾码头上船。

维铨和璧如兄妹及万涛按要求先到白山女子宿舍集合，上午10时，女生和一些儿童乘专车前往，两百多名男生列队由向导带队徒步走去。他们途经的地方有昔日东京的繁华地段，此时已成为一片焦土和瓦砾堆，行人车辆不见了，高楼商厦不见了，没有生命的迹象，到处笼罩着死亡的气息。走到郊外，同样是一片凄凉景象，偶尔有一两段烧焦的树干和一两截断残的水泥柱，连一只飞鸟也看不到。维铨和璧如走在一起，他们交换着目光，低头叹息，感慨这可怕的毁灭。

这段路几乎是静默地行走的，用了7个多小时，途中有几次短暂的休息。晚上睡在海边一座残破的仓库的二楼。半夜有过一次比较剧烈的余震，差点酿成灾祸，已经有人打亮手电筒往外挤冲，在混乱之中，维铨和璧如护拥着琴如和万涛准备逃离，这时有人高喊："大家别跑，没事了。"果然地动停了。不知这个如此冷静的人是谁？但是没人能再睡下，维铨等4人相对坐到天亮。他们在这个不眠的深夜都想到些什么呢？死的威胁和生的希望交替出现，在异国他乡，他们这群知己在渴望生活而又陷入困境之时，成了一个不可分离的和谐的整体。

清晨，大家列队经过码头上船，上船时，每人都拿到一个信封，里面有50日元（折合中国银元50元），这是日华学会赠送的。上的这条船是邮船，叫"千岁丸"，三千多吨，是来往于日本内海和近海的邮船，这次首次远航，目的地是中国上海。上船后，妇女儿童住楼上头等舱，男人住下面的大统舱。船过横滨港时，每人又收到了一个信封，里面有10日元和一封慰问信，这是横滨华侨商会赠送的。

第一个晚上，年轻人快乐地嬉闹着。晚餐后，统舱的男学生提着许多罐头、啤酒、碗筷，来到头等舱和女生们干杯，庆贺自己大难不死。有人打开留声机，播放唱片。开始有人随着留声机唱歌，这个刚登台，那个又亮相，人人纵情宣泄。维铨也忍不住，他拉起琴如，一起唱了威尔第的《夏日泛舟海上》。

"夏天在大海上，/尽情地游荡，/让我们高声唱，/多自由，多欢畅，/海面起微波，/轻风在飘扬，/四周银波闪闪，/到处浪花跳荡，/我们心心相连，/一切哀怨消尽，/让美神的微笑永远照亮。"如果不苛求的话，维铨的嗓子也算很不错的，琴如受过专业训练，更是美妙动人，他们的歌声技压群芳，博得一片喝彩。在起哄和鼓掌声中，他们又唱了一首比肖普的《可爱的家》。

"纵然游遍美丽的宫殿，享尽富贵荣华，/但是无论我在哪里都怀念我的家，/好像天上降临的声音，向我亲切召唤，/我走遍天涯海角总想念我的家。"

这首歌此时同这些游子的心情十分吻合，引起了强烈的反响，叫啊跳啊，还有的打起呼哨。维铨和琴如相视一笑。离开了可怕的东京，虽然是暂时的，但将要回国，回到属于自己的家，当然是一件很愉快的事情。

一群快乐的疯子一直闹到起风了，下雨了，才无可奈何地散去。

半夜，暴风雨袭击着"千岁丸"，船被巨浪甩上甩下。人都躺不住，滚过来滚过去，一会儿脚被猛地提起来，像竖蜻蜓，一会儿上身被推着要直立起来；大多数人吐得不像样。第二天，风浪小了一些，维铨和琴如都瘫软得动弹不了，璧如和万涛却能够若无其事地走来走去。

风浪延续到第三天下午才停息，这时船已驶入黄海。傍晚时分，船终于在黄浦江上海码头靠岸。

他们开始了一段新的生活。

四、西子湖畔春色多

上海码头，黄包车夫团团围住每个上岸的客人。万涛先回成都路的家里，其时她父亲在上海，维铨送璧如兄妹到湘益公客栈，这是湖南人开的一家客栈。

回到祖国，璧如心里很高兴。他踏上客栈的楼梯，愉快地一级一级往上跑，没想到楼梯年久失修，跑到一半，脚下震动起来，"糟糕，又来了。"这么一想，他掉头往下跑，撞到跟在后面的琴如的身上。她叫道："二哥，你怎么啦？"

"地震。"璧如心口咚咚跳着。"哎呀，你胡思乱想。"琴如张开手臂拦住璧如，不让他往下跑。

站在楼梯口的维铨哈哈大笑。这一笑，将璧如笑醒了，他才发现自己太紧张了。"你得了恐震病，得好好治一下啦！"维铨说。

在客房里，他们商议决定，四个人一起到杭州玩玩，彻底松弛一下绷紧的神经。

他们只在上海住了两天，就坐火车来到杭州。

他们在杭州的这段日子是值得好好书写的。这一年杨骚（当时他还没有这个名字）不满24岁。在日本留学几年间，他接触了新文化，极大地开阔了视野，他身上所具有的艺术潜质也得到自由的发展，更兼认识了一位有理想的女性，他第一次向一个异性倾出了自己满腔热情。无论是从学识的源源汲取或是个人情感正在生长的那片青青的嫩绿，都让杨骚感到满足乃至是幸福。杭州的日子给了他一段抒发这种满足和幸福的空间和时间。

通观杨骚不长的一生，杭州这段生活是他成年后最没有牵挂、最无拘无束、最安宁的生活，因此可能也是他觉得最值得回味的。而且融和着他此后再也没有出现过的美丽的初恋色彩。

　　这群浪漫的年轻人一心想住在西湖岸边，因这里空气清新，波光迤逦，景色秀美，一派诗意。可惜岸边没有旅馆，不过有寺院。寺院也挺好，不是更脱俗吗？于是他们租住在湖边一家叫玛瑙寺的包伙食的寺院。玛瑙寺的建筑有些奇怪，有的地方带有西式的味道。使他们感到兴奋的是寺院附近有两家有名的餐馆，一家叫杏花村，另一家叫楼外楼。它们均以西湖鲤鱼的烹饪和醉虾著称。

　　第二天，维铨精神抖擞地建议："走，先到杏花村尝尝。"得到热烈响应。一行人高高兴兴地出发了。路上，璧如笑道："维铨哪，你像将军率领士兵奔赴战场。"维铨故意挺挺胸答道："饮食喝酒也是打仗嘛。"

日本留学期间。下右杨骚，上左凌璧如，下左张万涛

走在旁边的琴如戏谑地插话："什么将军，牧童遥指杏花村，牧童罢了。"

维铨又微笑着得意地说："牧童也很好呀，还有牧童姑娘陪着。"

万涛挽过琴如的胳臂说："让你们一讲，我们都成了女牧童啦。"琴如低下头，也开心地笑了。

在杏花村，维铨两杯酒下肚，一边嚼着醉虾，一边打开话匣子。他从吃醉虾谈到南洋一带吃的树蛙，又谈到他在家乡漳州吃过的南洋水果榴莲。榴莲被称为热带水果之王。维铨夸张地说，榴莲的那种香呀，闻闻双脚都会发软，那珍珠般的果肉完全像天然的奶油蛋糊，又香又甜。又说榴莲树高可达20多米，成熟后自动掉下来的果实最好吃，连老虎都垂涎，所以去拾榴莲果时，要先看看四周动静，别榴莲没拾到，人反倒被叼走。

璧如兄妹听得眼睛睁得大大的。他们俩长相有个最大的特征就是眼睛又大又亮，这个特征在男人的脸上有时显得很机灵，有时显得很憨，长在女人脸上却无论怎么看都十分漂亮。

璧如坦率地说："算了，你不要讲了，我听得口水都要流出来。"

维铨很满足地瞟去一眼，对着琴如那张同样坦率的脸说："妹子，别急，日后我到南洋，一定给你们带几个回来。"

可惜，维铨这酒后的承诺日后却没有兑现。两年后，维铨南下新加坡，又两袖清风而归。十多年后，他再度南下星洲，接着又辗转印度尼西亚，一去就是十来年，已经与璧如兄妹天各一方，纵使他记得自己的诺言，也无法办到了。璧如耋耄之年时，连个榴莲影子都没看过，留下了永远的遗憾。而令我感到遗憾的是，世事两茫茫，我已经不可能亲口向美丽的湖南妹子问问她以后可曾尝过这诱人的榴莲。

他们每天的生活内容就是饱览西湖秀色。他们租小艇游西湖，登上湖心亭，或沿着湖畔徘徊在平湖秋月和花港观鱼间，苏堤和白堤也是经常去的地方。他们发现，同样是风景幽美，不知为何，白堤时常游人如织，苏堤总是冷冷清清，"苏堤春晓"可是西湖有名的十景之一。他们不得其解，甚至争议过，是不是同两位伟大的诗人流传作品的影响有关系，结论是否定的，学音乐的琴如在争议时最投入。

一天拂晓，4个年轻人约好走上了苏堤，想感受一下这长达五六里的地方带给人们的是些什么。虽然不是春天，景色仍能催人入梦，两岸的柳树桃树似醒未醒，笼在很薄的一层轻烟里，湖光也昏蒙着，间或有一声两声的鸟啼，安宁空幽，十分写意。渐渐地，轻烟消散了，湖水撩开面纱，微微闪动着，桃树柳树清晰起来，还有桂花树、玉兰树、木芙蓉，一一显出自己的身影。一种混合型的清香暗暗浮动，如同苏堤舒坦的呼吸。长长的路上还没有其他游人。

如此梦幻般的景色只有他们4人在享用，维铨觉得太可惜了："算起来这长堤都有800多年的历史了，还如此具有魅力，可见年老色衰不适用于这里。只是看中它的人不多啊，现在只有我们。"

琴如赞同道："苏东坡组织20万民工疏浚西湖筑长堤，他的功劳和他的诗词一样，永远不会衰老的，凡人怎能相比。"

维铨赞赏地笑着："你小小年纪，搞音乐的，也知道这么多呀。"

"别小看人哟，这又算得什么。"她不无得意地说。

数十年以后，琴如写出了长达8万余字的《苏轼思想探讨》一书，最初的动因不知是不是起于此时此地，这本由台湾中华书局出版的书，1977年11月还印行了第二版。

时间一久，周围的人也开始熟悉了。湖边有个女摊贩叫阿巧，他们经常到她那里买东西，成了老主顾。有次，他们外出游玩回来，路过阿巧摊点，她露出笑脸打招呼："先生小姐，买点梨子吗，刚到的，可甜哪。"维铨随口应道："是吗，可以尝尝吗？""当然可以，不仅甜，而且脆，汁又多。"阿巧还是笑着。

维铨走过去，抓起一个大的，用手一抹，佯装往嘴巴塞去。发现阿巧笑着的口凝固了，又放下，揶揄道："别怕别怕，开开玩笑。称些来吧。"他从口袋里摸出一枚白铜钱币，上面刻有"乾隆通宝"四个字，这是清代值一文钱的通货。维铨把它放在摊上。

阿巧一看，凝固的口又笑开了，但一脸难色，她说："先生，这个钱弗（不）好用啦，嘻嘻。"

"不好用，真的吗？哎呀，怎么办？"维铨又佯装不懂，一会儿才无可奈何地从口袋里又掏出两枚双银角，出示在阿巧面前，"这个行吗？"阿巧捣蒜般地点头说："可以可以。"

维铨这才称了一袋梨子，还有一些花生。回玛瑙寺的路上，大家都为平日语言不多的维铨这番即兴表演笑弯了腰。琴如有些惊讶地说："阿杨，你还有这个才能呀。"璧如似乎受到某种启发，兴奋地说："咱们回东京后，可以自己来演戏剧。"

回到房间，维铨招呼道："喝点酒解解乏吧。"他从墙角拿出一瓶酒，然后又弯下腰，从口袋里摸几枚银角，一枚一枚地往床底下扔去。

万涛站在他身后，不解地问："你这是干吗，在弹珠子？"

"什么弹珠子，在练飞镖，是吧阿杨，他怕咱们在西湖游玩时遭劫，在练功夫呢？"琴如插话。

"哦，想演一出英雄救美人的戏呀。"万涛开起玩笑。

维铨直起腰，一本正经地说："你们哪，真是妇道之见。什么练飞镖救美人，都不对，我这是为咱们存钱呢。"

"存钱？"璧如兄妹眼睛又睁大了，万涛也一脸迷惑。

维铨得意地说："你们想，我们都这么爱花钱，总有一天钱要花完的，花完了家里又没寄来，怎么办？向阿巧借？向寺中的小和尚借？都不行，只有自己想办法。你们看，这不有啦，往床底下一钻，扫出来，可靠得很。"

璧如大笑起来："太妙了太妙了，真是奇思妙想。"

维铨又接着说："低头求人，还不如低头床下找钱。"

"亏你想得出来。"琴如也笑道。大家拍手称快。

一天，玛瑙寺的小和尚同他们聊天时说，雷峰塔你们没去吧，大家点头。小和尚劝他们不要去，接着说了有关雷峰塔的故事。原来湖对岸的雷峰塔不知从什么时候起，那些砌成高塔的砖块神了，传说如果谁想得子，就带一块砖头放在家中，便可如愿以偿。人们把雷峰塔当成了送子观音。如果这样日积月累，年复一年，塔基的砖块会被挖走许多，终有一天，矗立的塔会因不堪重负而坍塌。小和尚认为现在就有这个危险，所以劝他们远远看看就好，不要走近游览。不料这些富于想象的年轻人特别好奇，越不能去就越要去。

听了小和尚的话，维铨格外兴奋，似乎来西湖以后如诗如画的生活少了一点刺激，现在刺激来了。他唆使大家一起去见识见识，琴如和万涛都是具有探险精神的女性，她们热烈响应，璧如也乐得去玩玩。再说"雷峰夕照"也是西湖一景。说走就走，趁时间还早，马上出发。

他们买了一些零食，雇上一只游船，向西湖南岸的山边划去。秋高气爽，使得人们心胸也开朗。上了船，年轻人们说说笑笑，吃吃零食，不知不觉靠了岸。

他们上岸，向山边的古塔走去。这实际上已是一处荒僻的地方，小路在泛黄的草丛间隐隐约约，可见游人也相当稀少。走到塔下，抬头看上去，雷峰塔像巨人一样耸立着，威武中透出历尽沧桑的老相。因年代久远，不知何时或许是鸟雀将树籽落在塔上，竟从砖缝中生出了小树，大大小小有好几处，只是太高了，看不清是什么树。仔细看，雷峰塔的砖比一般的砖大出四五倍，显得硕大无比。砖头已被挖走了许多，地面还散落着一些残破的砖块。这里已属野外，但是没有一声鸟啼，一派沉寂。

雷峰塔据载是吴越国王钱弘俶为供奉佛螺发舍利而建的，当时他的妃子黄氏生了一个儿子，为了庆贺，建了这座塔，最初叫黄妃塔，明嘉靖时倭寇入侵杭州，纵火烧塔，塔的外廓全部烧毁，只剩塔身，现在看到的只是裸塔。说是夕阳返照时，赭色的塔与晚霞辉映，别有一种情调。可惜他们没能看到。

维铨在塔的四周转了几圈，叹惜道："看来这座塔的寿命不会长了。雷峰如老衲，保淑如美人，此话一点不假。"保淑指的是与雷峰塔隔湖相望的保淑塔。

琴如蹲在地上，从草丛中拾起一块破砖，仔细察看，大概想看看有些什么特异的地方，使人们认为它能给家中带来得子的福音。

维铨走上前，作出一副严肃的模样说："妹子，你和涛妹各自要带一块雷峰塔的砖头回去，象征性的一小块也行。日后可是有用得着它的时候。"

琴如红着脸笑笑，放下了砖头。万涛不声不响地拿了一小块装进口袋里。

维铨与璧如相视而笑。他们离开了破败凄凉的雷峰塔。

后来，雷峰塔倒了，准确的时间是在1924年9月25日，距他们流云星散地离开西湖还不到一年。曾经有过4个留日学生来到这里游玩成了一段几乎被淹没了的逸事。

多年以后，万涛得了一个儿子，琴如成了两个女儿的母亲。是冥冥之中雷峰塔砖石的作用？

当时，他们怎么会将在西湖的数月栖息、雷峰塔之行同还远是个未知数的将来联系起来呢？

除了南高峰和北高峰外，西湖风光他们大体都领略了，于是改变了结伴外出游玩的形式，经常走到寺后的葛岭山坡的草地上晒日光浴。日光浴成了他们消磨时光，享受生活的一种形式。东京大地震留下的阴影，被西湖的碧波洗涤着，冲淡了；被湖畔绮丽的风光轻拂着，抹走了。

葛岭在西湖北面，宝石山西南，相传西晋的葛洪曾在这里设丹炉炼丹，葛洪神思八极，异想天开地想炼制出能长生不老的丹药。今日，这些年轻人躺在浅浅的柔软的草地上，望着高高的湛蓝的天空，追着偶尔飘过的一朵蓬松的白云，进行了一次很有色彩的谈话。

维铨对身边的璧如说："东京不知什么时候开学，我现在倒想起读书了，怎么样，还想读帝国大学吗？"

"怎么不想？要干点事业，还得有真本事，在高师读它几年外语，再转到帝大自己喜欢的专业，然后回国。"璧如父亲倾资办教育的义举给他留下了深刻的印象，使他懂得受教育的重要。

"是啊，我也想。能顺利读下去是一件很幸福的事。"他虽然很喜欢文学，也发表了作品，但还没想过要以此为职业。他心底深处想的还是如何使中国强大起来，不受人家的欺负。他忽地起身，转过脸问琴如："你呢？"琴如的想法是他更关注的。

琴如咬着一根草，若有所思地说："我也是要好好读点书，还要好好练声，提琴和钢琴都要练下去。"

"对！你很有天赋，你应当成为一个名扬四海的音乐家。"维铨高兴地说，然后又问万涛同样的问题。

万涛漫不经心地应道："二哥在东京，我还能到哪里？"她跟琴如一样称璧如为"二哥"，她的神态似乎在说提这个问题真是多此一举。

"啊！太好了。"维铨精神一抖，"我们要永远在一起，一起回东京读书，一起回国，一起干事业。"他激动地张开双臂，想拥抱天空。

今天的太阳格外明亮，葛岭格外美丽，玛瑙寺的飞檐那流畅的线条给人以在空中翱翔的欲望，玛瑙寺金光闪闪，有如玛瑙泛亮。维铨在草地上走来走去，不知道要干些什么才好。

人似乎都有自己的轨道，每个人只能循着自己的轨道运行，想摆脱它恐怕是难以办到的。这就是命运。

一个严重的挫折击碎了维铨的梦想，它来得迅速了一点，让维铨有些措手不及。但它毕竟是来了。

五、终于分手

在西湖的几个月过得很快，转眼已是初春。在玛瑙寺，前前后后还住过几个相熟的留日学生，相处得都很愉快。

一天，璧如收到钱歌川从上海寄来的一封信。钱歌川是湖南湘潭市郊芷江人，在家中4个兄弟里排行老四，父亲是县知事，以后职位多有变迁，第一次世界大战结束后，到益阳当久通公司的经理。钱歌川于1920年秋到日本，与璧如、维铨同是东京高师英语系的同学，低他们一届。因与璧如是湖南老乡，所以经常在一起玩。夏天学校期末考一结束，他就乘船离开日本回到家乡探亲度暑假了。要返回日本时，一路经过长沙、汉口、上海，沿途才听到关东大地震的消息。因无法回东京，他也南下杭州，在玛瑙寺住了一些时日。歌川逃过地震大劫，心无恐惧，回校心切，又到上海打听消息去了。

他在给璧如的信中，谈到自己不日将回东京，又问琴如愿意不愿意同他一起先走。

琴如留学时间不长，因才貌兼具，气质不同常人，颇吸引一些留日男生，但她唯独对维铨和歌川有好感。她为此陷入苦恼。

在西湖，她同二哥璧如有过一次交谈。那是在苏堤，一个夕阳西下的时分，柳条在风中抖动。他们缓缓地漫步，款款地说着。

"这已经不是什么秘密了，时常往来的留日学生也都知道。你倒是出个主意呀。"琴如的语气有些急。

这确实是个难题。璧如犹豫不决。歌川是湖南老乡，到日本不久就同璧如等往来过从。在中国留学生中，他也是出众者之一。维铨热情外露，歌川沉静内敛，两人都说得上是英俊的，除了性格的差别，很难分出高低。

"你的想法呢？妹子。"

"你反而问起我来了。"她一扭头。眼前一湖春水，波光粼粼，天上已燃起晚霞，湖面映出的是浓绿与紫红混合的颜色。她嗔恼地说："我还小呢。"

璧如一下开了窍："对，你不过才18岁，两三年以后再说吧。那时也差不多毕业了。"

"那现在呢？"琴如是剪不断，理还乱。

"妹子，根据我对他们的了解，无论日后你选上谁，你都不会后悔的。现在尽可以交往，不用考虑那么多。"璧如劝慰着。

半个多世纪以后，回忆起年轻时的事情，璧如仍然是这样对歌川说：妹子跟上你不会后悔，假如她跟了维铨，也不会后悔。一个老人对另一个老人说这话的时候，维铨和妹子都已离开人间，在天上遨游了。歌川默默地点了点头。

看来二哥的劝慰没有对妹子起多大作用，琴如还是满腹心事的样子。

他们经过苏堤春晓，走到花港观鱼，又折转身回来，慢慢踱到岳坟。情窦初开的琴如，她遇到的烦恼，也许是没人能够排遣得了的。两三年以后再说，这大概是目前最好的选择了。琴如快快地回到玛瑙寺。

璧如收到歌川的信后，颇费斟酌，左思右想，还是拿不定主意，决定同大家商量一下，他已经认为这是大家的事了。

琴如和万涛都在维铨房里聊天。琴如正起哄着，要维铨钻到床底下搜罗银角，向门口的阿巧买橘子吃。维铨弯下腰，准备往床底钻，突然又站起来，大声叫道："想起来了，在桌子的抽屉里还有。"他拉开墙角桌子的抽屉，将手伸进去掏着，一会儿，扫出来几个银角，非常高兴地说："看，有啦。让床下的那些再生生利息吧。这就是乱扔钱的好处，随处拿都有，比到钱庄取还方便。"

他要走出房门时，撞上了刚要进来的璧如。璧如要拉维铨回来，维铨说："等着我去买橘子回来吃吧。"

璧如在床沿坐下，他拿出歌川的信递给琴如，琴如看了两遍，拿着信直发愣。璧如从她手中抽出信又递给万涛。万涛看信后说道："这得同阿杨说一下。"璧如点点头。

维铨回来后，大家吃着橘子。维铨感到气氛与刚才不太一样，用眼光询问着。璧如说："歌川准备回东京，咱们到上海送送吧。"

维铨立刻同意，还同璧如一起去买火车票。

一直到第二天他们上火车后，璧如才同维铨讲起歌川的想法。火车沉重地"咔嚓咔嚓"着，窗外的景物快速向后移动。他说："歌川想约妹子一同先回东京。"维铨第一反应很惊讶，片刻才问："妹子去吗？""不清楚。"

空气似乎也开始沉重起来。维铨说："不知道东京情况如何？现在去，有书读吗？妹子不应当这么早去。"东京大地震的可怕一幕和震后的一派凄惨景象又浮上眼前，当然更主要的是维铨不愿意琴如离去。

"我同妹子和涛妹谈了，我们认为到上海后，妹子同你和歌川认真商量商量，再决定妹子留下来还是回东京。你看这样好吗？"

维铨一言不发。琴如的去留原本不是什么大事，毕竟不是一订终身，但在他们三人之间，多少带有某种暗示。维铨久久望着窗外，半晌，才点点头。

到上海，他们在旅社开了两间房，歌川也来了。

璧如带万涛上街逛商店去了，留下维铨、歌川、琴如三人。

这肯定不是一次畅快的交谈，但是无论在他们三人中的哪一个的生活历程里，这肯定是一次十分值得记录的交谈，尤其是对维铨。以后事情发展证明，这次交谈成了他们生活道路中事实上的转折点。但是，遗憾得很，这次交谈的内容恐怕永远是一个谜了。他们三人先后作古，没有留下片纸只字提到这段隐情。

我曾作过一些推测。

其一。先是一段静默。歌川终于开口：妹子学的是音乐，不能中断太久，可以先回东京，一开学马上续上，这样可能好一些。维铨：这场地震太可怕了，东京几成废墟，现在去肯定早了点，如果有可靠的消息再去，也可以。谈到最后，就看琴如的意见如何。琴如表示愿意先回去。

　　其二。照例是静默。维铨先说：璧如已说了，你想叫妹子先回东京，这主要看妹子自己的意见。歌川陈述自己的想法后，也表示要尊重妹子的意见。谈到最后，琴如说：在西湖住了很长时间了，我就先回去吧。

　　其三。谈话中发生了争执。但从三个人的性格和素养以及以后的情况看，这种可能性很小。

　　这些都是推测，而且可能事实完全还会是另外一回事。但有一点可以肯定的是，维铨心里忍受了极大的痛苦。

　　两个多小时后，璧如和万涛回来了，走进了另一个房间，他们估计三人的谈话应已结束，正留意动静。这时，听到了维铨那熟悉的脚步声。

　　维铨推开门，他那张脸苍白得令人生畏。他看到万涛，猛地扑过去，紧紧搂着纤小的万涛，孩子般地呜咽着，非常伤心地断断续续说着："涛妹！……涛妹！她要走了！……明天就去！"

　　这是一次歇斯底里的发作和无法控制的失态。

　　璧如没想到事情会是这个样子，没想到妹子先走，维铨的反应会是这样激烈。他站在一旁，不知说些什么才好。

　　还是万涛处事不惊，她冷不丁地被搂住，起初也吓了一跳，但很快就明白是怎么一回事。她不停地轻轻拍打维铨的后背，在他耳边轻轻地说：

　　"哭出来吧，阿杨。大声哭出声来，这样要好受些。"

　　万涛反复地劝说，使维铨渐渐清醒过来。璧如倒了一杯开水递上，维铨擦干眼泪，接过杯子喝了几口，才慢慢冷静下来。

　　璧如说："阿杨，你也不要将妹子先走的事看得这么重，没准我们也要很快回去上学了，用不了多久就又会在一起的。"他又问："他们两人呢，到哪里去了？"

　　维铨说："去买船票，说明天就走。"

　　"明天？"万涛问。

　　"是的。我已经同他们握手道别了，明天就不去送行。"维铨说。

　　璧如和万涛交换了眼色。还握手道别，可见没发生什么意外。

万涛说："妹子先走也没太大的关系，也许她在西湖住腻了。她的性格你又不是不知道，活泼好动，年纪又轻。"

维铨摇摇头。俗话说"当局者迷，旁观者清"，这回可得倒过来，是"旁观者迷，当局者清"了。他觉得事情可能要严重得多，不像漫步苏堤，闲逛灵隐那样简单，心中的妹子可能就此将离开了。这忧虑来自敏感，更多的是来自直觉。

气氛逐渐和缓下来，他们谈起要在上海待多久。为了让维铨早日排解恶劣的心绪，璧如提议，明天妹子和歌川走后，他们马上回杭州，维铨和万涛都点头同意。

60多年后，璧如回忆起这一幕，一如昨天刚刚发生。维铨的神情，万涛的抚慰，自己一时的束手无策，都记得清清楚楚。这一幕给他留下的印象实在太深刻。耄耋之年的璧如感叹地说："那时候我们不过是几个纯洁、天真、坦白、善良的孩子啊！"

可惜，生活并不因为他们的纯真而美妙如歌。

次日，琴如和歌川乘"长崎丸"客轮走了。他们在海上度过了几昼夜的旅程，对他们来说，这几昼夜的旅程也是难以忘怀的。回到东京，琴如和歌川的关系便确定下来。1926年8月，他们在东京结婚了。

维铨的预感变成现实，但琴如的情影仍然留在他的心中。

几十年以后，琴如的大女儿钱曼娜曾向母亲问起过这段恋情。曼娜也认识维铨，称他为"伯伯"。这位比父亲年长3岁的伯伯，拉得一手好听的小提琴，在她的脑子里留下颇深的印象。她问母亲：你当初怎么选上父亲？母亲答：你父亲外表永远是整整洁洁的，每隔一两天，就会画上一幅小画，再附上一首小诗送来。

从琴如对女儿的回答中，可以得知当年歌川是如何表达自己爱慕琴如的感情的。钱歌川的原名叫钱慕祖，歌川是他喜欢的一个日本姓氏，有个日本同学给他起了一个日本名字叫"美介"，他兴之所至，在自己的住宅门外挂了个"歌川美介"的木牌。他第一次给杂志社投稿，不敢用真名，就写上"歌川"二字。此外有句诗词叫"琴韵歌声如川"，兼容了"琴如"和"歌川"4个字。基于以上几种原因，"歌川"便成了他的名字。

　　但是，琴如的心思，会全部向女儿倾吐吗？

　　维铨、璧如和万涛又回到了杭州。为了节省费用，他们搬出了玛瑙寺，住进了大佛寺。大佛寺里的伙食很便宜，每餐的菜只有一大钵黄芽白菜煮豆腐，简单是简单了点，但是口味极佳，让大家赞不绝口。

　　这次回杭州，少了琴如一人。虽然只少一人，但大家心里都觉得空落落，游兴索然。维铨情绪有所恢复，但变得沉默寡言，他兴高采烈时冒出来的幽默逗人的连珠妙语不见了，有几次喝酒喝得酩酊大醉。

　　过了一些日子，正遇一个湖南老乡要回家，万涛与老乡结伴一起回去，因上海住的只是她父亲和姨妈，她要回老家看望母亲。这样只剩下维铨和璧如相依为伴，更懒得走动，只是不时到葛岭晒晒太阳，有一搭没一搭地聊天。

　　父亲和琴如他们这一辈的情感纠葛，深深牵动了我的心。我曾多次到过杭州西湖，每次都若有所思，每次都若有所失。美丽的西子湖畔，果真是上演人间喜剧和悲剧的舞台吗？有一回，我行走在苏堤，天下着雨，打湿了我的衣服，飘飘雨丝和周遭的寂寥，使我产生奇妙的幻觉。20世纪20年代中期那4个留日学生在这里的欢颜和愁绪，交替映现，扣动着我的心弦。又有一回，我特意到了葛岭一趟，想看看这到底是一处什么地方。结果令我很失望。这里已不复从前的空灵和美丽。街上穿行的人、街边充满烟火气息的楼屋，勾画出全新的图景。我独自呢喃，生活可不仅仅是这样平静啊。

　　终于从东京传来了消息，学校复课了，这时距关东大地震过去还不到半年时间，日本人从废墟上复兴的能力令人佩服。维铨同璧如商量后，决定回东京。维铨等家中寄来旅费即准备上路，璧如等万涛回上海再一同走。

　　这一天，漳州寄钱来了。维铨的脸上露出了多少日子没出现的笑容，他对璧如说："你等着，别走。"他高高兴兴地出去取钱。要回东京了，他能不高兴吗？璧如望着他的背影，也笑了。

　　维铨回来的时候，带着两件十分漂亮的绒披风。璧如诧异地问："干吗买两件都一样的？"

　　维铨拿起一件给璧如披上，说："冬天即将过去，春天已经来临，季节转换，很容易感冒，你就不害怕？披上它吧，它会给你带来幸运的。"他心情一好，那股奔放和幽默劲又回到身上来了。

维铨给的这件绒披风，璧如珍惜地用了20多年，一直到抗战结束后。

他们几人，先后又回到日本，回到东京高师。维铨、琴如和歌川原先住的地方在地震中似乎都不约而同地幸存下来，他们也都不约而同地住回原来的住所，好像要让他们记起曾经有过一些多么自由自在的美好时光。维铨还是住在小石川区的旅馆，琴如还是与九如住在办天町的滨居，歌川还是住在山吹町的翠松寮。只是从前的日子再也回不去了。

维铨很快发现，他已经失去了琴如。尽管早已预感，但一时还是难以接受，他的精神再度沉沦。

就在此时，又一个湖南女子进入维铨心间。她就是白薇。

六、湖南女子白薇

　　白薇是中国现代文学史上有名的女作家，20年代中期步入文坛后，如耀眼的星星迅速升起，备受瞩目。她的一生颇为传奇，似乎在某种程度上还成了女性解放的象征。90年代中期，出现了一部长达八集的电视连续剧《白薇》，旨在介绍白薇最具色彩的前半生，遗憾的是这部电视剧为了顾及收视率和其他原因，胡编乱造地杜撰了一些情节加在白薇身上，这些调味品使这部电视剧的真实性大打折扣。如若白薇在世，是绝不会允许他们这样做的。

　　白薇作为一个出色的女性，也有自己异常丰富的感情世界。她是湖南资兴县秀流村人，1918年夏天到日本求学，是东京高等女子师范生物系的学生。维铨因为时常同璧如兄妹等湖南留学生在一起玩，琴如又同白薇的妹妹黄九如住在一起，所以与白薇相互间都知道，只是没什么往来。但是自杭州回东京后，维铨陷入失恋的苦恼，同时开始嗜酒时，关心他的朋友有意在他与白薇之间穿针引线，大概觉得他们兴趣爱好还算相投。

　　这时白薇已30岁，虽历经磨难，仍未失却年轻女性的风采，白净秀气，步态轻盈，热情洋溢。

　　描写白薇和维铨关系的文字不乏其章，当中亦有文采斐然的。但是最忠实地记录下他们感情关系的当属《昨夜》，这本书收集了他们互通的信件179封，其中白薇写的有93封，维铨写的有86封，总计近17万字，时间跨度长达8年。这179封情书，封封坦露真意，不加掩饰，情之所至，信笔挥洒。描写他们关系的文人学者，无一不是从其中汲取素材和灵感的。

我想，应当让当事者自己出来叙谈。

1924年7月25日，维铨给白薇写去一封信，这是《昨夜》中《杨骚之部》的第一封信，从东京寄往东京郊区避暑胜地轻井泽。全信如下：

素姐：

和你会面只有两三次，但你的生命之流当我去年死迷在西湖时已深深地潜入我的心中。

你过去所有的生活，或许可以说我会了解你的，虽我是一羽鸠样。

妆饰的言语于我们现代没有好多时间的青年男女有何用，简单说：你的性情我很喜欢，我很希望你肯和我做朋友。

但是素姐，亡灵似的我你喜欢么？不给人家笑乐的我你喜欢么？常要流些无谓的感伤泪给人家看的我你喜欢么？时会放肆狂飞的野鸟似的我你喜欢么？更有时会像刚从荒冢里头爬起来的幽魂似的我你喜欢么？

我常常深夜里对着神秘的小星星出神，想，想谁会喜欢我！

P.喜欢我：唯一的青年；T妹喜欢我：唯一的女子。舍此两人外，只有我爱人，没有人爱我！素姐，你也不喜欢我么？你喜欢我好么？你和我做朋友好么？我自己想，你大概会喜欢和我做朋友的，是不是？

信末署名维铨。信的抬头称呼写着"素姐"，这是白薇的一个名字素如的衍变，白薇大维铨6岁。信中的"P."就是璧如，"T妹"就是万涛。

白薇接到维铨这封信后，给他回了一信，这封信从轻井泽寄往东京，也是《昨夜》中《白薇之部》的第一封信。全信如下：

维弟：

来信辨不出是铿铿唤醒阴魂登场的警钟，还是有人在叫我的优美的肉音？醒来把珍珠似的文句再二再三看，却像我自己遗在花草间的血痕。

维弟呀是你！我和你有一层世界的隔离，何以同是撒出珍珠粒粒？

你不过是有时候像从荒冢里爬出的幽灵，荒冢乃是我永远安息的土地。我不知到了这里多久，也懒问现今是何年何日，把轰轰烈烈美丑竞争的人世间，忘却不救一滴。统计我过去的生涯，没有一文价值。你为谁记起我来？我哪点值得你来欢喜？你怕是弄错了吧？你不是做梦吧？我和你有生死的区别。

只是啊维弟！我还不曾见过你，心里便喜欢默默地笑，常常想，想你好像能和我做朋友，而且会是一副天使心肠的交际。

初春，我还没有被大病危害之前，我以你底材料，拟了一幕《雪夜里的哀声》的剧。本想作成寄你，虽不知道你底名字，也不怕你笑死。今早我正要坐在翠绿的群峰下做画家荒川女史的 Model 的时光，忽然接你那么一封信，唤醒了我底迷灵。真呢梦呢？心脏跳跃跃地总在怀疑。我喜欢你，我真是喜欢你，敬爱的维弟。我孤哀哀地凝结在冰冢中，有时候也还将万恶的人世记起。因为那装满浊物的人世间，还有个拳拳系念的 P. 弟。维弟，你记起我么？我也碰着了人间的呼吸！你想把我拉到人间来大家欢喜做朋友么？感谢你！只是我全身底机关，都被病魂毁坏了；我玫瑰般红艳艳的热血，全被凶涛冲散了；我没有立得起的力量了。你眼前摆个残疾的朋友，不疑是坟墓里的红发鬼么？

维弟，你就总不给我一个字，我心里也深深地刻着你是我"很要好的一个朋友"那一件事。

这封信的信末署名"薇"。名字后还写着"灯下"两字，再加上一个句号。没有注明日期。

以这两封信为发端，维铨和白薇之间，开始了感情交往，拉开了他们长达十几年甚至是二十几年的爱情悲剧的第一幕。这出爱情悲剧时至今日还有人津津乐道地炒作。

从这两封信上看，他们在互相之间尚未来往之前似乎便心心相印了。白薇早已"深深地潜入"维铨的"心中"。而白薇心里也常常想，想维铨"好像能和我做朋友"，她甚至还以维铨的材料，"拟了一幕《雪地里的哀声》的剧"。这幕剧的材料，完全可能就是以维铨和琴如的恋爱纠葛为基础的。

他们的关系发展迅速，感情的温度急剧上升。维铨在沉沦中非常需要感情慰藉，白薇亦然。而且他们的交往从一开始就是那样坦率和真诚相见。

这里应当插上一段话。年轻时的璧如很英俊，白薇对他很有好感，璧如和万涛的关系明确后，她只能把这份好感埋藏于心底。但是对美好感情的追求是无法永远压抑的。白薇写了一个三幕剧《苏斐》，剧情大致是这样：北京一个高官富豪的女儿苏斐爱上了穷青年华宁，但父亲早已将她许配给新疆督军的儿子陈特，陈特是个流氓恶少，苏斐不愿嫁给他，经过斗争，父亲解除了女儿同陈特的婚约，陈特不甘心，寻机会毒死了苏斐的父亲和华宁，又害死她妹夫和其他家人，然后娶了她妹妹，侵占了她们的家产，最后害死她妹妹。数年后有一个机会苏斐可以杀死陈特，却饶恕了他，同这个仇人一起皈依宗教。这个剧在中国留日学生的赈灾义演中，白薇自己演苏斐，叫璧如演华宁。几十年后，白薇曾对璧如的小妹妹琯如说，我同你哥哥在台下不能谈恋爱，就在台上谈，在戏中当夫妻。白薇暮年时琯如去看望她，白薇问起璧如的情况，然后给璧如写信。她已无法动笔，整张纸上写满不成形的字。琯如仔细辨认，发现满纸都是"璧如"二字。她将这封信寄到台湾，璧如深受感动，回寄了一张照片给白薇，这张照片白薇一直压在她房间桌子的玻璃板底下。白薇心头燃着对纯真与美好的追求之火，从来不曾熄灭。但她也是个凡人，她觉得万涛并不漂亮，对璧如娶她感到不理解。她给维铨第一封信中有句"我玫瑰般的红艳艳的热血，全被凶涛冲散了"，这"凶涛"二字当有所指。

晚年的璧如对当年演出《苏斐》记忆犹新。他回忆说，一天，白薇来访，说她的三幕剧《苏斐》已经写完，正在筹划公演，她希望我能演剧中男主角华宁，她演女主角苏斐。璧如说："我不知道怎么说明才好，她的吩咐，我总是乐于接受，从不逃避的。"《苏斐》在中国青年会大厅演了两场，均座无虚席，赢得到场的中外观众一致好评。演出结束后，璧如征求维铨的意见，有了以下对话。

璧如："白薇的这出戏你觉得怎么样？"

维铨："我哪有什么本事评这出戏，随便谈谈还可以。"

"阿杨啊，你装什么正经，快点说。"

"一点印象吧。这个剧本从内容到形式都是极具创造性的，在现今新文艺草创时期，是难能可贵的。剧本写得有大家手笔，她是个才女呀。"

璧如笑了，又问："那我演得如何？"

"演得很不错，真的，你还是第一次上舞台，我都觉得奇怪。特别是第三幕，当苏斐在你怀中断气的时候，你的动作和表情完美得无懈可击，完全进入角色。"

"跟素姐同台表演，要进入角色是件很容易的事。"

"是啊，她像一团火，时刻要将人烤化了的样子。不过，在第一幕和第二幕中你和苏斐的谈情说爱，就有些生硬和害羞。"

"你说对了。其实我台词背得很熟，幕后的提示人嘴巴不停地讲，搞得我都分心了。"

白薇的《苏斐》，成了她给文坛的第一份见面礼。在1926年的《语丝》第十七卷第一号和同年的《小说月报》第十七卷第一号上同时登载，署名素如女士。

1924年东京的盛夏，热浪灼人。维铨与白薇的情热也像暑天般灼人。1924年东京的秋天，明净高爽。维铨和白薇的心胸也一如秋空开朗透亮。他们都从对方身上找到了自己的精神和灵魂栖息之处，他们都向对方真挚地展现了自己。

白薇对维铨说："白薇的白字，我不是取它在颜色上形容的意义。白等于'枉然'，白又等于'空'，我是取'枉然'与'空'的意义。有时候把它当作白解，也一样有趣。随时随地随人去解它。我是深深的悲哀的命名。白薇含尽女性无穷尽的悲味。"

白薇向维铨倾吐自己的身世和经历。

秀流是湖南资兴县的一个大村庄，山清水秀。黄家是村里的外来户，本地人都姓朱。白薇的小名叫黄碧珠，先祖是穷困的挑脚夫，子孙靠种油茶、桐树和五倍子发了家，到祖父这一辈，已成了拥有几百亩地的富户。祖父黄秋芳是个举人，是湘军的一名军官；祖母赵翠兰原是太平天国女将洪宣娇的部属，是王府里的宫女，太平天国兵败时，她同一些姐妹冲杀出来，散落在资兴的清江一带。黄秋芳被赵翠兰的气韵吸引，很喜欢她，就在清江盖了一座房子给这几个落难的女兵住，让她们绘画刺绣。后来黄秋芳纳赵翠兰为妾。

赵翠兰生下了儿子黄达人，即白薇的父亲，黄达人才14岁时便娶亲，那时白薇的母亲何姣灵已23岁。黄达人成家后连得6个女儿和1个儿子，白薇是老大。祖母非常疼爱这个大孙女，教她画画和刺绣，还同她讲自己原本是南京江宁县县官的小女儿，被洪秀全、杨秀清带到天国王府，跟洪宣娇习武打仗做女红，同她讲花木兰、穆桂英、梁红玉等女英雄的故事。这些故事在年幼的白薇心上留下了深刻的烙印，她后来的叛逆性格同祖母的影响有密切关系。

祖父去世时家道已经中落，父亲经营小生意又屡屡失败，在白薇二舅父的劝说下进了书院读书，家中担子全部压在母亲身上。白薇从5岁开始就承担起沉重的家务，天刚蒙蒙亮就被叫醒做活，点火烧水放鸡鸭，挑水洗衣涮锅碗，稍大以后晴天下田锄禾，雨天纺纱绣花，晚上剥苞米剪辣椒，只有利用母亲午睡的时候才能偷偷跑出去玩。有一回他们在村外的松林里看到一只老虎，大家被吓得哇哇叫，后来一个胆大的男孩指挥大家呼喊，扔石头泥巴，企图吓走老虎，白薇也跟着狂呼乱叫，老虎卧在岩石上望着这些孩子，过了一会儿才慢慢地站起来，跳下岩石跑了。当时孩子这样做很危险，但是却使年小的白薇明白了遇事不能慌，要想办法解决的道理。

在八国联军入侵，全国上下掀起反清浪潮时，父亲在妻舅的资助下，东渡日本留学，寻找救国真理，加入了同盟会。后因学费不继，提前结业回国，回乡后他立即筹资办新学，将学校定为初高两等学校。

他让大女儿和四女儿上学，碧珠改名为黄彰，此后黄彰成了白薇的学名。白薇在学校里接触了新书新刊，陈天华、徐锡麟、秋瑾的英勇事迹使她激动不已。可惜她只读了不到一年半，因清廷查捕革命党，父亲被迫辞职，白薇姐妹也离开了学校。

遗憾的是这个具有新潮革命思想的父亲在女儿的婚姻上屈从于封建习俗。在白薇不到8岁时，母亲在一次唱大戏庆丰收的乡下庙会期间，受到邻村一李姓人家的盛情款待，就荒唐地将大女儿许配给人家。白薇抗婚，从14岁拖到16岁，还是被迫嫁出。在婆家，白薇承担了一切轻重家务活，还是受尽折磨，一条脚筋竟被婆婆凶狠地咬断了，以后每当婆婆要打她，她就跑到门前的小河里，小河水齐腰深，裹脚的婆婆不敢下水，但是她付出的代价往往是几天不准吃饭。后来婆婆叫她孤身一人进深山监督一批汉子伐木，这无异于"嫁生妻"（当地将不喜欢的媳妇私自再嫁出的做法），在这紧要关头，同情她的二舅授意白薇"砸锅台"，待婆家告状时再论理。在当地乡村，被砸锅台意味着被诅咒断子绝孙，是很耻辱的事。白薇鼓足勇气，抢起斧子砸破了做饭的铁锅，连夜逃回家。在二舅的帮助下，到衡阳第三女子师范读书。

在第三女子师范，她学习成绩突出，被学生公推为学友长。当时英美的教会势力很猖獗，已经到了传教士带着成群人闯入学校，引诱学生听传教的地步。民族意识强烈的白薇串联一些开明的青年教师和其他学校的男生，到府台衙门和道台衙门告洋人扰乱学校秩序的状，反倒被学校开除。这个决定遭到女三师学生的激烈反对，校方不得已才改为除名，将她送到长沙第一女子师范作插班生。

毕业前夕父亲生怕女儿毕业后远走高飞，花了一笔钱买通校方看管白薇，不让她离校，准备带她回婆家。在四妹九思和其他同学的帮助下，她终于冲破重重阻挠，逃离学校，来到上海，再转赴日本，在横滨上岸时，身上仅剩两角日元。

白薇被逼成婚的悲惨遭遇，令维铨深感同情；她的反叛精神，更令维铨钦佩。她来日本后的情况，他已从璧如那里略知一二，现在则了解得更加详尽。她曾在英国传教士家中当女佣，上街卖过水，更多的是"挑码头"，即在码头从船上挑货物到岸上，每天下课后到码头干4个小时，收入可供三四天的生活开支。长沙女一师的校长曾寄过一些钱来，同时与白薇父亲交涉，要他接济女儿，否则就断绝关系，将女儿移给湖南教育厅负担，白薇的父亲怕失去面子，才寄来70元，相当200多日元。上了女高师的第3年，她才获得官费。其间因病留过级，曾到一个美国牧师家中当"下女"，在最困苦的时候，她还闪过上街拉客的念头，也想到自杀，但是她终于熬过来了。

现在，维铨和白薇沉溺于爱河之中，他们在爱河中舔抚着彼此几欲断裂的神经，舔抚着彼此很深的伤口。

白薇（以下杨、白对话均引自《昨夜》）："轻井泽是避暑的天国，它的美处想等你来描写。……这里还有许多贷间（出租的房间），景色之美丽幽玄，不由你不疑此土是仙境而你是神仙。你来！我们同游奇山，去洗温泉不好么？早晚一块儿去群芳竞放的原野，在黄莺回转的密林下散步不好么？无论如何请来吧！我在等你。"

维铨："轻井泽实在想去，但目前条件不便，走不动（开），真是憾事。你从前不是说过可以和我们大家住在一起吗？怎么你给P.的信中又说不想了？什么道理？你讨厌我们这些瞎闹的小魔王吗？我们都欢迎你来。"

白薇："我自接过你的信后，虽然只有一个月，却像经历了无限的天地。在这一瞬间一瞬间的过程中凝视人生，可以成部疯人印象记。弟弟，你谅解我吧！我同不同你们住，你替我决定如何？你有别号么？'铨'字我以后再也不会写。"

维铨："你比我聪明，你的行动我怎么晓得替你决定呢？你来不来和我们大家同住，请你自己决定好不好？望莫见怪。我没有什么别号，但'铨'字我自己也不大喜欢，将来总想换个名。你不愿意写这个字，你就随便叫我什么好了。"

白薇："亲爱的维弟，你来吧！我还延长我盼望的波澜，星期二和星期三下午在寮候你。过此不来，你虽坐在我瞳孔上，于我不起感觉，我想。爱弟！我们明天或后天见面，我脑筋里的你，不知道是一阵无影无形的情风？是一片将消未灭的烟影？是电灯下的宝石一样，闪闪不可思议的宝光，<u>丝丝射注我身上</u>？还是彼此俱无，面会所是一块虚幻的真空？"

维铨："昨晚一夜雨，雨，雨！今晚仍是雨！明天恐怕还是雨！明后天呢？再明后天呢？管它作甚！就一年中尽雨，就雨脚长垂在我眼帘，我也是去的，去看你的，借着虚无的木屐和热情的、幻想的雨伞，星期三下午。薇姐，你说'……过此不来，你虽坐在我瞳孔上，于我不起感觉……'你这句话使我感着非常恐怖，同时使我感着一种说不出的爱！啊，潇洒的秋霖，秋霖潇洒地……我只能这样说呵！"

白薇："'维'是我在小学时父亲赐给我底名字。所以我一写'维弟'时，不知道你是我还是我是你。你通过我底全灵魂而盘旋我神经中枢的，俨然清夜闪闪飞跃的'流星'。我奇喜奇悲，常会发莫名其妙的想死的快感。也无非为你是我脑海里留不住的流星。'流星！可爱的流星！我最爱的流星！'我可以这么喊你么，弟弟？"

在这如火如荼的情感交流中，白薇无所顾忌，暴雨般倾盆而出，几近使人难以喘息，维铨刚从痛苦的深渊中颤巍巍站起，在爱的风暴中显得有些晕眩和保留。

白薇："啊，爱弟！你不杀我我会杀你。我非杀你不可！我是'Salome'哩，我比'Salome'还要毒哩。爱弟！爱弟！我要爱你。……在你是怎样都好，在我是无论如何也要爱你。你心里憎恶我到120分，我还是要轻轻地吻吻你底心。……你快来快来吧！等到星期六，真会活想死。星期三晚上六时半，我在大久保车站候车室等你。星期四也同样。"

维铨："亲爱的素姐，你要听清楚呵，我不是不爱你，我现在只想沉默，把过去一切的烦恼清算了它。……我是很容易疯起来的，现在对你，好像又要疯起来了的样子，啊，这多么危险！我如再疯，接着不久以前的苦恼的波浪再狂起来，我晓得，只有死灭。……我把对你要疯起来了的情热强压了下去！不但对你，我是决心在此一两年中间，无论有谁来爱我追我，我都会逃避。所以，亲爱的素姐，你等一等罢，望你也休息一两年罢。"

白薇："我虽不知道你的一切，但就我心上底灵眼观察你那种气氛，我非常喜欢，好像这是我今生不能不爱你的。爱弟弟！我仅问我底心，我实在非常爱你。非常爱，所以我不想把这些爱活杀了带着赤血埋没；所以我恳求你只和我做个爱友或爱姐弟！！！"

维铨："不，不，我想，凡是女性，决不会有爱我的道理！在这个浮世，我是没有向神领到'被女性爱'这个恩惠生下来的。自从被A.妹抛弃了以后，我越加如是认为。所以，现在无论有什么女性爱我，我总不敢相信她。……若是你要问我'你爱我不？'那我可以不加修饰地答道'我爱你。'只是我对你的爱到底是什么颜色，我自己也不大明了。只是爱，不晓得怎样总觉得爱，喜欢和你往来交游，如斯如斯罢了。又在某种场合，对你会起一种莫名其妙的感觉，譬如昨晚和你并立在那小桥上凝视夜阴的时候，不晓得如何胸口突然觉得满满的，好像热的水蒸气从胸底要进涌出来似的膨胀着，心脏跳得厉害，而且非常想抱你，总想抱你，痛抱你一下，不晓得为什么。可是那时候我没有那样做的勇气，终于让这不可思议的一瞬间飞过，恢复原有的我，再平静地听你的谈话了。薇姐，晓得吗，我对你的这种感情？怕不晓得罢，因为连我自己也不明白。"

不管狂风暴雨也好，或是和风细雨潺潺流水也好，他们终归是在爱河中沐浴。维铨得到爱的慰藉，他的思维在爱河中起伏翻腾，他的灵感在爱河里源源涌出。

在爱的浸润中，维铨写出了诗剧《心曲》。这是他的处女作。

七、心曲

诗剧《心曲》1929年6月由上海北新书局出版，后收入商务印书馆1937年6月出版的杨骚诗剧集《记忆之都》中。1993年12月，《记忆之都》这部诗剧集列为"文学研究会作品专辑"的一种，由上海书店影印重版。2015年1月，列为"现代文学名著原版珍藏"的一种，由上海书店出版社再版。

在《记忆之都》的"序"中，杨骚这样写道：

> 一个人到了中年的时候，才晓得年轻时做过的一些傻事傻梦，是非常幼稚的；可是在当时何尝自觉得。在当时，总以为那才是真的人生，美。
>
> 这里所集的三篇诗剧，可以说就是自己年轻时做过的傻梦的记录。《心曲》是自己的处女作，《迷雏》和《记忆之都》也都是早年之作，形式内容两方面都显得十分稚气，然而正因为是稚气，反觉得它们的真实可爱，现在就是想再写这类的东西，也写不出来了。

是否"稚气"让评家去评说，"真实可爱"倒是说对了一半。

在《心曲》的最末尾，杨骚写下短短两行字，一行是：1924年10月中；另一行是：草于东京。这个将近5年以后才发表的诗剧，在相当程度上反映了他当时的精神状态，说"真实"大概也不以为过；说"可爱"就不尽然了。《心曲》的内容是这样的：一个旅人爬山涉水，走进森林，迷路了。在黑夜的梦幻中认识了森姬，他们相互爱慕，森姬称旅人为"可爱的流星"。天亮后，森姬消失了，旅人追寻她。夜幕降临，森姬又出现，他们再度相聚。黎明时，森姬淹没在亮光中，又消失了，细妹子的歌声将旅人引出森林。全剧充满象征的意味。无论是从对理想追求的艰辛或是从维铨个人情感的磨难上来分析，这都是一段很痛苦的历程。

维铨与白薇双双卷入爱的旋涡里，即使在爱的旋涡里，他也没有忘记琴如，何况她时常来二哥这里玩，隔三岔五都得与维铨打照面；何况她有自己的隐衷，轻轻一碰杯，尽在不言中。时间与空间，她同维铨都没有隔绝。对维铨来说，这是一支难以倾吐的心曲。

2017年的春天，杨骚逝世60周年的纪念活动中，漳州的闽南师范大学芗涛剧社试图将《心曲》搬上舞台，但是没有成功。这可能是一部只适合阅读的作品，它充满象征主义和神秘主义的色彩，仅凭大段对白和肢体语言想将"旅人"的内心世界展示出来，难度太大了。这时距《心曲》这部作品完稿已经过去了93年，一群大学生还在认真地琢磨它，虽然最后他们选择了放弃。

从西湖重返东京后，维铨基本无心学业，在他眼前时而阳光灿烂，时而阴云聚集，时而满脸春风，时而举止嚣张，胸中块垒无法消除，他开始嗜酒了。

他的言行使他的一些朋友和同乡同学很不以为然。他苦恼地对白薇说："昨天一位朋友来看我，谈话间他说我的生活简直不是人的生活。我问他何解。他说了一大堆教训的话，总之，是说我不会用钱，不会吃饭，还有，真把我气死，说我误吊膀子！素，难道我是在吊膀子的吗！？我听完和他大起争辩，但结局是牛头不对马嘴，没有结论，心里只剩下一堆不舒服。"

维铨开始与一些朋友和同乡疏远，他开始感到窒息，他觉得自己是那样穷，有时连买一张邮票的钱都没有。更多的时候，他承受不了自己、白薇和琴如同样生活在东京这样一块狭小的空间里，感情上承受不了，心理上承受不了。他对这种有时甚至认为是无端的消耗将无休止地持续下去感到惧怕，对在东京待下去的前景产生疑问。回避一下未尝不是一种办法，换一个环境也许会有新的生机。维铨起了离开东京的念头。

　　他将自己的想法告诉白薇，连同大致的行期。白薇反应非常强烈，那张长着两个美丽的黑痣的脸唰地白了。她情绪起落得厉害，一会儿说："分别的日子越迫切近了。我不但对于将来不像你那样想得厉害，就过去也不大介意的。临别时，只要说声'再会'不就够了吗？"一会儿说："亲爱的弟弟！你千万莫偷偷地跑了！我多少还想从你脸上探出一点生命。到年底我给定个剧曲你看，愿你看了我底才走！请等我！"又说："维弟！我们大概是长别了哟。我今生恐怕无论如何也不会爱人了。"

　　他劝慰地写信给白薇："你镇静些罢！我不能不离开你。我们暂别，后会有期哩。人生说短就短，说长就长，两三年光阴是容易过去的。素，我的心！你听我说：我们永不分开的，虽我们以后要各在天一涯海一角。你听我罢，你静静地用功，静静地创作，发挥你的艺术底天才罢！

　　"你信我，我这一次虽然是为着要挣那万恶的金钱回去，但我绝不至于堕落的。即使我变成一个恶魔，最少也是个漂亮的恶魔。

　　"我至死都欢喜的提琴，我很希望在此后两三年中间偷点时间学它。不待说是不会学好的。但或许于将来我们再会面时，我会在你的面前弹一曲别后情给你听罢。

　　"素，你不必过于伤心。我离东京后，还有很好的朋友在你身边。P.你很喜欢他，他也很喜欢你。他一定会和你做个很好很纯洁的朋友。不待说你那孤高的心是没有谁能够彻底理解你，更不待说你的寂寞悲哀是没有谁能够安慰你的，但素姐！在这无可奈何的人世上有谁能够十分地理解谁爱谁安慰谁呢！

　　"素，我十分不愿意和你分离，但我不能够在东京当个不三似两的乞食学生。这样想的我你不憎恶吗？没有办法，即使你要憎恶我，我也是决心回去的。

　　"……要回去的时候，一定先通知你，免介。"

　　白薇回信："一面流着泪一面看完了你的信。你所说的话都是真的。我也这样感着。

"分开吧！分开吧！你南我北！远远地分开吧！分开吧！远别吧！救救我们美的灵魂！

"可是，我不能眼巴巴地望我们两条相爱的灵魂突然悲剧底分开，我想不得；因为无论如何我们也是人。……"

前一封信写于1924年12月11日夜1时；后一封信写于1924年12月31日晚。两封信都写于夜晚，这样的夜晚一定凄凉无比，尖厉的风在摇着窗棂。

两个月后的一天黄昏，维铨走了，他没有告诉白薇，只留下一纸短笺。"对不住，对不住！我走了！T妹几回想打电话通知你，几回都被我阻止了，请原谅我吧！为什么我不要你送呢？这是一个谜。总之，请原谅我！"

几天以后，白薇满腹惆怅地从东京向杭州西湖写去一信："中夜雨，明月何时去？雨洒悲尘悲越新。病扰脑筋脑更病。假睡终夜，合不着怅望西湖的眼睛，心震震，可不是你在湖滨默默送来的叹声？……

"今是三时，五分钟前爬起来写信的。啊，我丝丝儿散垂着的发端上，都吊着一位青衣曼陀阴郁的诗人你！我眼仿佛迷惑在海底，手被风妖雨怪拖去似的……

"怀恋的流星（《心曲》中的旅人。作者注）！你是很想知道我的病消息，我的消息如今不说半句告诉你。我将把一切，请P.转达你。十天后，你会明白的。只不知道你在哪里？不会使消息落空么？空哟空！你姐暂如你古井中的森姬，头上脚底心中三层空。今回的空真空。

"当我病笃尽等你来领我进病院总不见你来时，我有封未成的长信在你第二爱的P.处，他一定会转给你吧。

"T妹说：你别东京，你第一恋恋难舍的是A妹，P.第二，素姐第三——"

以上文中出现的"P."和"T"仍为璧如和万涛，"A妹"即是琴如。以下文中如出现如此英文代码亦然。

万涛一语向白薇道出了维铨的情衷。作为女性的最知情者，万涛的观察与分析是相当准确的。这一点白薇未必明白，但爱情这东西就是这般说不清道不明，她越是明白，可能就越是一往情深。

　　1925年2月12日，维铨刚到杭州，就给在东京的白薇写了一信，此时白薇寄出的信也许还在路上。维铨的信开头称白薇为"月下的森姬，我的姐姐"，信是这么写的：

　　"你不怪我吗？怪我骗了你？你不恨我吗？恨我不给信通知你就走了？所有随着你罢，所有也随着我。我想如何走动就如何走动。我有说不出的苦衷，我的心是充满着爱和泪水。爱和泪水是我的自慰，恐怕也是人人的自慰。素姐，你莫伤心，莫悲感，莫自戕了你的创作能力，莫爱你这个不可爱的弟弟罢！

　　"素，我永远记着你，思慕你，但我不能再在你的面前说假话了。我永远记着A妹，永远爱着A妹。这次到了下关，搭船过门司的时候，在船中眼角偶然瞥见一位穿红衣服的人，我的心不知如何便跳动起来了。啊，红衣服哟！黑眼睛哟，A妹哟！无论你如何伤着我的心，我还是爱你！无论我怎样不想爱你羞爱你，你的魅力已布满了机关我身上，一触着就发动的呵！

　　"素姐，我恨不得你和A妹合为一个人让我爱，我恨不得……说不出来！

　　"素姐，我大概不会回家的，直接到南洋去。此去荒天漠地，不知何处何物是我的把持。饮回忆的酒活下去吗？好空洞的东西呵！抱着纪念品睡吗？好蠢的事呵！然而没有办法，毕竟我是为着创造回忆而生的。

　　"你不是答应了我要把你拿回了的信再全部寄给我吗？你快点寄来吧。我将带着它们在我身边，时时看它，无论到何地何时。我看到它们，便如看到了你。

　　"素，你不要任性乱奔乱撞。你的脚是很纤细柔弱的，你的身子没有甲胄保护着的，而世间到处是怎样地陷阱，无路不崎岖而刀山剑谷呵！我希望你好好地在妇人home住，好好地用功，好好地创作。我愿有一位创作家的爱姐姐，不愿有一位恋爱殉难者的爱人。你在东京也不至于十分寂寞吧。你还有几位你很喜欢的朋友在身边，可以时常见面谈谈。P.你不是很喜欢他吗？A妹，T妹你不也是都很喜欢她们吗？我呢？我此后只有一个敌人：金子，金子！我没有朋友，有，也都在远方；只是我一个人走的路。然而我不会悲观，我晓得怎样运用我的环境活下去，所以你不必替我担忧。

"素姐，真的，你不要乱奔闯呵！我去了，但我一定会再来找你，不管那时候我是变成怎样的人，也不管你那时还喜不喜欢我。"

事情似乎就这样告一段落，尚有理智的维铨无奈地选择了暂时回避，然而往往会有出人意料的事。维铨这封信写后一个星期，白薇从天而降，突然出现在杭州。

她是在维铨毫无思想准备的时候来临的，她的到来令维铨十分不高兴。他站在白薇的面前，气愤得脱口而出："你怎么是这么一个女性！要追我到这里来？！……你这样一来真叫我对你失望！……"

诗人崇尚自由，还有什么比自由受到无端阻挠而令人不愉快的呢？维铨这次回国，经过了一段时间的酝酿，白薇也早已知道，并非心血来潮的举动，那么白薇不远千里从日本的东京追到中国的杭州，要如何解释呢？说透了，是她的性格使然。

前面已谈到，在白薇和维铨这场迅速升温的感情交流中，白薇倾情而出，一心一意，如果有办法将维铨整个溶解在心里，相信她也会试一试。能得到一个女性这样的爱情，应当说是幸福的。然而事情有它的另一面，一旦这种感情醇厚得要将对方包裹起来，企望彻底占有对方，让人透不过气，可能就会使人畏惧了。大概维铨就处在这种状况，何况琴如在他心里还占有重要的位置。白薇是一个性格十分鲜明的人，常有一些出人意料的想法和做法，如逃离长沙一师出走东京就是一例。讲到这里，维铨没有将离开东京的具体时间告诉白薇，大概就可以解释得过去。因为在临别时刻，白薇有可能突然不让维铨走，那时如何是好？白薇情急之下追往杭州也许还有一个原因，这就是琴如还没有结婚，维铨有回头的可能。

白薇追到杭州，也没能改变维铨走的决心。他在杭州住了十多天后，与白薇在断桥分手，途经上海回到漳州。在上海的泰安栈，他给白薇去了一信，信上说：

"素，你不要再乱跑乱撞。你这次从东京那样拖着病奔回西湖来看我，我心里虽然很感激，但是怎样不高兴你的这种妄动呵！你这种突飞的行为，是我为你担心的种子。愿你再不要这样，静静在西湖休养，不要再追我。我回家马上会寄信给你，你等着罢。你不要轻视自己的天分，我坚信你会成为一个很好的女流作家，愿你从这方面努力罢。

"亲爱的素姐，再会！西湖月圆时，正是我回到家中的时候。如天不阴，在家里看得到月亮，我将请月亮来安慰在西湖月光下的你的寂寞之心……"

维铨走后，白薇搬到葛岭的抱朴庐养病治病，她患有比较严重的鼻病，痛起来头脑麻木，呼吸困难，喉头如伤，脸色赤红。

春天，葛岭成了花的世界。将落的玉兰花，将开的五色桃花，辛夷花、绣球花、海棠花。还有紫堇花、石兰花、洋菊花、兰花、水仙花，山坡有鲜红的山茶花，地里处处是金黄的菜花，真是说也说不尽。西湖花草之多，莫过于此地，这里还有培植室内花草的温室。万紫千红，色彩迷人，花香浮漾，沁人肺腑。这是个疗养的好处所。

白薇住的地方，摆满她喜欢的花，书桌上、茶几旁、栏杆处都是花，而且时常轮换，维铨的相片，就经常被她放在花中。收到维铨上海来信那个晚上，夜半时分，白薇还站在房外的露台上，通情的天空挂着圆月，满天光华，四野寂静，她不禁流出心中的独白：

> 沉默的皎洁的西湖的圆圆的月亮哟！现在像我这样在望你的人怕有几千万之多，但像我这样怀着无限的悲感，站在高山的露台上，思慕那远远地飞去了的流星的人，恐怕没有的吧！
>
> 哦，月娘哟！你那神秘的美丽的心是通透万物的青春，你那亮晶晶的广大的眼睛是能够知道一切青年的心的。此时此刻，我那怪爱的流星怎样？是不是也在望你，而怀念这个寂寞的寂寞的我呢？如果他是一面从心底想念我，一面在你这皎洁的清光下写信给我的话，啊，我是怎样地快乐呵！
>
> 哦，月娘哟！我的生命好像你今晚这样皎洁，但是怎样的令人凄怆呵！我怎么能够忘记今晚的你？我永远地永远地

记着今晚的你。

白薇在葛岭安安静静地住了一个多月，她隔几天就往漳州写一封信，还给维铨寄去他爱吃的香榧子。

在大自然的安抚中，她心绪平和地回到东京。回东京不久，她又处在失衡状态。睹物思人，小石川区的那间屋子是维铨住过的地方，白薇多么熟悉，她曾坐在里面同维弟聊天，曾支着手在那扇窗口眺望天空；睹景思人，轻井泽那翠绿的峰峦下，他们曾第一次漫步的那片青草地，还是活泼泼地充满生机；睹人也思人，譬如、万涛、琴如无论哪一个在她面前出现，维弟的身影也会跟着在眼前浮起。难受呵！她忍不住从东京向在漳州的维铨倾说：

我现在永远有三悔恨：1.悔我不该去秋不和你们住'贷家'，那时该浓蜜蜜地做一顿爱友，爱死去的爱友。2.深悔去秋至今春不该让P.、S.他们独占你的友谊。3.恨死的恨了我没有由西湖送你到厦门！"

她坦率地说："我确实很爱A妹，但此次返东京，每一见她，热病必增加5度到10度以上。她来，我一面很喜，一面我的病房，便成为我们三个人的表现派悲剧舞台。"在琴如浑圆的肩头，她看到了维弟纤长的手指；在琴如桃红的两腮，她看到了维弟俊秀的双颊。

她抱怨维铨写来的信，是心不在焉的敷衍，比官场文件还难看。可惜在《昨夜》里，找不到这段时间维铨从漳州寄给白薇的信，《昨夜》里说，这些信都"没有了"。我相信白薇的抱怨是事实。

天苍苍，海茫茫。维铨终于离开了东京，暂时离开了感情的纠结之地。但是，他能够永远摆脱得了吗？回答是否定的。他无力摆脱，冥冥之中有一只手早已铺设好了他一波三折的情感之路。

后来的事实表明，这出爱情悲剧才刚刚开场。

难以拨响的沉重的一支心曲啊！

第二章　迷惘

一、滞留漳州

在一个春寒料峭的傍晚，维铨身心疲惫地回到家乡漳州。

他离开家乡已有6年半，他已由一个聪明顽皮的闭塞小城的少年家，成为一个受到新的思想文化洗礼和新文学浸润的青年人。这个青年人已经有新诗在上海发表，虽然无甚影响，但无疑受到极大的鼓励。这个青年人尝到了初恋的甘甜与痛苦，但不愿沉溺其中而企望有所追求。

在东京这个大都市待了几年，习惯了那里的宽敞、繁华、气派，初回到漳州，维铨的第一感受是，这个小城是那样逼仄、简陋、小气，自家门前这条用粗糙的花岗石铺成的南市街，简直就是一条狭窄的小胡同。由于离南门溪很近，喜欢喝溪水的市民又多，说是溪水比井水甜，于是出现了以挑溪水为生的人，于是南市街几乎终日水渍斑斑。今日这种情景丝毫没变。一到夜间，别说什么霓虹灯，那些不多的街头路灯也永远像老人的目光昏黄黯淡。清脆嘹亮的是那木屐声，夜深时分，木屐的"橐橐"声有如富有地方特色的夜曲。还好是从小居住的地方，窝囊归窝囊，不久也就回乡随俗地重归习惯了。

南市街的杨家开棉纱店，在做棉纱生意。1900年1月19日，维铨就在这里一座老式古板的二层砖瓦房楼下的一个房间里，来到这个世界。族谱上是这样记载的：杨古锡，生于光绪己亥年某月某日子时，官名骚，字维铨；杨古锡属杨氏家族十九世。这族谱当是以后补记的，维铨是他的学名，杨骚这个名字更是二十几年以后才有的。

杨氏家族的祖居在华安县丰山镇，位于漳州市北郊，距市区十多公里。丰山镇挨着北溪的东岸，是一块平坦富庶的地方。从西岸看过去，丰山如一抹浓淡相宜的水墨画。它羞怯地躲在一片绿云中，隐现的只是几块瓦顶、几段墙垣。织成这团绿云的是一片蕉园、一片蔗林、一片柚子、一片柑橘。挟持北溪的两岸山峰，绵延到这里已经退隐到很远的地平线上，湍急的北溪也变得开阔而娴静，水流缓慢得令人不易察觉，一眼望去，像一面莹洁的玻璃。它似乎依恋着丰山这个孩儿，蹀躞回旋，缠绵难离，日复一日，竟在丰山村脚堆积出一大片白色的沙滩，像它呕出的一摊感情。太阳从丰山村庄的背后浮起，给整幅画罩上一层柔和的明亮。在这缱缱绻绻中，北溪大概也得到慰藉，它拥着丰山，最后还是松开手臂，带着满足和继续追求的微笑渐渐远去。

杨家祖宗同样不愿厮守这里的富足，18世纪初叶，迁居漳州图谋发展，就在城南的东闸口立足了，做起纸生意。东闸口挨着南门溪，水路交通十分方便。北溪和西溪汇成浩荡的九龙江，西溪流经漳州城南这一段被称为南门溪。说九龙江是杨家的母亲河，想来也是贴切的。

然而，天有难测风云，一场毁灭性的打击发生了。太平天国后期，部分太平军移师南下，侍王李世贤率领部下于同治三年即1864年的10月14日攻入漳州，杨家数十口人几乎全部死于战乱，其中包括维铨的祖父杨光道。这场血光之灾是如何发生的，详情不得而知。族谱中关于杨光道之死是这样写的，"同治三年甲子某月某日巳时，长发破漳，被害无葬，享寿卅四岁"。"长发"即太平军，当时百姓似乎还不懂得太平天国，太平军的将士都留长发，所以百姓通称太平天国起义为"长毛反"。太平军入漳后，李世贤将统帅部设在龙眼营的通元庙，龙眼营是当年人们从南门进入漳州寻宿时必定要到的地方。杨家后来迁居的南市街，与龙眼营街路平行，从杨家的后门出来，斜对过就是通元庙。我知道杨家的历史后，多次到通元庙徘徊。这里已成了地方文物保护单位。我很想从这座寺庙的旧痕迹里，寻得家族蒙难的答案。侍王李世贤在漳州待了7个月，兵败撤离后在广东被太平天国多疑的康王汪海洋刺死。战乱中，人如蝼蚁命如草芥，将帅也不例外。

维铨的曾祖父叫杨毕万，杨光道是其第三个儿子，第五个儿子叫杨文祥。太平军破漳时，杨光道已娶妻生子，第二个儿子叫杨长生，才3岁。在那场劫难中，杨家逃生的仅有杨文祥和杨长生叔侄两人。杨光道临死托孤，交代弟弟杨文祥要带好侄儿杨长生。弟弟答应后，他才瞑目死去。

22岁的杨文祥带着年幼的侄儿逃到南市街落户。颇有经营头脑的杨文祥改行做棉纱生意，渐渐又发展起来，几年之后，竟有一定规模。立业后，又成了家，他先后娶二室，包括收养的有8子2女。

1887年10月，杨文祥的三子杨鸿盘出世，24年以后，即1909年，杨鸿盘拔贡，次年上京朝考，被授广东省新会县七品候补知县，尽管他无意官场，未曾赴粤候补，仍给杨家带来了光耀。为了庆贺，杨家依地方喜事习俗，大张旗鼓地打鲁面，请了整条南市街的乡邻们，热闹了好几天。在南市街杨家住宅的公厝里，在一个光线不足的厅堂，曾长期悬挂着一个牌匾，上头镂有"拔元"两个大字。在丰山乡杨家的祖厝前，则竖起了使人敬慕的旗杆。杨鸿盘这个读书人就是杨维铨的养父。

战乱中随叔父逃出的杨长生几十年后也长大成家了，他没有随叔父经商，而在南市街附近的上坂以打面为生，后不慎从楼上跌下来，伤病一直不愈，拖延数年后死去。杨长生生有3子2女，第三个儿子就是维铨。

维铨出生不到周岁，就被过继给婚后尚未得子的杨鸿盘。当时民间有这么一个说法，婚后如没子女，收养一个婴儿后便可得孕。果然过继维铨后，杨鸿盘连得3子。虽然这里实际上并没有因果关系，但世界上的事要全部说清楚也难。在养父这边，维铨是长子，养父视这个堂兄的儿子如己出，对他要求严格，尤其注重对他的教育。杨鸿盘是个私塾教师，教着十多个学生，从5岁起，他就要求维铨跟着读私塾。维铨7岁时，被送入汀漳龙道师范附属小学读书，13岁毕业后入汀漳龙道师范（后改为福建省立第二师范）预科，一年后转入福建省立第八中学。这一年是1914年，维铨已14岁。

维铨的性情深受养父的影响，喜欢读书，爱动脑筋，对当时流行的"诗钟"也很感兴趣，"诗钟"是一种将字嵌在诗句中的文字游戏。杨鸿盘同曾任龙溪县知事的许南英（许地山之父）是好朋友，许南英闲居在家后，两人时有往来。少年的维铨耳濡目染，举止也带有名士做派。但他又是一个个性鲜明、活泼好动、见解独到的少年。他接受能力强，在正课上花的时间少，空余时多在看小说等其他的书，养母谢缓官很严厉，总是责备维铨不好好读正经的书，杨鸿盘在这点上总护着维铨，说小孩聪明，多看点书有什么不好，就让他看吧。

祖父杨文祥晚上时常邀三五好友一块泡茶聊天，维铨此时总爱站在一边听新鲜，俗话叫"承唾沫星"。如果单单是"承唾沫星"尚可，偏偏他又喜欢插话，听到老人讲的话有不对处就忍不住出口纠正，这就惹得老人不高兴了，每逢这种情况，祖父就将他呵斥到一边，说小孩不能多嘴，快到外头玩去。维铨就会嘀嘀咕咕地走到旁边，很不服气。

他敏感好强，有正义感，和邻居孩子玩时，遇到想欺负自己的人，他是不会退让的，遇到弱小的孩童受欺负，他往往挺身而出为其辩护，有时还会拔拳相助，因此打架的事时有发生，邻人来向谢缓官诉说的事也时有发生，这时，维铨就要倒霉了。不护犊的养母经常不问清缘由，先责骂儿子一通，然后抄起细竹条抽打维铨，那东西抽到皮肉上很痛，俗话叫"竹仔枝炒肉"，但维铨仗义执言的秉性始终未改。

小学时，有的老师在课堂上讲课有错，他会站起来当场指出，并讲明正确的说法。那时他的班主任是一个姓洪的，这个人好赌博，不备课，夜里有时通宵达旦地赌，白天讲课随便应付，时常讲错，多次被维铨指正，常常下不了台。他同杨鸿盘很熟悉，就上门告维铨的状。杨鸿盘将儿子叫过来，宽容地笑着说："老师教错会误人子弟，是不应该的，但你可以下课后再同他讲，当场指出有失礼貌，懂吗？"维铨说："他这样子能当老师吗？"于是这种事情还是多次发生。

上师范预科的时候，有一个姓王的数学教师是通过关系塞进来混饭吃的，在一次上课解题时有一步解错了，维铨立刻指出错误的地方，又说应当怎样怎样做才对。这个教师脸红耳赤，讷讷地说不成话，最后恼怒地扔下学生，中途离开课堂。维铨气愤不过，走上讲台，在黑板上用粉笔大字写上"饼烧未够火，也敢挑出来卖"。学生们都哄堂大笑。王姓教师知道后，大怒，要求学校开除维铨，后因多数教师觉得事出有因，维铨无大错，才不了了之。

上了省立第八中学，一些教师的教学也大失水准，维铨同他周围的几个好同学时常在课堂上让他们丢丑现眼，这些教师便联合起来，要学校惩罚这几个身上长刺的学生。学校也几度想开除维铨几个人，但这些学生的家长都有点地位，加上学生们都站在他们那一边，恐引起风潮，于是只好作罢。维铨同这几个好同学后来都一起东渡日本留学。

维铨还有一大爱好，就是探寻名胜古迹，搜集民间传说，漳州一带可游览的去处，无一不印上他的足迹。他还喜欢将自己知道的故事讲给大家听，晚上通常是他讲故事的好时机，听讲的当然多是同龄人，也有闲坐无聊的大人。当他讲到娓娓动听时，谢缓官总要插嘴责备道："小孩子讲什么古，比人后出世，总要比人先知，有道理吗？还不好好读书去。"俗话说这叫"打断古柄"。在母亲的心里，这个孩子总有点没大没小，故事都是大人讲给小孩听，哪有小孩讲给大人听？每当此时，听故事的只得悻悻走开，维铨也很不高兴地拉长脸。

留学几年的维铨回到漳州，旧习难改，爱听风物掌故，爱拉场子讲故事，这回讲的故事比他当年讲的要好听得多了，母亲再也无法打岔，她自己也想听听儿子在日本的经历。东京大地震的情景让她不寒而栗，她庆幸儿子命大，没有死于这场灾难中。10年前，才38岁的丈夫不幸病死，给她留下了4个儿子，这4个儿子成了她生活的全部意义，她盼望儿子快快长大。如今维铨长大了，摸摸他的手，还是那么细长，摸摸他的脸，还是那么细嫩，但是左端详，右端详，总感到眼前的儿子陌生了，有一种说不出的感觉。他已经不完全属于母亲了。

粗心的维铨也许没有注意到这些，他回漳州的其中一个原因是想摆脱烦恼。星期天，他约弟弟和几个亲友，七八个人一起到云洞岩游玩。云洞岩是离漳州十多公里远的一处山峰，从山脚到峰顶几乎都是由大大小小形态各异的花岗岩叠垒起来的，山上有寺庙，有摩崖石刻，有大岩洞，山顶还有一个巨大的风动石。这七八个男男女女年轻人嬉嬉闹闹地走到山脚，席地休息一会儿，顺羊肠小道向山上走去。忽然在路旁的草丛中发现一堆新鲜的野兽粪便，粪便边还有兽毛，有人说："这是老虎的。"一讲到老虎，几个女孩子立刻脸呈惧色，维铨见状，故作正颜道："老虎来了怎么办？"他弟弟说："赶紧跑啊。"维铨说："那就完了，老虎一准扑上来，而且扑落在最后的那一个。"女孩子们都不走了，一个壮胆问："那要怎么办？"维铨拉开架子说，一般老虎只伤害独行人，发现人群的时候，它也会害怕的，如果人们大嚷大叫，群起而攻之，它就会畏惧跑掉；如果人们四散逃命，它就会追上来。如果老虎真出现，大家千万不要跑，懂吗？其实这个经验是维铨从白薇那里听来的，前面已说过白薇小时候遇到过这个情景。"但是，白天是不会有老虎的。"维铨满不在乎地说。于是一行人又逶迤上行。后来他们钻山洞，攀危岩，戏涧水，玩得很高兴。维铨又带大家去看宋朝大理学家朱熹的字迹，朱熹曾任漳州太守，在云洞岩留下"溪山第一""石室清隐"等石刻。在半山的寺庙里，他们吃了和尚做的素菜，维铨大为赞赏，给了和尚两元香火钱。到山顶后，一伙人围着风动石团团转，几个人合力推了又推，一边看着晃动的巨石，一边对这个奇观赞叹不已。太阳刚西斜，他们就下山了，尽管有维铨那一番不怕老虎的话，在这山风初起，山深林密的地方，大家还是不愿意遇到这家伙的。回到城里，天已经完全黑下来了。尽管疲乏不堪，但兴致还是非常高。

　　游山玩水不是维铨的全部生活内容。一天晚上，维铨和弟弟一起到离家不远的南门头吃猪蹄面，维铨边吃边和店老板聊起天来，聊得津津有味。弟弟吃完面，坐在一边等。维铨还在慢腾腾地吃，胖胖的店老板手里忙着，嘴巴也不停，面线话长着呢。弟弟心里暗暗诅咒这个长舌妇般的胖男人，终于等得不耐烦了，说要先回家，维铨点了点头。临出门时，来了个乞丐，长得有几分斯文相，老板正要轰他走，维铨劝阻了，他向老板要了一碗面，说自己要请他，然后又跟乞丐谈起来。弟弟在门口抢白哥哥一眼，嘟哝着回家，告诉了母亲。母亲不解，不知儿子搞什么名堂，放心不下，又不敢跑去看，儿子毕竟长大了，不像小时候可以随意责打，只好坐在厅里等着，一小时过去，没有回来，两小时过去，还没有回来，老人支持不住，打起瞌睡。不知什么时候，老人睁开眼，才发现儿子的房间油灯亮着，进去一看，正伏在小桌上写什么，她不满意地问："都干什么去了，这么迟才回来，又不睡觉？"儿子答："我在采访呢，就是问事情，写文章要用的。"母亲当时还不明白，儿子未来的几十年，从事的将是这种笔杆子事业。她也只能发几句牢骚，就睡觉去了。维铨正兴奋，他一气将自己要记录的东西写下来后，才爬上那张小竹床。

这些逸事都是后来当事人说给我听的。这种悠哉游哉的日子没能日复一日地过着，他想躲开但实际上躲不开的感情的波澜仍不时袭上心头。这天，他又收到白薇从杭州寄来的信，他拆开，坐在门槛上静静地阅读。坐在门槛上读东西，使人感到轻松、自然，维铨喜欢这样。白薇的信是这样写的：

"你酒疯子的信，鬼都看不通，脑病颠倒的我越看越头痛！然而在某点说，我非常感谢你。现在寄还你，看你看了好笑不好笑？真有趣！

"维弟！我恨你！恨你不肯说实话！恨你似爱非爱苦杀我！恨你暧昧的爱我颠倒我！你是一部大刑法，将我的心肝肺叶压在刑法里。你是一座绞斩机，将我忧愁的身子摆在机轴上，然而亲爱的！我还是爱你。我的心哟！我死爱你。只有你是我心上所要爱的，世上只有你是我爱而爱不到的！！！你不真爱过我么？

"你一晌向我喊够了再会，这次差一点儿永远和你再会了。你快心吧？你心上干净了吧。但是弟哟！你逃得脱我吗？你美影的片片，无论何时都藏在我清凉的眸瞳里；你吟唱的音调，到死都留在我的耳朵里；你两额发出的芳香，熏入了我的心肺。弟弟，你舍我去了么？宇宙破灭我的爱不破灭。

"这次病相思，不是相思病不死。我要留起我的气来看你，看你残酷到什么田地。我不爱你，我永爱你，你杀我我还要在你刀口上接个吻哩。病是一反一复地，贫民病院的医生叫我不要坐起来，倒床好久了，头还清晰，啊，爱的！心！命！追流星，追去了我的生命！赠你一枝瑞香花，是我病枕上唯一的爱友，是我病枕上吻过的，是我悲爱的泪泉，浴过的清香花瓣。"

维铨捏着信，定定地看着前面。这个姿势，连母亲都熟悉，这次回家，每收到信，看完信后，儿子大多时候是这个样子。儿子有什么心事了吗？没听他说，只能瞎猜，瞎猜到最后只有暗暗叹息：儿子大了，随他去啦。谢缓官怜爱又无奈地用目光抚摸着维铨。

维铨的心事，没对家里任何人说起，说了也没用，只能徒添烦恼。即使后来有的人知道了也是零零星星的，只是多年以后他同白薇在上海出的那本《昨夜》，在漳州家中也传开了，人们才知道事情的经过。

在漳州几个月，维铨乱如麻团的心渐渐被抚平了。他带回家中的外部世界新鲜的气息，给这个家庭带来了小小的震动。他待人坦诚真挚，不拘小节。他的言行甚至影响了一些人的生活道路。

有一个论辈分要长我两辈的姻亲，在他年迈之时给我讲了他和维铨始于此时的故事。故事其实并不曲折复杂，但我听了以后却很长时间没能平静下来。这个故事使我看到了一个很生动的父亲，还使我感受到其间充溢着的美丽的感情。我录于此，并使它成为本书的一节。

二、提琴如诉

请允许我暂时将时间调到半个世纪前。

1985年，一个非常晴朗的初秋，天空透明的让人想到什么叫一尘不染。这种时分，听人讲述童话故事，是再合适不过的了。

这天，一个堂姑母特意从老远跑来告诉我，说她一个舅舅从印度尼西亚回国旅游，要在漳州住几天，这个舅舅名叫张秋农，同维铨兄很好，几次说要跟你们见见面。

在华侨大厦一间灯光不太明亮的房间里，我见到了这位老人。他坐在床上，对面床的床沿和房中的椅子上坐着五六个人，有熟悉的也有生疏的。这位我应当称他为舅公的老人知道是我以后，长长地"啊——"了一声。他戴着一副眼镜，目不转睛地看了我一会儿，连声说："很像，跟维铨很像。"我心里明白，自己同父亲还不算太像，只是老人自己这么认为罢了。

老人站起来，热情地拉着我的手，让我在他的床沿上坐下。我们俩就这么都侧着身，面对面，挨得很近。老人没有松开我的手，注视着我，说："你知道吗？我一生的道路受到你父亲很大的影响。"

老人松开我的手，站起身向外走了几步，对面床一个陌生的女子连忙问："爸爸，要拿什么？"后来我才知道眼前这个相貌端庄的中年女子是老人的女儿。

"将那把提琴拿来。"

女子从壁柜里拎出一个提琴盒子。老人轻轻拍着琴盒，放低声音缓缓说："我这次到广州，想看看你父亲，拉首曲子给他听。"

我的眼睛一下子湿润了。

房间里似乎只剩下我们俩，我听到一个比童话还清澈的故事。

我小你父亲几岁（这么说，他至少也是近八旬的人了，我心想），第一次见到他的情景还记得那么清楚，都多少年了，噢，60年啦（1925年）。那天我在你家，同你的两个叔叔聊天，这时走进一个眉目清秀的人，长发及肩，全身裹着黑色的衣服，肩上扎着一袭黑披风，在身后黑闪闪地抖动，头上戴着一顶宽边黑绒帽，帽檐滚着一道打着蝴蝶结的白丝带，脚上蹬着黑皮鞋，进门后，大大方方地同你的两个叔叔一一拥抱，然后走向里屋。我当时就被这个人的打扮，更被他的举止惊住了（这也难怪，时至今日，拥抱这种礼节也没能在我们这个国度普及），我还搞不清楚这到底是个男人还是女人。我好奇地跟在后面走进里屋。他看到了我，指着我问你祖母，然后才过来同我握手。那时你父亲就是这副模样（同我记忆中慈祥、羸弱、苍老的父亲相差的也太远了）。

第二天，我又去你家，维铨正在客厅里练习提琴，他拉得非常专注。我站在一旁静静地听。我很喜欢音乐，十多岁就拉得一手叫人称好的二胡，还懂得其他一些中国乐器。有一回在一个同学家里，听了他哥哥从上海带回来的小提琴独奏唱片，惊叹世界上还有这么美妙的音乐。我从书店里买了一本《音乐入门》，里面多是讲怎样拉提琴的，还买了一本《近代十大音乐家》，我发现不少音乐家同时也是提琴家。维铨拉了一阵，微笑着递过提琴，说："来，你拉。"

我接过提琴，看着，抚着，这是我第一次摸提琴。我揣摩了一阵，夹上琴，拉了那首《我怎舍得离开你》的名曲（后来我一直想搞清楚这是一首什么曲子，但过了很久都没弄明白）。

他听了以后大为赞赏，说："还说没摸过提琴，看你夹琴持弓的姿势，还有那颤音的柔美，都学了多长时间了？"

得知我真的没学过，他叹道："真是天才。"

他开始极力鼓动我中学毕业后到法国学音乐，说我如果不去学音乐，将会后悔一辈子，而他也会遗憾一辈子。我说家庭经济状况不可能让自己去留学，他热情慷慨地说："等我将来赚了钱，一定支持你。"

他的鼓励使我大为振作，也大受感动。我说我有三个哥哥在爪哇，他们都有自己的商店，毕业后可以去找他们帮助。维铨听了非常兴奋，似乎要去学音乐的是他而不是我。

他立刻帮助我制订练琴计划。他拿出两本提琴练习曲，问我会不会看五线谱，然后要我每天抽出几个小时，从头学起，说我如果把这两本练习曲练熟了，一定会大有长进。

我从那天开始正经地练习起小提琴。当然都是放学后跑来练的。拉练习曲很枯燥很无味，有一回我无聊至极，拉起了贝多芬的一首曲，才拉了一半，正在写诗的维铨从屋里跑出来，叫道："这不是练习曲呀。"我不好意思地说："练习曲太单调了，换一下味道。""练习曲拉好了，拉其他的名曲会很来神。还是拉练习曲好。不过你刚才拉的那首，拉得的确不错，你是有天分的。"维铨喃喃着转回屋里。从此我练得更加勤奋了。

两个月过去了。有一天，我练完琴后他告诉我，说他要到新加坡教书去，几天后就走。"送什么给我做纪念呀？"他说。"你喜欢什么呢？"我反问。"写一首送别歌给我吧。"

这是我第一次创作音乐。我花了几天时间哼着唱着，用二胡拉着，最终谱出自己尚觉满意的送别歌。如果我有才气的话，我是想用它充分表达我对你父亲的感情。这两个月，他待我如亲弟弟。

这一天，我正费心地填写歌词，维铨一手提着皮箱，一手提着提琴走进我家。"送我的礼物呢！"他面带笑意。

"怎么说走就走，歌词还没写完呢！"我有点忙乱。

"没关系。"他接过歌谱，扫了一下说，"拉给我听听好吗？"他将小提琴递了过来。

我掏出提琴。一拉琴弦，我的眼泪就情不自禁地流下来。

分手时，他拥抱着我，说了句"等你去印度尼西亚时，记得来新加坡看我。新加坡见！"

（房间里十分安静。谁都不想打断老人长长的回忆。）

半年后，我去印度尼西亚找哥哥，如约先到了新加坡。

杨骚（我留意到以后老人一直使用父亲的这个名字）非常高兴。当天晚上他为我洗尘，带我到一家英国人开的酒吧喝酒。

在富有情调的烛光前，我首先发现他的长发不见了。杨骚笑了笑说，有回他在街上走，一个人高马大的印度巡捕走到他面前，挑逗地摸了摸他的脸，以为他是阴阳人。为避免惹麻烦，他朝后脑勺比画了一下落剪的动作惋惜地说："去掉了。"他消瘦了一些，面带倦容。

侍者走来，杨骚潇洒地朝吧台挥了挥手，"将店里的各式酒都倒两盅来！"

这真是一次名副其实的开怀畅饮，几十年以后我还记得清清楚楚。

"你真有种。"他还说了一句外语，不知道是英语还是日语。"到法国去，你一定能成为一个有名的小提琴家。"

他啜了一口酒，说："学校就我一个教师，学生也不多，我除了教教书，就是写诗，拉提琴。你知道吗？我还请了一个提琴教师。"他眼睛突然亮堂起来，叫道："哎，你多住些日子，我叫提琴教师好好教你，正正规规训练一下，对你到法国去一定大有好处。也陪陪我，我在这里可孤独了。"

我喜欢和杨骚在一起，还有教师教我拉提琴，没有什么好犹豫的，我当即应了下来。杨骚欢叫一声，举起杯中酒一饮而尽。

酒一喝，话就多。我说了不少年轻气盛的话，无非发誓当个举世闻名的小提琴家之类。杨骚也说了许多，没忘记说过两年有了钱，支持我修完学业。那天晚上，我们横扫了这家英国酒吧，喝遍了酒吧里的酒，后来算过，有27种（说得这么准确，使人怀疑，但一定喝得昏天暗地，所以老人刻骨铭心）。杨骚爱喝酒，诗人嘛，其实酒量不大。后半夜，是我搀着他回去的。

杨骚的宿舍有两张床，一张破桌子，屋顶上布着几张蜘蛛网。我就同他住在一起。这一住就是一个多月，他还不放我走。杨骚钱用完了，就向学校预支，后来学校不肯再借。有一天，他问我有没有钱，我拿出了身上所有的几十块钱。他很高兴，当天晚上带我去看了一场歌剧，又吃了一餐美味消夜。

这些钱没能维持多久。没有了钱，杨骚上完课就乖乖地在宿舍里看书、写诗、练琴。他没有钱似乎是很难受的，几天后他又问我还有没有钱，我从箱子里取出一个小包，里面有十几只金戒指。他吃了一惊，问我这些东西是哪里来的？我说是离开家里时亲友们送的，卖掉它们吧。

他挑出一只镶着红绿两颗宝石的戒指端详，然后说："这只有点特别，是女朋友送的吧。"

"真是诗人的眼光。是的，喜欢就送给你吧。"我笑道。

"这怎么可以。"他温和地瞅我一眼。

其他戒指都卖了，只有这只他让我收存好。第二天，他兴高采烈地告诉我，来了一个具有世界声誉的苏俄小提琴家。他买了两张票，晚上我们一同去看演出，散场后，我们都非常兴奋，音乐家精湛的艺术完全征服了我们，卖戒指的困窘早忘得一干二净。

这是我欣赏的第一场高水平的音乐会，我说，那揉弦发出的颤动，那高音跳跃到低音的连贯，这真是一张神弓。杨骚说我对音乐有特殊的敏感。

但是，困窘很快又袭来。我偷偷写了信给印度尼西亚的哥哥，向他求援，他寄来了50元。我们一起去取了钱，我对他说，这回该让我走了，不然印度尼西亚去不了，法国也去不了。

杨骚依依不舍地让我走了。一年多以后，我在印度尼西亚收到他寄来的信，说他要到上海去。我后来法国也没去成，因为几个哥哥经商先后失败，到法国学音乐成了永远的梦。

我在印度尼西亚开过照相馆，当过报社编辑，最后当了教师，小提琴成了业余爱好。但是我对自己来到印度尼西亚，乃至将永远旅居印度尼西亚从未后悔过。我无时无刻不在思念你父亲。（房间的灯光依旧有些昏然。谁也没走，都静静地听着。）

杨骚后来成了作家，他在上海给我寄来过两本书：一本是他写的诗剧，叫《心曲》，另一本是他翻译的苏俄长篇小说，叫《铁流》。因为这本书，我差点被逮捕。我曾待过的报社经常登一些反对蒋介石的文章，被国民党在当地的领事视为眼中钉，认为是共产党的报纸，勾结当局查封了，被搜出的这本书成了证据。幸好来捉我时，我哥哥骗他们说这个人早已回中国，才算避过风头。

以后联系中断了，他后来又到新加坡和印度尼西亚待那么长时间，同郁达夫、王任叔一些人一起活动，我都不知道，不然一定会来看他。一直到1957年，我偶然翻阅华文报纸，才知道他在广州去世了。我很伤心，还写了一首悼念他的诗。

我这是第一次回国，在香港我买了这把中国提琴，我想在广州拉几首曲子给你父亲听。在飞机上，有一个漂亮的小女孩指着我问她父亲："怎么这个老爷爷将小提琴抱在怀里，多不舒服。"她父亲还指着座位上的行李舱向我女儿提醒说上面还有空位。我还是愿意自己抱着，抱着琴心里就有一种安慰。

我印象中他是葬在黄花岗，可是到了黄花岗一问，导游小姐说不知道。那一刻别提我有多么懊丧，我环顾周围青苍苍的树木，心想不知我的维铨到底住在哪里？我满怀惆怅地回来。没想到竟然在家乡见到维铨的孩子，他的孩子竟然住在他原来住过的老房子里，这真是上帝的安排。

老人站起身，打开琴盒，取出提琴，很利索地调好琴弦。他简洁地说："我拉给你听。"

他自然挺直身子，旁若无人地拉起来。弓在弦上滑动，声音水一样地流出来，柔婉缠绵。我觉得，这是世界上最无与伦比的提琴曲。

老人放下提琴，激动地说："这就是那首《我怎舍得离开你》，我第一次拉给你父亲听的。"

尽管我很长时间不清楚这是一首什么曲子，但并不妨碍它深深刻在我的脑海里。

他紧紧拥抱着我，在我耳边说："我满足了。"

老人回到印度尼西亚后，给我寄来了一篇长长的回忆维铨的文章，还有一幅他画的记忆中的维铨的画像。我将父亲在广州银河公墓的坟墓照片寄给他，跟我一样高的墓碑上嵌着父亲的头像。不久，我收到他女儿寄来的信，说老人去世了。

同这位舅公唯一的这次见面，给我留下极为深刻的印象。是不是因为我从中感受到了维铨的人格魅力呢？

若干年后的一天，我在听电视台转播的音乐会时听到了一首老歌，歌词如下：

　　天上飘着些微云，/地上吹着些微风。/啊！/微风吹动了
我的头发，/教我如何不想她？/月光恋爱着海洋，/海洋恋爱
着月光。/啊！/这般蜜也似的银夜。/教我如何不想她？/水面
落花慢慢流，/水底鱼儿慢慢游。/啊！/燕子你说些什么话？/
教我如何不想她？/枯树在冷风里摇，/野火在暮色中烧。/
啊！/西天还有些儿残霞，/教我如何不想她？

　　那缠绵悱恻的旋律，那动人魂魄的诗句，那无法描摹的意境，突
然令我恍然大悟。《叫我如何不想她》这首歌不就是张秋农舅公说的
那首《我怎舍得离开你》吗？刘半农的这首诗和由赵元任谱曲的这首
歌，在20世纪20年代曾风靡一时。
　　其实是或不是，已无所谓。我心中放下了一块搁了很久的石头。

三、新加坡的穷教员

　　维铨是在1925年夏天去的新加坡。他回家不久，在新加坡谋生的漳州人周筤也回乡，说他所在的新加坡道南小学缺教员，如维铨愿意，可以去试试。维铨经过几番考虑后，决定前往新加坡。

　　他曾对白薇宣讲过自己的愿望，"发几百万的财来，不但我自己要去欧洲各国留学，就是我喜欢的几个朋友，也都叫他们到欧洲留学，我帮助他们学费。学成归国后，我就在西湖建筑一座艺术的魔宫，我住在里面，每月招待一两次我所接近的艺术家，一年半载召集一次全国的艺术家，在里面讨论、研究。里面辟一个全国艺术品的展览场，

20世纪20年代中期，杨骚（左二）于新加坡道南学校任教。

让爱好艺术的人去游览。我自己住在魔宫的最高一层，或者把那层给我爱人住"。这当然是带有浪漫色彩的不切实际的梦想，在这个梦想里，维铨对凝聚着自己快乐与痛苦的西湖情有独钟。这个童话般的梦想里，也表达了维铨企盼有一大笔钱来支撑起自己的艺术理想。到南洋未尝不是一个机会，先当当小学教员也未尝不可，总比在家中吃闲饭好，拉提琴终是抵不得大米和青菜，而且那些富有的华侨不也是这样一步一步走过来的？走吧，去新加坡。

于是，他乘船南下，来到这完全陌生的地方。维铨这次到新加坡，多少带有几分掘金的幻想，然而他这种想法，很快就被现实击得粉碎。

新加坡曾是一个莽林密布、栲树丛生、沼泽遍地、人迹罕至的荒岛，偶尔从马来亚过来一两个渔人，此外便是一派沉寂。4世纪，阿拉伯人利用5—9月的西南季候风，渡过印度洋和马六甲海峡，来到位于印度尼西亚东北部的马鲁古群岛上收购香料，马鲁古群岛盛产丁香、豆蔻、胡椒等，被称为"香料群岛"。待到11月至第二年3月起东北季候风，他们才返航至红海或波斯湾起货，这条航道又被称为"香料之路"。新加坡这个荒芜的海岛，渐渐成了阿拉伯、印度和中国三国商人会合、修补船和交换货物的地方，然后出现了城镇，后来几经战事洗劫被毁，再次沦为荒岛。再后来，成为英国殖民地，一个叫斯坦弗德莱佛尔斯的英国爵士重建了新加坡，这已经是19世纪20年代的事了。新加坡又叫"狮城"，相传苏门答腊的室利佛逝王国的王子外出打猎，遇上风暴，漂流到一个岛上，他和随从在丛林中辗转，突然看到一头躯体硕大、黑头红身的猛兽啸叫着跃出，他们一行人还没来得及躲避，猛兽又威风凛凛地奔窜而去。王子不识此为何物，随从答：狮子。王子觉得十分新奇，遂决定在此地筑城，这就是新加坡的来历。在马来语中，"新加"是"狮子"，"坡"是城。

新加坡的四周是美丽的植物园，丁香和肉豆蔻长着常绿的叶子，结出鲜红色的和淡黄色的果实，还有咖啡、甘蔗、胡椒、橡胶。在这个美丽的岛上，维铨没有像狮子那样腾跃起来，他仅仅是一个极普通的穷教员。

　　当火车停在小小的站台上，维铨从喘着气的火车肚子中走下来时，新加坡道南小学校长周笄正在站台上等候。他看见维铨，十分高兴地走上前，握着维铨的手连声说："终于来了，终于来了。"

　　他拎着维铨的箱子，维铨则拎着提琴，一起来到学校。安顿下来后，又带他去冲凉，洗掉旅途的一身秽气，然后带他到外面吃晚饭，叮嘱他先休息几天。这是来到新加坡的第一天，维铨感受到家里一样的温暖。这一夜，他在简陋的小屋子里，睡得很安然。

　　道南小学是一所什么样的学校呢？它有60多个校董，这60多个校董出资建立了这所学校，这所学校有一个校长，有一个教师，这个校长是周笄，这个教师也是周笄，维铨来了以后，成了这所学校的第二个教师，校丁所承担的种种杂役，也一概由他们承担。正如俗话所说的"校长兼校丁"。学校有30多名学生，这30多名学生分成几个年级，如何给他们上课可得使出浑身解数了，这些学生的功课有国语、算术、英文、图画、手工、唱歌、体操，还有自然、地理等。

　　维铨惊讶地问周笄："你可真有本事，莫非有三头六臂？"

　　他笑着答道："你看，学校不也就这样开张了？你来后，我就如虎添翼了。"

　　维铨苦笑着说："真是佩服你的精神。"

　　周笄希望有个助手，这回让他请来了一个留日学生，心里很是满意。他待维铨很好，多方关照，维铨花钱没节制，有时钱不够花，还可以预支。可是维铨很快就心灰意冷，他的心没能留在学校。

　　一天，周笄有事外出，让维铨顶替他的课程。这一天，学校的事维铨全包了。上课时间一到，他摇摇铃，然后这间教室走走，给学生讲故事；那间教室再走走，还是给学生讲故事，除此之外，他不知道要做些什么。好不容易挨到下课时间，再摇摇铃。这一天，学校谈不上乱糟糟，但维铨感到乏味至极，心里是够乱的，满脑子是孩子们的谈笑喧哗和一种嘈杂的嗡嗡声。平时，他除了上上课，就是拉提琴，还请了一个提琴老师，还有就是写写诗，发泄一下胸中的郁闷。他表面上渐渐适应了这种单调的生活，但是他跃跃欲动的心实际上从没有平息过，动些什么，一时也说不清，但这仅仅为了三餐而显得无聊的教员日子肯定不是他的追求。

当时的新加坡远不像今日，那时在这个不大的岛上，云集着的失业者达几万人，就是在道南小学所在的小市镇上，也时时可见流浪汉和乞丐，维铨感叹地说："自己在这儿要找什么工作？以最穷酸的小学教员的饭碗，大家也争之若苍蝇沾狗屎，并且要用了种种奸猾恶劣的手段相抢夺！像这种状况，自己生来既不会作媚眼谄容，又是缺一副狡黠养成的心肠的一个笨货，往后或者要饿死在这儿的山巴里与朽木同个运命也说不定呢！"（见杨骚《十日糊记》，载1928年《语丝》第4卷第13、14期）

耳闻目睹，淘金梦有如美丽的海市蜃楼稍现即逝。

学校旁边有一家杂货店，店里有一个做饭的厨子，维铨经常看到他在店里店外忙上忙下的，在毒烈的太阳下他光着脊背任由太阳暴晒，在狂暴的雨中他光着脊背任由淋着，终年只穿一条短裤，面对老板的呵斥责骂，他头低低的，从不应一声，只是手脚更加快一些，店里的一些伙计，也可以随意支使他，他似乎是一头任人吆喝的牲口。有一回维铨见他外出，故意跟着赶上去，同他走在一起。"师傅，这么急，买东西呀？"厨子瞥过一眼，应道："不，要搬货。""你在店里干很久了吧？""五六年了。""啊，赚了不少钱啦。"厨子垂下头，不声响，他光光的臂膀铜一样地亮堂着。后来维铨从店老板那里知道，厨子每个月的工资是6元，另外还发两次理发钱，每次3角钱。"这些钱，他都存起来啦，头发都自己剪。在我这里干活，是包吃包睡的。"老板用慈善家的口吻说着。维铨心里明白，他的包吃是剩菜剩饭，包睡是墙角阴湿的地方，这是人过的日子吗？

隔壁还有一个上了年纪的老阿婶，在聊天时她心酸地说："我辛辛苦苦地攒了十年，才有这百十来块钱，不容易啊。"周筼背地里伤感地对维铨说："她是跌倒了也要抓一把粪带回去的人，勤俭一辈子，积下的钱刚好买一副寿板，给自己送终。"维铨心里灰蒙蒙一片。

这个算盘是很容易拨拉的。自己每月的工资也不过几十元，即使存钱的数目是老阿婶的10倍，是厨子的2倍，每年达100多元，存它个10年、20年甚至是30年，也才有三四千元，这三四千元，够阔佬挥霍几天？自己又能做些什么？什么艺术魔宫，什么欧洲留学，统统见鬼去吧。

躺在又硬又冷的床板上，望着窗外一弯异国的残月，维铨睡不着，他爬起来，摊开本子，就着昏黄的灯光在纸上涂着："我努力着要达到什么，何时都在努力着，起初，就是说在晓得讨自己的主张那个时候，就在几年前，那个目的物虽糊模着不大清楚，但总觉得是一个像火球般热的一样东西，像月亮一样光明的事物；但到了现在，那糊模的程度越加深，而自己对于那种热和光明渐渐起了疑惑，甚至于觉得那热和光明还是一样的冰和黑暗了！"（摘《十日糊记》）残月西斜，夜深如磐，维铨心里沉甸甸的。

在这几近于混沌的日子里，有一件事情给维铨留下了印象，这同他爱好诗歌有密切的关系，这就是印度"诗圣"泰戈尔出访新加坡。

得知泰戈尔要来的消息，维铨很兴奋，这可是一个有着世界影响的大文豪，他的《两亩地》、他的《吉檀迦利》，曾打动过维铨的心，据说他蓄着一副大胡子，有一双目光炯炯的眼睛，有一副银铃般的嗓子，真的是这样吗？可惜自己是个近视眼，很可能看不清楚，得配副眼镜才行。维铨摸摸口袋，还有十块多钱，这是自己这一段日子的三餐饭钱，能花吗？维铨的口袋里是藏不得钱的，他只稍稍迟疑了一下，就跑到亚东眼镜公司配了一副眼镜。这副眼镜，花了他八块半。他自我安慰道："这是一种献身行为呢。"

两天后，在新加坡华侨界欢迎泰戈尔的大会上，维铨看到了自己仰慕已久的诗人。他戴着新配的眼镜，目不转睛地盯着泰戈尔，想从他身上看出一点什么究竟来。诗人已60多岁，论精神还是蛮不错的，是有一副大胡子，只是没有想象的那么长，胡子黑白相间，也没有像人们说的那么美丽潇洒；他的脸孔是庄严的，而且始终保持这副模样，这就显得有些莫测高深。大概名人都是这样吧，维铨心想，眼前的这个人就是和平的使者、东方的光明，还有一个顶耀眼的光圈——诗圣。引起维铨注意的是泰戈尔的声音，虽然没像银铃那样悦耳，也算是十分清亮，甚至是娇柔的，如果这声音不是从这张长着大胡子的嘴巴里发出来的，真会令人感到这是一个西洋美女在说话。引起维铨注意的还有泰戈尔的衣裳，他穿着一件橙黄色的绢类长衣，这使维铨想起京剧里常见到的老皇后或什么杨国母。

这个欢迎会开了有两三个钟头，可能是太专注地看着想着，维铨觉得时间过得很快。看了泰戈尔，使维铨觉得有些失望，他认为泰戈尔的风采比不上在新加坡路上或酒店遇到的印度人，而一个诗人的隐秘的内心，他却无法洞悉，这是很令人遗憾的，因此他认为自己看到的不是一个诗人，而是一个名人、一个偶像。

维铨喜欢诗，也写诗，看了泰戈尔之后，反倒觉得诗人也不过就是这样，这么一想，却激起了自己的一种自信。三四年以后，想不到他也成了一个被称为"诗人"的人，但此时，他还只是一个几近潦倒的穷教员。

四、受难者的短曲

　　新加坡道南小学这个年轻的穷教员还有一种难以忍受的折磨，这种折磨日复一日，旷日持久。本来，维铨天真地认为，离开日本，离开中国，来到这个远离亲朋好友的异国他乡，那些纷繁的感情苦恼会渐渐淡漠，再也不会像之前那样扰人心绪，这个初尝恋情的年轻人哪里明白，这种东西并不因为空间的阻隔而稀释弱化，千山万水，哪怕这山陡立如削峰高百仞，哪怕这水浩渺无涯深难测底，也没有办法拦截它。它如此顽强地在维铨心中爬行伸张，布满维铨全身。他长长地叹息一声。

　　琴如虽然已经结婚，但这并不妨碍她的身影窃窃窈窈地走进维铨的心里，她那双明亮的大眼睛，她笑起来向两边微微翘起的嘴角，活脱脱地出现在维铨的眼前。他不想拂开这身影，他希望这是真的。维铨从那张破书桌上拿起小提琴，拉起舒伯特的《小夜曲》。美妙无比的琴声在道南小学这间简陋的卧室里回旋起来，房顶角落那张像八卦图案似的蜘蛛网，也在颤动。

　　"我的歌声穿过深夜，向你轻轻飞去，在这幽静的小树林里，爱人我等待你，皎洁月光照耀大地，树梢在耳语……"这不是琴如的声音吗？维铨在倾听！

　　他的手臂在运着琴弓，脑门歪着，下巴抵住提琴。不知是在听自己的琴，还是在听琴如的歌，其实他们早已混在一起。两滴泪珠，从维铨苍白的脸颊上淌了下来。

　　这似乎是许久以前的事情了，现在想起仍历历在目。白薇从远远的东京寄来了信，在这些越过重洋抵达新加坡的信中，白薇总是不由自主地写到琴如，每当读到这些，维铨就无法不回忆往事。这是使人幸福又使人痛苦的往事，这截然对抗着的情绪常常让维铨无法忍受。

"'魔殿的女王'你心上的A妹，常常有信给你不？可怜她的丈夫病了。不知她心上欢乐的对手是谁啊？你给她的血书很密吗？请顺便教训她做一个好人！我们爱人，不仅是爱她青春的两分色。爱了的人，不应该纵她发挥邪毒。她向你谗毁我一些什么？……我钦佩她的才，仍是痛爱她，把她放在心底。"

"你莫疑我对A妹有些不好！！对她，我终是有几分爱的，怕是在你爱过她后我还在爱。可惜她不懂我，徒摆她的泼！我，有时以蔷薇的幽香给她，有时以红热的爱暗示她，有时也以败北者的带泪的讽刺对她。反，正，都含爱，爱！"

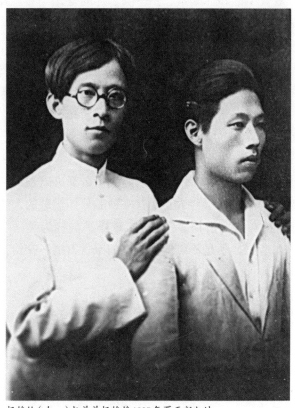

杨维铨（左一）与弟弟杨维雄1925年夏于新加坡

"去春A.说她又爱你似的，我尽我所有的心理都向她痛快地谈了一回，并劝她还是爱你，愿她能真爱你。这是我始终的心，不变的心，梦的心，即你解为偏狭的心！"

"你和A妹通信与我何干？你一天写五封信给她是你的情。你最后的白孔雀只有一羽？那你一天没有她，你的白孔雀会一天天死去哩。啊，最好你是能在读我这信后三分钟忘记我！所有的东西能退还给我最好，怕障你赏美人的眼睛。"

1926年年底，白薇离开东京回到老家湖南资兴县，同样这个时节，琴如和歌川也从东京回湖南长沙，他们都企盼开始新的生活。这时候，白薇从资兴寄到新加坡的信中仍然提到琴如。

"啊，维弟！你美雅的环珂琳的歌声，故人中谁复来听！？你幻想的飞机，故人中谁和你共乘，——除了你的爱A.与P.？我灵魂葬在日本的旷林，生气灭于浩荡的东海，归到这块灰烬的冷土，弟，你切实地忘记，把我忘记！"

白薇写这封信的时候，是1927年2月。春天来临，万物复苏，充满希望。可是，但凡维铨收到白薇提及琴如的信，心里便矛盾重重，难以排遣。想忘记，难忘记，根本无法忘记。在这远离故土和亲友的地方，一腔理不清的感情向谁倾吐？

拨动小提琴的空弦，5263——，音乐的悠远浮漾，载走许多人间烦恼；动动手中笔，写出叫作诗的东西，什么都可以发泄，都说愤怒出诗人，感伤同样也能出诗人；还有一种能分担忧愁的，绝了，这就是酒，"醉酣视八极，俗物多茫茫"，难怪乎被称为美酒。有时，感官刺激也并非情愿。于是，维铨把心中的千言万语，交给提琴，交给诗歌，交给美酒。

> 提琴，Violin！/爱了你五六年，/算爱到你了，如今！/用几十张纸的银，/算将你买来了，夜夜伴我眠，/……提琴，Violin！哦，听！自从爱了你，我的头发寸寸生，寸寸生。/人家抱着它哭泣时我也想起你，/人家指着它嘲弄时我也梦着你的美声音；/直到如今，啊！抱着你睡的如今，/……哦！

提琴，Violin！/算爱到你了，如今，抱着你睡的如今！/但我朽腐的手指已弹不出完美的心，/我要把长长蓬乱颓废的头发削尽！/过往的浪漫史只遗下痛的哀音，/我或将抱着你往黑旋涡下沉！

在一个无法成眠的长夜，在椰风蕉雨的伴和中，维铨写下这首叫《头发和提琴》的诗，尽管这里只摘了十几行，也同样能感受到维铨纷乱的心绪。维铨在诗后写上"夜半，于星洲"的字样，也写上一个飘落海外的孤独旅人对往昔回忆的痛苦。

> 我虽不关心如何地死，/我欲留意要如何地生。/
> 恨不知何时才得自造美酒饮，/但这 Bar，哦，Bar，好个诱人的发音！/
> 白兰地浸着冰块冷，/白雪石的圆桌子衬着四壁青。/
> 醉罢，你弱小的毛虫，/一切尽在此杯中！/
> 不要这样拼命地狂饮，/哦！这个狂暴可爱的人！/
> 前世可用你的眼波止饮，/此生你摸不着我的酒樽，哦，爱人！/
> 黄色的玉燕在头上歌颂着醉意，/黄色的印人在对面醐笑着捻须。/
> 远地的椰香叫凉风呀传送，/黑美的明眸在对我呀流动。/
> 哦！醉罢，你恶毒的毛虫，/一切尽在此杯中！

这是一首长达73行的叙事抒情诗，叫《酒杯中的幻影》，诗中的醉酒人"我"与杯中的幻影对话，杯中幻影讲述了一个凄恻的爱情故事。这里摘的是开头的十几行，传神地写出饮酒人的醉意。这当然有维铨的体验。诗后写着，"于小坡的酒店中"。小坡是新加坡的一处地名，这行字却提示出，这首诗有可能是维铨醒酒后在酒店里的急就诗。在酒店里写诗，写的又是有关酒的诗，不知这算不算是一种浪漫，可以肯定的是维铨在酒店里写这首诗时，没有丝毫浪漫情怀。萦绕心头的是一团感情的乱麻。

在白薇从远方的国度寄来的信中，湖南妹子充满辣味的感情透过纸背，即使在写到琴如的信中，白薇同样袒露心迹。属于自己的就无须谦让，就是那些带着火药味的责备，后面都是一个个"爱"字。

白薇的信，甚至谈到对于还不知在哪里缥缈的子女的教育。"维弟！我相信我的女儿，定是同你一个模样；不过比你白些。你不要吸烟就好了。我请你教养她。第二天性，完全请你造就她！教她成个享乐的音乐家画家，不如教她成个辛酸叛逆的女文豪好。音乐绘画，也要教她能够一门。最好是教她兼当女优，导演 PolaNogri 爱演的那些女性本位恶魔派的剧，把向来男子横行的世界，变为女性中心的世界。她的名字要美丽而带音乐的。她的衣裳，总要淡艳怪美。一切你要负完全的责任！再不要像我的父亲，生了我一下就把我丢了！最不要叫她结婚！情愿听她魔五十男子。她如果要问起她的母亲，你说：她不是从母亲胎里生的。她的母亲，是浮离炼狱与天堂间极悲惨的圣处女。她的母亲因为一生找不到爱，不懂得结婚，所以在放光的蛤儿背上，哭出她来改革这'无爱的乱世'。"

维铨来新加坡后，白薇也萌生过到新加坡的念头，问维铨那里可有自己谋生的位置，但这实际吗？这可行吗？维铨的浪漫美梦早已被现实击得粉碎，再来一个人与自己受难，于心何忍？何况要来的人是亲爱的素姐。在他的劝说下，白薇打消了这个念头，但维弟的状况一直让她念念于怀。

新加坡的前景如此黯淡，远在千里万里之外又有那么多割不断的情丝牵肠挂肚。白薇回国了，璧如琴如也回国了，我如孤叶飘零。走吧，也回国去。维铨想。

一想到回国，维铨又非常踌躇。回国，回到哪里？回到家乡？维铨不敢。故乡半灰的山水，朋友翻起的白眼，是他不想看到的。已呈老态的母亲，几个稚弱的弟弟，正盼着自己衣锦还乡呢。留学五六年，花掉家中不少钱，在别人家看来，已是收取红利的时候了，而自己还苦着三餐的大米，养父过世后，留下的遗产实际上只有几橱子的书，几间房子，家族的生意是分不清的。如此两袖清风回故里，有何颜面见"江东父老"？而且漳州尚属闭塞小城，没什么发展空间，维铨自远行东京后，就不打算回漳州做事。这几年，自己学到了些什么呢？写写诗，拉拉琴，讲讲日语和英语什么的，还有留学日本的不甚夺目的光圈，自己统统的本钱就这些了，能做什么？这些本钱应投向何方？

毕竟多读了几年书，也见了点世面，思维开阔了些，最后，维铨将回国的落脚点定在上海，打算从文艺方面发展。上海是经济和文化都高度发达的大都市，新文学运动正在兴起，同荒漠般的新加坡是截然不同的两个天地。虽说前景依然难卜，但上海是那样大的一个地方，维铨自嘲着，这是一个多么可以骗人和骗己的所在，就算自己跟在阔老阔少的身后乞讨，有谁知道？有谁过问？统算人间的全部财产，不过希望两个字。管它希望是空的是实的，不要让人家失去希望就是积德，推之，不要让老母失望便是孝子，不要让弟弟失望便是好长兄。

回国的旅费，维铨奔忙了一个多月才筹到，买了一张三等舱的船票。

行前，周筼带他到BatanMaraca去玩，朋友请他们喝啤酒，替他们付了一夜旅馆的租金，维铨和周筼都喝了许多，深夜回到旅馆还毫无睡意。维铨长长叹道：

"来新加坡，枉费了我两年的青春，我两年的汗水蒸发到空中，化成了雨落下来，别人觉得凉快了，我得到了什么？"

周筼带着歉意说："没想到新加坡这两年如此景象，学校也没发展起来，委屈你了。"

"唉，这是什么话，要不是你一再关照，我早已潦倒街头，真要感谢你才是。"维铨仰倒床上，燃起一根烟，吸一口，重重吐出来。

"到上海看看，能过得下去最好，实在不行，要写信给我，说不定这里什么时候说好就好起来了。"

"回来，回来干什么？"维铨激动地跳起来，"当个先生是讨厌极了。或者做人家的店伙计？呃，一想到资本家的那副脸孔，舌头先得吐出来。到汽船上去搬土炭？看看我这瘦长的胳臂。"维铨甩着自己的双臂，"我都要羞愧得汗流满脸。再不然，去当个代书人？替那些不识字的工人写家信。"

周赟将维铨按回床上，宽慰着："说说罢了，说说罢了。"

维铨嘟哝着："我是不会再回来了。"

他哪里想得到，十多年后，他会以另一种姿态再次回到这个地方。每个人都无法预测自己的未来。

第二天，维铨又去向自己的提琴教师辞行。教师说他有天赋，希望他能在音乐上有所成就，维铨答应将会为之努力。他说要拉一曲提琴给老师听。维铨调好弦，拉起马斯涅那首《悲歌》，凄切的旋律在空中徐徐地飘荡，当最后一个音符降下时，维铨对老师说："其实这也是我自己的歌，受难者的短曲。"

维铨告别了新加坡，告别了流落一地怅惘的地方。他登上"伏见丸"号客轮，钻进一间肮脏的三等舱。这艘客轮将驶往上海。这是1927年10月。

维铨后来的经历表明，他作出了自己人生路上一个非常重要的抉择，这个抉择确定了他运行的轨道。

一年后，维铨在上海由开明书店出版了自己的第一本抒情诗集，收入了在新加坡期间写的20首诗，诗集的名字就叫《受难者的短曲》。诗集出版后受到读者欢迎，半年后再版，1930年又再版。《受难者的短曲》的封面由时任开明书店美术编辑的钱君匋设计创作。半个世纪之后，已是美术大家的钱君匋仍记得此事，并收藏着《受难者的短曲》装帧稿。《中国新文学史稿》（上册，王瑶，1953年版）这样评价这本诗集，说作者"表现了追求光明的失败"，"充满了愤慨和激越，好像披发行吟的浪漫的骚客"。

这本受难者的诗集踽踽行走于人世间，然后在冥冥之中蛰伏，又不甘寂寞地游荡了90年，像一朵饱含情意的云，飘落在孕育了自己的那块土地上。2017年11月，《受难者的短曲》在新加坡由骆明工作室重新出版。

第三章　呐喊

一、重逢白薇

这是一个少有的沉静的夜晚，"伏见丸"号犁着海面，海浪扑在船舷上，和着客轮航行的声响，发出非常有节奏的"哗沙——哗沙——吭孔——吭孔"的音乐。在这种催眠般的音乐中，人们都昏然入睡了。然而维铨是个例外。明天就要到达上海，回国了。回国后，找谁呢？琴如吗？她已经成家，这是一个多么残酷的事实！想到这一点，维铨的心一阵疼挛。璧如吗？他和万涛是双双不可分开的一对。马上找白薇吧，她在什么地方？汉口吗？白薇回国后，在广州给维铨去过信，回家乡资兴县以后也给维铨去过信，以后又听说去了汉口，再以后就信息杳然了。她的去向，再也没有比此时更牵动维铨的心。他思绪万千。

睡不着，维铨翻起身，挪挪位置，就着昏亮的灯光，用笔在本子上倾吐自己的思念。"无日不在念的她！她到底死了呢还是生着？她那么多病，那么多忧愁，那么多伤心，又那么高傲，那么不肯随人！自己最后写了几封信给她，总不见她的回信，是，差不多半年没有音信了。不是她死了，便是她深恨了我的。但无论如何，假如是她死了，我这回归国，也要找到她的坟墓哭一场，不，就在她的墓边造一间草屋守着她哭过一生罢！假使是她恨我，我就捉到她，把我的心挖出来给她吃罢！啊！真想不得她！一想起来，我就要发狂。又真想得她！一想起她，就把一切无谓的世间苦、人间臭都丢开了。是呀！我一到上海，马上就到她家找她去罢。但她哪里会在家里安坐着，她就是死，也是定死在路中的。"维铨翻过一页，继续往下写，"那么，我什么地方找她去呢？记得她最后给我的信说她要革命杀人去。但她的革命恐怕要被人杀的罢。是呀，她一定病死或被杀死了的！假如她是病死，我有什么话说；是被杀死的，啊，那我虽卑怯着没有胆量，我将用力击碎这个地球！"（摘《十日糊记》，下同）。

维铨沉迷着，一页一页写下去，不知写了多久，累了，手酸了，他才合上本子，伸开身子，俯在床头。从舱壁上小小的圆窗望出去，月色在海面上朦胧着，夜一定深了。船仍在"哗沙——哗沙——吭孔——吭孔——"地奏着音乐。月色，海波，音乐，朦胧，这不就是诗吗？

他从床上又翻身起来，在本子上写着《海夜曲》：三个字，几乎是一口气涂就了一首很迷茫很凄切的诗。他写着：

> "正是四更夜里起狂风，/可是任你喊罢，'主哟！救我！'/这儿没有异能的耶苏拉你出浪中！/"他写着，"摇动，摇动，心儿跳上喉咙，/看呀，我看见，睁开眼孔，/我看见晓光，晓光要睁破暗夜，/微朦胧，微朦胧，微朦胧……"

怀揣着借来的40多元，维铨带着难以名状的感情踏上了上海滩。

应验了"有情人千里来相会"这句话，在维铨到达上海的前一个月，白薇也来到了上海。

白薇从日本回国后，先到广州，住了不长的时日，受到文学团体创造社旧朋新友的接待。离家许多年了，思乡心切，毕竟父母的养育之恩不敢忘却，她时车时步，跋涉多日，回到故乡流秀。父亲和母亲重新接纳了这个叛逆的女儿，也认识到他们在女儿婚姻问题上的过失，支持她同李家解除了荒唐而罪恶的婚姻。

心存高远的白薇没有恋栈，她告别了热情的父老乡亲，在1927年春天来到武汉。这是当时不少热血青年向往的革命中心。经过一个留日时期补习学校的同学介绍，白薇进了国民政府总政治部国际编译局当日语翻译，后来又兼任武昌中山大学的讲师，她焕发出蓬勃的热力。"四·一二"政变后，汪精卫也在同年夏天背叛了革命，理想之花转瞬之间就枯萎了。失望之余，白薇离开了编译局和中山大学，只身一人来到上海。

形单影只的白薇借居在创造社的食堂里，这个食堂在北四川路麦拿里41号。后来，搬到北四川路崇福里十三弄的一处小屋。

同样形单影只的维铨来到上海。这次到上海，比不得前几次。前几次，虽说也惴惴然心中如有奔兔，虽说也情牵断肠在脑子里留下深刻的记忆，但自己终只是一个匆匆过客，人一离开，身后仅是碎梦片片，拂之即可散，这回可是想在这里拼杀一番，想在这里站住脚跟的。这次到上海，也比不得到新加坡谋生，到新加坡有人接站落宿，有活等着你去干，至少不愁三餐，而这回手中只攥着几十元，再怎么节俭，连吃带住也只能维持半个月，之后呢？不敢想象。

但是维铨此时毕竟不到28岁，还年轻，初闯新加坡的无获而归，是令人沮丧的，但没有连自信心都丧尽，自己并非一点本事都没有。不是说黑暗过去就是黎明吗？此时正属这种时分。维铨在心里鼓励着自己。

到上海后，他一点也不敢懈怠，东奔西跑，寻找职业，图谋差事，日夜连轴，能暂时糊口就行。一边搞他深感兴趣的文艺创作、撰写稿件，一边寻求出路。几个月后，他的作品在上海的杂志上发表了。他在1927年年底写的剧本《Yellow》，不久就在《北新》第二卷第八号发表了，署名为"一骚"。剧本写了维铨所熟悉的新加坡穷人的底层生活，写了农场工人与统治者的尖锐矛盾。当他拿到几十元的稿酬，手都抖了，欣喜之情浮在脸上。作品的出现，意味着来了钱，这比什么都重要。写作对于维铨来说，似乎不是太困难，这就给了他以极大的信心。他的作品接二连三地在《奔流》《语丝》《北新》等杂志上出现，有散文、诗歌、剧本和翻译的作品，署名由"一骚"改为"杨骚"。维铨在不长的时间中，成了上海文坛的一个职业撰稿人。

杨骚在上海滩为了生存艰难地跋涉时，也没有忘记寻觅亲爱的素姐。一天，杨骚在创造社的杂志《洪水》中翻到了白薇的消息。《洪水》第三卷三十四和三十五期里，有这么三则消息：

　　　白薇女士在武昌被人骗去创作剧稿一部，忧愤成疾，在汉口疗养两星期之后，现已来沪，病况稍佳。

　　出版部迁移地址后，职员增加许多，除了绍宗韵泽等等之外，新添有药眠贻德及两位女士。白薇女士亦在此处。

　　白薇女士现正努力于现代剧之创作，不久或可脱稿一二种。

如同云缝中射出的几道阳光，杨骚顿觉眼前一亮，"白薇"二字在纸上熠熠生辉。他的目光凝聚在这两个字上。

创造社的人杨骚几乎都认识，几天后，他就打听到了白薇的住处。他急急如一阵风，刮到了白薇的身边。

这就是两年多来惦念着自己，自己也惦念着她的薇姐。当白薇从堆着书籍和稿纸的书桌前抬起头的时候，杨骚在门口停住了脚步。她戴着一副他十分熟悉的眼镜，清癯的脸庞，白净的皮肤，几乎同从前一样。她的脸上现出一种迷惑和茫然，她望着这个留着长发的青年人。

什么？这不就是他吗？白薇不敢相信自己的眼睛。他不是远在南洋，在那个叫新加坡的地方吗？怎么就出现在自己的面前了？眼前这个青年人，穿着一身有皱纹的西服，还不太干净，满脸疲惫，眉梢犹挂风尘。

"我是维铨。"青年人开了口。

他曾说过两年以后会回来找我，我几多回想象过，再见他时，他神清气爽，容光焕发，可不同眼前这副模样。

还在疑惑之间，那四个字明白无误地传入了白薇的耳膜。

"哦，维铨。"白薇下意识地喃喃着。

她一阵眩晕。时间在这一刻凝固了。

两个孤独的、经历了磨难的恋人在上海重逢了。没有大喜大悲，似乎两个人生活的运行轨迹在旷远的空间划一个弧，就应当在这里重合。

此时，白薇经过艰辛的努力，也在文坛崭露头角。还用再多说什么吗？两个人只有紧挨在一起，肩靠着肩，相扶相助，共涉人生旅途。

重逢的激动过后，他们都冷静地投入创作之中。

在杨骚与白薇交往和共同生活的历程中，这是一段和谐、温馨、安宁的日子，尽管这段日子并不长，但在他们彼此的心里，都藏有这值得回忆的一页。

写作，在他们生活里处于第一重要的位置。为了寻找良好的写作环境，他们有时离开上海外出，不论谁出去，都忘不了另一个，鸿雁传递，卿卿我我。

1928年4月。暮春时节，田野一派生机。生活似乎还没有过这般美好。

白薇到了浏河，没忘给杨骚写信：

　　这里是很平坦的乡间，没有杂着文明的尸骨的碧油油的乡间，我想你一定喜欢住住的，你还是来吧！

　　《最后的一击》若经一番改写，则日前删去的热烈情感，仍复想放进去，我不知道S.F.先生还要不要？我的意思，想把《狂恋之敌》四幕长剧给他。即时还不能整理，这是很对他不住的。L.F.先生的杂志，我单投稿还可，一定要合成一气，每月写五千字，我不相信我有那本领。请你对S.F.说：我只答应寄文章。

　　你的书何时可以译完？十天内能借给我十一元伙食费否？陈穷得怪，你来，伙食费非带来不行的。其余床和桌椅，都可以向房东借。我的皮箱磁花瓶请带来！别的东西最好是全部寄到E.P.家。他们放东西的黑房多得很。很想你来陪我散步（摘自《昨夜》，下同）。

白薇要叫杨骚到浏河来，交代得清清楚楚，叮嘱得详详细细。

　　上午的车没有危险。六时许的车常常在途中破坏，四时许的车又怕下车后没人搬行李下乡。郑君不走以前，桌子一切暂可交他保用，你想寄到E.P.处都随你。不过抽屉里的书和发膏，望你带来。藤箱中我的蓝色花长袍和白夏衣，你能捡来更好，箱要捆好寄出。我的皮箱、花瓶、脸盆，请你一定带来！

　　行李放在车顶上，不要票的，只要三百文酒钱。但衣箱还是要带在手边，切记。汽车一直开到浏河镇，下车雇一个一轮车载行李，自己可以走路跟车。车价二角。一直到"新镇江海游巡队"。不过雇车时要说明到"新镇"。唯田陌雨天不好走，晴天来。

　　絮絮叨叨，如何坐车，如何付钱，发膏要带来，花瓶也要带来。像姐姐在关照从未出过远门的弟弟，像母亲在担忧第一次离家的儿子，字里行间又流动着无间无隙的异性的温情。

　　杨骚到了浏河，可能待得不适意，后来又到了杭州，住在他熟悉的西湖葛岭，白薇则去绍兴。这回，轮到杨骚要白薇来杭州。他在寄往绍兴的信中说：

　　一离开了，我才晓得我在如何的爱你！你无论怎样，两三天后就回转来好吗？一个人真寂寞死了。

　　你快回来罢！我想我以后决不会做出不好看的脸色给你讨厌了。我们生在一起，穷也要在一起，一切的艰难困境，我们也该要共同负担起来。

　　虽在这里做文章有点阻碍，但无论如何要自由些，凉快些。我们欢欢喜喜地住在一起，欢欢喜喜地受难，欢欢喜喜地互相奋勉努力吧！我们要把我们共同的运命在共同的一个厄运之下开拓！

　　真的，我决不会再做出不好看的沉闷的脸色给你看了。你快回来罢，在人家里，总觉得有许多不自由，受压迫。

　　或者你接到我此信，就回来好吗？你不回来，我就去找你了。

收到杨骚的信，白薇很激动。她回信说：

读了你的信，心肝有些跳跃。你说以后决不会再做出不好看的脸色给我讨厌了。这确是我常常闷于心求于心而求于你的大问题……解决了。我总想原有的心、爱，不要破坏丝毫，可是雷霆我也发不少了。……

心爱的维！谁有真心要离开你？只要你从心求和爱的。……

我再住几天就回杭，这里水是热的，空气是闷的，器械又不能洗，蚊子、苍蝇多得怪。……

在一个星期中，杨骚给白薇写了两封信，白薇则写了四封，一封信寄出，还没收到回信，又寄出一封，真是难舍难离。

他们终于还是回到上海。旧相识渐渐聚在这里，新相识也渐渐多起来，对这个驳杂的城市也开始熟悉起来。他们喜欢上周围的文化气氛。杨骚和白薇都沉浸在写作之中，体验着生活的意义和美好。

此时，白薇有一件事翻来覆去地闷闷于心田。她终于坦率地对杨骚说了。原来，杨骚也知道的一个"广东小孩子"，白薇曾爱过他，至今也还多少爱他。白薇说："他那迷恋我的力量，他那神魂颠倒有熏化铁石心肠的爱的力量，使你忍拒绝，而不忍看；使你忍笑他童稚，而不忍不伸出感动的在颤动的弱手去安慰他。"

白薇很冷静的样子，继续说："况他那爱人的娇灵，豪放的气宇，和均整发育的美貌，魁伟的身躯，玲珑的曲线，将我一点禁锢的灵曦，不知不觉间引出铁栏外了。我爱他了，我不能瞒我底灵魂。我还多少在爱着他或是在记忆他，因为他是真正痛爱过我的人。"

很巧，杨骚寄到资兴给白薇的信，"广东小孩子"寄到资兴给白薇的信，都让白薇的父亲扣了下来。曾让白薇的父亲对女儿产生了误解。

白薇从武汉到上海后，在枯寂的寒夜中，忽然火山爆发般地想起杨骚，为了除却烦恼，她将"广东小孩子"的两封信和相片都扯破了，在桌上摆出了杨骚留给她的镜子和杨骚的照片。她曾多少回对着这些又爱又恨的东西淌下涟涟清泪。这时，无端的海风将亲爱的维弟吹来了，恍若梦一般。杨骚的来到，使白薇有说不出的痛心和说不出的欢喜。

白薇以一个女人少有的坦诚对杨骚说："和你重逢将及年，

我把这些衷心明白地告诉你，任你责骂处罚吧。但请你明白：
⑴我这样爱你，我是怎么也不想告诉你使你伤心。⑵我始终想把对于
他那悲痛沉潜过去；再加以父亲为我弄成的误解，自爱心命令我不要
重提念他。"

杨骚觉得这都是过去的事情了。他们轻轻松松和和气气地搬到了
一起。住在施高塔路，一个住亭子间，一个住前楼，中间有个过道，
权作两人的吃饭小厅。两人过起小家庭般的日子。

平静幸福的时光。安恬舒适的心境。文思如泉涌。

他们的作品，几乎不间歇地问世。在1928年短短的一年中，白薇
的剧本《打出幽灵塔》《革命神受难》、诗歌《春笋的歌》、长篇小说《炸
弹与征鸟》等，杨骚的散文《十日糊记》《因诗必烈孙》《手》《嘴》、
剧本《空舞台》《春之初》、诗歌《飘落》（5首）《赠》（6首）《流水集》
（13首）诗集、《受难者的短曲》、诗剧《迷雏》、剧本集《他的天使》、
翻译长篇小说《痴人之爱》等，一篇接着一篇，一本接着一本，星星
点点，如同天女散花。

这是杨骚与白薇重逢的收获。爱情的甘霖竟有如此的力量。

二、与鲁迅先生的交往

　　杨骚是非常幸运的，当他孤帆独影般地从海洋那端迟疑地、无奈地、咬着牙地停靠在上海码头，在失望和希望之中竭力奔波时，认识了鲁迅先生。

　　这时，他到上海才刚刚3个月。

　　1928年1月25日，这是一个普通的日子。这两天，上海阴天，间或有小雨。这一天早上，又下起雨来。是春雨，绵绵细细的，千丝万丝牵惹着人心。杨骚心绪不宁地看着窗外，他希望雨能够停下来，路能够好走一些，如果云散日出，就太美好了，但这看来只是奢想。

摄于上海

他已经和一个同乡约好，下午要去拜访自己仰慕已久的鲁迅先生。此时，他也许没有想到这次拜访对自己意味着什么，一定没有想到这次拜访对自己日后走进文坛会有多么深刻的影响。他只是以一个文学青年的崇敬想去看望一个在自己心目中有着重要位置的文学前辈。杨骚心里有点惴惴不安。

　　午后，云渐渐高了，天渐渐亮了，后来，云竟然散了，太阳竟然出来了。杨骚心里照进了阳光，脸上露出了笑容。真是老天也开眼，这应当是一种吉祥的预兆。

　　杨骚同林和清来到闸北东横浜路，雨过天晴，路面还是湿的，路边积着水，湿的路面和积水的路边，都铺上明亮的阳光，无论如何，此时行路要比雨天轻松了许多。

　　林和清是林语堂的三哥，和杨骚一样，同是福建漳州人，语言的相通使他们亲近了许多。林和清同鲁迅认识比较早，他原是一名西医，曾用林憾的笔名给鲁迅主编的《奔流》杂志写过稿，后来接替林语堂主编《宇宙风》杂志，改名为林憾庐。

　　他和杨骚走到了景云里，当时这里是鲁迅、茅盾、叶圣陶等文化界人士聚居的地方。他们在景云里23号门前停下，林和清敲开了这一扇样式很普通的门，鲁迅先生就住在里面。

　　杨骚同鲁迅的这第一次见面谈了些什么？不得而知。可能只是寒暄几句，谈谈一些客套话，无甚可记载；也可能谈了一些文艺方面的事，因为杨骚是作为一个文学青年前往的，鲁迅为勉励后辈讲些自己的看法，当属自然。几十年后，杨骚偶尔回忆起年轻时在上海的事，也回忆过同鲁迅的交往，但这第一次见面却未留下片言只语，也许他同鲁迅的往来后来多了，其他方面深刻的印象多了，而这些深刻的印象反倒将第一次见面的印象掩盖了。

　　总之，这第一次见面的痕迹，只在鲁迅的日记里留下了那短短的一行字：

　　　　"二十五日雨，下午晴。寿山来。林和清及杨君来。"

　　日记中的"杨君"，在《鲁迅日记》的"人名索引"中指明这是杨骚。这里"二十五日"指的是1928年1月25日。

　　但是这次见面成为杨骚和鲁迅交往的良好开端，这没有疑义；这次见面同时给了杨骚以鼓舞和信心，也是可以肯定的。

　　此后不久，杨骚成为当时鲁迅主编的《语丝》杂志的撰稿人，成为鲁迅主编的《奔流》杂志的主要撰稿人。还出现了同一期有两篇署名作品。《奔流》一共出了15期，杨骚在上面发表的著译有15首诗、3个剧本、1篇小说。

　　杨骚迅速步入上海文坛，日渐为人们所瞩目，鲁迅的提携起了极大的作用，他自己也持续保持着高涨的创作热情。

　　杨骚同鲁迅的关系日益密切。在《鲁迅日记》中，有关杨骚的记载，1928年有31次、1929年有38次。这种关系，在当时的文学青年中，是少有的。

　　杨骚成了鲁迅的年轻朋友，他们一同外出吃饭，一同外出看画展，言行举止也随和起来。1928年9月27日，鲁迅在日记中写道："晚玉堂、和清、若狂、维铨同来，和清赠罐头水果四事，红茶一合。夜邀诸人至中有天晚餐，并邀柔石、方仁、三弟、广平。"玉堂即林语堂，若狂即林惠元。林惠元系林语堂大哥的长子，也是个文学青年。同年12月30日，鲁迅在日记中写道："晚杨维铨来，因并邀三弟及广平同往陶乐春，应小峰之邀，同席十三人。"1929年4月27日，他在日记中写道："午后杨维铨来，并同柔石及广平往施高塔路看パン．ウル个人绘画展览会，购《倒立之演技女儿》一枚，泉卅。"

　　既然成了朋友，杨骚的心事也向鲁迅坦露。他带白薇到鲁迅家，同鲁迅见了面。鲁迅在日记中第一次记载他们来访是在1929年4月28日。他同白薇的关系也成了鲁迅关心的事情。

　　其实，白薇同鲁迅的文字交往在他们见面之前就开始了。白薇同创造社的许多人都是朋友，如郭沫若、冯乃超、李初梨、阳翰笙等，感情上同创造社有较深的联系。1928年1月，创造社和太阳社倡导无产阶级革命文学运动，这些血气方刚的青年作家们对文学界的认识曾有失偏颇，将批判的矛头指向鲁迅，白薇在思想上同鲁迅也有隔膜，以致"总嫌《奔流》灰色"，而且她有"不高攀名人巨柱的怪癖"。后来在郁达夫和北新书局主持人李小峰的劝说下，白薇送稿给鲁迅，也是送到门口，交给许广平就走了。白薇的名字第一次出现在鲁迅的日记中是在1929年1月29日，"上午寄白薇信"。以后依次如后录：2月15日，"晚林若狂持白薇稿来"。同月18日，"上午得白薇信"。19日，"上午复白薇信"。20日，"得白薇信"。21日，"上午复白薇信"。

　　在杨骚的鼓动下，白薇同他一起到了鲁迅的家中。这一次见面，冰释了她同鲁迅的隔膜，她感受到了一个长者的关怀。鲁迅曾对人说：

"白薇怕我吃掉她。"现在又对她开玩笑说："有人说你是个仙女，我看也是凡人。"

白薇是这样回忆起第一次同鲁迅见面的情形。"杨骚领我去见鲁迅，我刚走到楼梯脚，踌躇又想跑了，不料鲁迅先生温和地在楼梯口上声声喊：'白薇请上来呀！上来！'我一溜走进他的书房，微低头不敢正视。一把蒲扇对我的白衣领来，'热吧！'他替我扇了两下又去展开许多美术书画给我看，并且和蔼地给我说明那些图画的意思，我才看清他是我父辈的严肃可亲的长者，一股敬爱的心，陡然涌上心头。"

实际上，鲁迅未与白薇见面前，就十分关心杨骚同白薇的关系。他的关心细致又熨帖。他对许广平说："我编排他们的稿件，不是杨骚在前，白薇在后，就是白薇在前，杨骚在后。"查一查《奔流》杂志的目录，果然如此。节录如下：

第一卷第一期1928年6月20日出版

赠——(诗六首)杨骚

打出幽灵塔(社会悲剧三幕之一)白薇

第一卷第二期1928年7月20日出版

打出幽灵塔(社会悲剧三幕之二)白薇

错乱(诗)杨骚

第一卷第四期1928年9月20日出版

夜的上海(诗)杨骚

打出幽灵塔(社会悲剧三幕之三)白薇

第一卷第五期1928年10月20日出版

春笋的歌(诗)白薇

飘落(诗五篇)杨骚

不明就里的细心读者看到这种编排，大约是会揣摩编者用心的，文坛中人当然更是一目了然。

杨骚同鲁迅往来的闲谈中，谈到了白薇身体不好，自己应当助上一臂之力，但苦于刚到上海不久，经济非常窘迫。鲁迅十分理解恋情中的青年，也认为杨骚和白薇是具有文学潜质的，他给予了长辈加朋友的支持。1928年8月15日，他寄给杨骚50元，还附上一封信。可惜后来鲁迅给杨骚的信全部丢失了，这封信的内容也无从知晓。同年10月17日和26日，又先后借给杨骚100元。鲁迅的帮助无异于雪中送炭。这些钱用在了给白薇治病上，杨骚又不想让她知道是向鲁迅借的钱。于是，这成了他们两人恋爱史上的一个小小的秘密。几十年后，杨骚在同侄儿的闲谈中谈到了这件事。许广平后来在回忆文章中也写道，杨骚"曾为了爱人的病需要物质援助而又不要给爱人知道，先生满足了这希望，且恪守了约言"。但白薇却可能一直也不晓得。

除了经济上的帮助之外，鲁迅更多的是创作上的扶助。杨骚写了一个反映文坛中人吃人的盘剥现象的剧本，鲁迅看过后，亲自给这个剧本起了题目。杨骚很高兴，当天就写信对白薇说：

> 我下午闷得要命，出去作电车旅行，但看马路上处处丘八，因之，世界的赤化运动的纪念日的今天好像无声无色过了的样子。
>
> 后来到L.那边，他说我那篇戏曲要得，题名拟为《蚊市》，比剧中人物为蚊子之意也。并且'蚊'字为'文'与'虫'两字合并而成的，更是有趣。

这篇叫《蚊市》的剧本在《奔流》第二卷第四期上发表了。

杨骚同鲁迅这种密切的关系保持了整整两年。1929年12月30日，鲁迅在日记里最后一次提到杨骚。此后，杨骚在鲁迅的日记中消失了，直至鲁迅逝世。其间，杨骚依然活跃在上海的文坛中，他的作品频频出现，他的著译一部一部地出版。

到底是什么原因，使杨骚同鲁迅疏远了？这似乎是一个谜。又似乎只有许广平曾揭开这个谜。

许广平是这么认为的。林语堂的一个侄儿向鲁迅借钱未果，有怨言，而林语堂这个侄儿是杨骚的挚友，杨骚"从此也绝迹不来了"。林语堂的这个侄儿很可能是指林惠元。此外，鲁迅"先生早预备翻译一本什么书，被他（指杨骚）晓得，他就赶速译出付印，以为如此可断送先生生路。"（见许广平著《欣慰的纪念》，人民文学出版社1981年5月版）。如此，两人的友情便终止了。

当时，有一部苏联的长篇小说在进步青年中流传甚广，这就是《铁流》。鲁迅也有过这么一段话，"《铁流》虽然已有杨骚先生的译本，但因此反有另出一种译本的必要。别的不说，即其将贵胄子弟出身的士官幼年生译作'小学生'，就可以引读者陷入极大的错误。小学生都成群地来杀贫农，这世界不真是完全发了疯么"？这是在曹靖华译本的《〈铁流〉编校后记》中说的。鲁迅说这段话是在1931年10月10日。这段话对杨骚的不满之意，随便一个读者都可以感受得到。

作为后人，我很想了解这究竟是怎么一回事？

1956年10月，鲁迅去世已整整20年。这时，杨骚定居在广州，因患病在广州近郊的白鹤洞休养。广州作家协会准备召开一次鲁迅纪念会，9月下旬就告诉杨骚，要他当纪念会的主持人，他担心自己身体不行，胜任不了。10月近中旬，身体状况仍不好，杨骚建议换人，当时在广州曾与鲁迅有过往来的作家还有欧阳山和冯乃超，后来冯乃超答应主持这个纪念会。

10月19日，杨骚在日记中写道："荣（指杨荣，杨骚的侄儿）前往参加鲁迅纪念会，顺便看电影。今天的纪念会自己不能去，在屋里看写作的纪念文，什么杂志都有登载。"20日，他写道："夜看报，纪念鲁迅的文章，里面有茅盾、郭沫若、陆定一的演讲，至十二时睡。月色明如画。"在以后数日的日记中，他多次提及看有关纪念鲁迅的文章。病中的杨骚，想起了许多往事。

在白鹤洞住的小楼后，有一片绿茵茵的草地。杨骚坚持天天下楼在这里散散步。在这些天的散步中，他断断续续同侄儿杨荣谈起当年同鲁迅的交往，也谈了自己同鲁迅彼此间的误解，正是这些误解导致两人的来往中断了。

他回忆起来，这些误解大概有这么几件事。

其中一件事是这样的：有一回，鲁迅、林语堂、杨骚在一起吃饭，席间，鲁迅同林语堂发生激烈的争执，大家不欢而散。离席后，鲁迅气仍未消，他拉杨骚要到自己家里，再谈谈话，正好杨骚拉肚子，不舒服，没有同鲁迅回去。鲁迅以为杨骚偏袒自己的老乡林语堂，心里有了疙瘩。

这实际上是被有的现代文学史研究者称为"南云楼风波"的事。

查《鲁迅日记》。1929年8月28日，这么写着："小峰来，并送来纸版，由达夫、矛尘作证，计算收回费用五百四十八元五角。同赴南云楼晚餐，席上又有杨骚、语堂及其夫人、衣萍、曙天。席将终，林语堂语含讥讽，直斥之，彼亦争持，鄙相悉现。"

这件事的缘起和经过大致是这样的。北新书局的李小峰拖欠鲁迅大笔版税，鲁迅提出诉讼，李小峰请来郁达夫当和头，谈妥了将欠鲁迅的2万元版税分10个月付清。这天他们一起到南云楼吃饭，与此事没有瓜葛的林语堂酒后言多，讲到了张友松。鲁迅认为林语堂提到张友松是讥讽他提出诉讼与张友松有关，因为张友松也想办书局。鲁迅也有几分酒意，他脸色发青，拍案而起，连连说："我要声明，我要声明。"林语堂也不相让。

郁达夫在《回忆鲁迅》(刊《回忆鲁迅及其他》，1940年7月宇宙风社出版)一文中，详尽地叙述了这件事的来龙去脉。林语堂在《忆鲁迅》一文中说此事是"他是多心，我是无猜"。研究者对此事导致鲁迅和林语堂两三年不来往的见解有所不同，这里就不再涉及。

另一件是有关论战的事。创造社和太阳社曾一度将批判的矛头指向鲁迅，鲁迅也撰文反驳。当时，鲁迅同杨骚的关系很密切，他希望杨骚也写文章驳斥创造社的言论。杨骚的诗集《受难者的短曲》于1928年11月出版后，次年5月又再版，诗集再版不久，刍尼(施蛰存)写了评论文章，对诗集提出尖刻的批评，多有嘲讽的语句，杨骚正在准备阐述自己意见的文章，因此就没有应承下来。9月下旬，待他的《狂吠与批评——答刍尼》一文写好后，不久，这场文学界内部的论战也结束了。此事也让鲁迅对他存有看法。

这两件事过后，有一次，杨骚在一场文学青年的聚会中，正在兴奋地谈论着什么，年轻人在一起，海阔天空，胡侃一通，正在这时候，鲁迅进来了。杨骚看到鲁迅，没有收住话头，也没有起身招呼，继续着自己的话题。在鲁迅看来，这大概属于得意忘形，于是拂袖走出。过后，杨骚对自己一时的感情放纵颇感后悔，觉得自己这样对待鲁迅很不礼貌。但毕竟已铸成了过错。

还有一件是关于苏联的长篇小说《十月》的翻译。鲁迅准备翻译苏联作家雅科列夫（又译雅各武莱夫）的这部小说，但事先杨骚并不知道，同南强书局签了合同，预支的版税花得差不多了，也译好了，结果只能出版。杨骚翻译的《十月》1930年3月初版，3年后再版。1933年，鲁迅翻译的《十月》也出版了。

鲁迅是杨骚步入文坛的带路人，这一点杨骚并没有忘记。尽管有上面的那些误解，杨骚也表现了一种主动寻解的姿态。有一回，在电车上，他邂逅鲁迅，杨骚上前招呼，但是鲁迅没有回应，当时的尴尬可想而知。从此，他们的关系就真正疏远了。

杨骚对侄儿所说的这些误解，恐怕以后面两件的裂痕为深，其中又以最后一件为最。

1930年6月，杨骚翻译的苏联的著名长篇小说《铁流》，作为"新兴文艺杰作选集"之一，由南强书局出版了。同《十月》一样，杨骚翻译的《铁流》也是中国的第一个译本。这部小说很受读者的欢迎，1932年3月已经出版第三版。但是，他并不认为自己的译本有多好，当时在上海的同乡文学青年蔡大燮晚年回忆说："我曾向他索书阅读，他谦和地笑笑对我说，这些书是他从英文本参照日译本翻译出来的，时间很匆促，为的是要拿稿费吃饭，难免粗率。他说我的英语不错，可找英文本看，至于中译本，曹靖华的《铁流》是从俄文原本译出的，相信译的比他好，可以找曹译本读。常言说，文章是自己的好，他的话使我顿时感到他真是老实而谦虚，这便是他作为作者的美德。"

杨骚翻译的《铁流》当时确是有些影响，当代电影《青春之歌》中，卢嘉川带了一些革命书籍给林道静看，其中就有《铁流》。拍摄时，道具原来是曹靖华译本，导演崔嵬认为要尊重历史，那时候曹译本尚未问世，便特意从图书馆借出杨骚译的书，后来银幕上《铁流》的特写镜头，可以清晰地看到"杨骚译"的字样。许多年以后，一些已成了著名作家的当年的文学青年提到杨骚，首先反映在言谈上的就是他翻译的《铁流》，如冯牧、郭风等。这是在文学活动中，他们当着我的面谈起的，这让我心中涌出一股暖流。

杨骚同鲁迅的私交疏远了，但鲁迅对杨骚在思想上，在创作上的影响是深刻的。杨骚成了左翼作家的中坚分子。这在后面还将提及。

在左翼作家活动的宣言和函电中，他的名字同鲁迅的名字多次签署在一起，如1932年2月的《上海文化界告世界书》、1932年6月的《为林惠元惨案呼冤宣言》、1932年12月的《中国著作家为中苏复交致苏联电》、1933年8月的《中国著作家欢迎巴比塞代表团启事》等。他们实际上仍在并肩战斗。

1936年10月19日，鲁迅逝世了。杨骚悲痛地写下了《切身的哀感》，在这篇悼念文章中，他说："现在鲁迅先生死了，我更觉得非常难过，却一个字也写不出来！我将用什么话来哀悼他呢？我只觉得鲁迅先生之死，比高尔基之死给我的哀感更切身些，更深重些……"

鲁迅在杨骚心中，永远占有重要的位置。

许广平后来心情颇为复杂地说："自从先生死后，那诗人忽然又在追悼文中备致哀忱，忘交谊于生日，洒清泪于死后，人间何世，我实在不能理解这矛盾的现象。"

如果铺开来写，这将是另外一篇文字。

在人们通常所说的金色的十月中，杨骚平静地回忆了同鲁迅在20多年前的交往。绿草茵茵，如梦如烟。

三个月后，杨骚也在医院驾鹤西去。

三、上海——春的感伤

　　造物主相中了上海这块地方。这里上演了许多威武雄壮的正剧，也低低地吟唱着一曲曲牵情绕肠的悲歌。杨骚不幸成了这悲歌的一个音符。

　　就在杨骚趟开了路子，在文坛上初显身手，踌躇满怀地投入了极大的热情于创作时，凌琴如也来到了上海。

　　1926年冬天，琴如同歌川、璧如、万涛一起回到湖南长沙。当时湖南省由程潜主政，琴如的姑父是程潜的朋友，被请出任省教育厅长。万涛的父亲是唐生智的老师，任唐部队的总参谋长。由于这些关系，璧如到省教育厅当了秘书，琴如在长沙省立第二中学当音乐老师，歌川也在这所学校教书。不到一年时间，他们用公费到日本进修，后因学费不继回国。由万涛的父亲介绍，琴如和歌川到了上海，琴如在市教育局做事，歌川到浦东中学教日语。璧如去了南京，也在机关里做事。不久，钱歌川经留日同学丰子恺介绍，开始为上海开明书店写书，1930年到中华书局编书，参与编辑《新中华》杂志，此外还编初级和高级的《中华英语半月刊》，以及《基本英语》。琴如曾在一家艺术学校当校长，主要还是教音乐，也作曲，她作曲用的笔名叫凌丽茶。几十年后，乐坛中仍有人记得凌丽茶这个名字。

　　琴如到了上海，白薇比杨骚先知道。1929年除夕，她写信给杨骚说："报个消息我们大家快乐吧——你底P.，A.，T.，都来上海了，A.更得了很荣耀的位置，你猜是甚么？还是你叫她成功的哩，你不为你送尽了心身的恋人欢喜么？听说P.，T.，是官费派送留学的。A.得了美术学校校长的。"

此时，杨骚刚从上海回漳州不久，一边养胃病，一边翻译苏联长篇小说《赤恋》，他收到白薇的信，看了以后，心里一阵高兴。不管怎么说，都是很好的朋友，包括已经结婚的琴如在内。都四五年没见面了，不知情况如何？此时，他思念得更多的还是璧如，虽然琴如也时时袭上心头，但毕竟已为人妻了。杨骚初到新加坡时，同琴如还通信。通信归通信，迢迢万里，重重大洋，渺渺未来，纵有千般情万种意，空间无法逾越，只有柏拉图式的相恋成为最高境界。随着光阴的流逝，浓烈化为隽永，成了值得回味的东西在渗透着。

在漳州的这段时间，杨骚给白薇的回信，只字未提琴如兄妹和万涛。但是没提到反倒表明了事情的某种微妙，某种复杂。后来的事实也证明了这一点。杨骚的自我压抑仅仅是一厢情愿，而这一厢情愿又是多么脆弱。

回到上海，杨骚先同璧如联系上了。这让璧如和万涛欣喜万分，万涛还拍着手叫道："哎呀，这个阿杨，还活着呀，还当了什么诗人呀，那样惬意。"万涛现在已成了一个怡然自得的悠闲太太。

作为公务员的璧如利用假日，急不可待地从南京乘火车到上海。在北站乱哄哄的人流中，近视眼的杨骚居然首先看到璧如，璧如正伸着脖子，睁着圆圆的大眼睛在四处张望呢。两人一阵亲热后，杨骚带他来到位于北四川路的家中。此时，白薇不在，她被中国公学聘为教授，教书去了，这份差事是由湖南同乡沈从文介绍的。

璧如进到杨骚的房间，看到墙角零乱的酒瓶，床上零乱的铺盖，书桌零乱的稿子，扫到门后的一堆垃圾，笑着叹道："你还是跟从前一样啊。"

杨骚并不介意，他从墙边的一个书架上，抽出几本书，得意地说："你看，这是我写的。"璧如眼睛又睁大了。他接过书，一边嘴里啧啧称赞着。

这些书有诗集《受难者的短曲》、诗剧《迷雏》、诗剧《心曲》、剧本集《他的天使》、翻译的有日本谷崎润一郎的著名长篇小说《痴人之爱》、日本的剧本集《洗衣老板与诗人》、还有刚刚出版的苏联柯仑泰夫人的长篇小说《赤恋》。这时，杨骚到上海才不过两年。

璧如惊讶地说："不得了，这么多书，你变出来的呀。真成了诗人哪，成了作家哪。"

他仔细一看，又惊讶地问："怎么变了这个名字？"他用手指着"杨骚"二字，才落下的眼帘又往上抬，眼睛又睁圆起来。

杨骚又得意地说："你猜猜，我是怎么得来的？"

璧如说："我哪猜得着，你这家伙。"

"那天，要发表作品了，我想得来个笔名，用什么好呢？想不出来。决定借助辞典，我将辞典放在桌上，右手一翻开，左手随意往上一指，正好是这个'骚'字，用个单字的名吧，就这么定了。"

璧如笑道："这是上帝之手啊。"

杨骚将璧如拉到床上坐下，开始叙旧。

这话拉起来可就长了，当杨骚听到凌家在苏州盖了栋新房子时，顿时来了兴趣，他说："好啊，苏州，怎么样，咱们去看看如何？"

说走就走。两个才重逢的年轻人又回到了北站，挤上了北上的火车。

当吸着香烟，满脸喜气地跟着璧如，就像回到自己家中一样高兴的杨骚跨进那宽敞明亮的大厅时，一下愣住了。

他看到了凌琴如。

几年不见，琴如依然光彩照人，她穿着一袭深色的旗袍，正坐在沙发上同妹妹开心地讲些什么，笑得令人着迷。这笑容人熟悉了，它曾经如春花开在杨骚心底，如秋日铺复在杨骚身上。

此时，琴如也看到了杨骚。她同样一脸惊讶。

她是利用假日回苏州的。谁都没想到会在这样的场合见面。

"这是上帝之约！"后来杨骚对璧如这么说。

凝固的气氛很快就被打破了。当天晚上是一场空前未有的豪饮。大家都有几分醉意，杨骚心里还是很清醒的。他拉起璧如说："琴！拉琴！"

琴如的妹妹很高兴地拿来两把小提琴。

这是一次淋漓尽致的感情的抒泻。杨骚拉出万千思绪，情深意长，璧如扯着不绝如缕的想念。他们俩人拉了一曲又一曲。其间，杨骚还时时呼道："酒啊！"于是，琴如那年纪还很小的妹妹瑄如又很高兴地斟来一杯酒，大概她也没遇过这样豪爽又感伤的即兴音乐会。

学音乐如今又在教音乐的琴如已被酒力抹红了脸，她坐到钢琴前，掀开琴盖，随心所欲地弹起来。看到琴如弹琴，杨骚停顿了片刻，跟着她的曲子拉起来。后来，变成杨骚拉什么曲，琴如就跟着弹什么曲。搞不清楚是钢琴独奏还是提琴独奏。

大家还觉得不尽兴，总还要有些什么表示。琴如引吭唱起了歌，她毕竟受过专业训练，歌声极富表现力，可谓之声情并茂。她也是一曲接着一曲，终于又唱起了那首舒伯特的《小夜曲》。

"我的歌声穿过深夜，向你轻轻飞去……"

杨骚坐在沙发上，小提琴扔在一旁。他喝着酒，哭了起来。没有人劝阻他，其实劝也劝阻不了。

这是一个令人备受煎熬的夜晚。

杨骚回到上海。琴如也回到上海。

在上海，杨骚和璧如替中华函授学校编撰了初、中、高级的日语课本，一共有30册。璧如对文学有浓厚的兴趣，杨骚还带他拜见了鲁迅。他和璧如、琴如又没有拘束地来往了。琴如才刚刚懂事的女儿，也知道二舅（璧如）有一个会拉提琴的好朋友。

白薇曾一度在南京一家叫交通部职工子女小学当校长，来往于沪宁之间。她发现了杨骚一向不收拾的、邋遢的房间，出现了花瓶，还插着鲜花，凭女性的敏感她还闻到了隐约的香水味，一时大惑不解，但很快就明白了是怎么一回事，她认定这是琴如的杰作。

白薇无法容忍。她克制不住自己。

她上了门，来到凌家在苏州的住宅。她想同琴如平心静气地谈谈，但一开场，火就窜上脑门。坦然的琴如慢条斯理。同是东京的同学和密友，互吐衷曲未尝不可。但白薇就是白薇，她嗓门越来越高，后来指着琴如愤愤地叫道：

"我恨死你了。"

琴如的小妹妹站在客厅门边，她搞不清楚两个都很疼爱自己的大姐姐，怎么就大声嚷嚷起来。如果像从前一样画画、弹琴、唱歌，有多好。生活啊生活，大概这就是生活。

白薇同璧如也时有交往。一回，她和璧如坐着谈话，起初还说说笑笑，小妹妹琯如在一旁沏茶。后来谈着谈着，不觉讲到了琴如。璧如温和地谈着琴如的什么事。白薇勃然大怒。她的脸扭曲了，成了另一副模样，很可怕，好像要将璧如撕得粉碎一样。她大声嚷着：

"我最恨你妹妹，杨骚心中总有她。"

琯如坐在一边，不敢作声。但是这一幕给她留下了很深的印象。

这个感情的旋涡似乎不愿意消逝。心绪烦乱的白薇写了一封不曾寄出的长信，信中出现三个人物：我、红、展。这三个人分别鲜明地打上了白薇、琴如、杨骚的印记。这封信是"我"写给"红"的。全信如下：

想起早年的友情，仿佛你我底灵魂，还活在亲密的拥抱里。我们那天然纯洁的感情，给波涛翻弄的人生冲到哪里去了？

醉梦醒来心灵清，波涛绝不至翻弄人生到尽头，从往日诚挚的情感，我们还该求得相当的认识。你爱好爱美的心性，勤劳有规律的生活，振作向上的精神，这些，我始终都喜欢，始终敬爱你的。唯其你有这些优点，我觉得你尽可以还和展做好朋友，甚至还可以相爱下去。

现在我心上不遮一片薄云，不杂一粒尘滓，心境如水晶，赤诚的血在滚着，对你说的都是极坦白的话，望你平心听取、接受！

我和展最初就不该爱起来：因为我总不像是他底对手；也许因为他始终太爱你，又不能排遣我，所以势必演成这样的悲剧。自从你丢他以后、我爱他以来，我们的悲剧是怎样演得惊天动地地热闹！闹得大家烦恼，我供牺牲，我底身体、前途，统统送给这出悲剧了！

但我现在并不是来算旧账，我早已突破了这出悲剧的范围，一个新的感觉来袭，新的感觉迫我不得不向你说几句话：

我和展的爱仅仅是昙花一现，统统不到一月的明媚风光，这，你大概知道吧？我和他断绝爱的关系已经四年了，这，你也知道吧？现在我们只是友谊的继续，永远不会再爱起来，这点，恐怕你不知道。然而这是我钢一般的决心，铁一般的事实，钢铁的事实终究会证明给你看。

这一来，展的悲哀、寂寞，你可想得到？虽然失掉我，在他底爱史上并不重要，但他失掉了你，又失掉我，还失掉了他所爱的一切女性，你该知道他是够难受的了。他怎样悲哀，感到人生的无谓，我了解他几分，你该比我更了解，因为这世上，你是他唯一爱的人。

十多年来，从你和他四次的恋爱中，从无限的风涛巨浪里，任何蠢子，也知道你和展，是有着怎样相爱不可分离的力量，那力量永远像一条铁链，把你俩缚得紧紧地。所以使你们分离的原因，就为着你和另一位爱人结了婚。

假若你最初就信任我这个参谋的话，听我底劝告去做决定爱展，选定展是你献身的对象，那你和展是天生的一对情侣，美满快乐叫人羡慕煞！而我就根本不会认识展，纵能遇见，也决不会和他陷到爱海去，悲剧即无从产生，你我仍然是亲密到要拥抱的好友。

偏偏你火急火急，一面去结婚解决物质上的舒服；一面又拼命吸引着展，始终要他供给你精神上的养料。由是展颠倒疯狂，失意堕落，再颠狂于旧恋与新意之间，竟使我做了这悲恋的祭礼！现在我处在牺牲品的地位，不暇哀自己的运命，只觉得展这样孤凄，寂寞，失意，对万事都感觉虚无，实在太可怜！他的可怜又不是别人能安慰能救治的，安慰他救他的，仿佛世上只有你。

红，望心平如静海，气静能听到灵魂深处的心声，听我坦白诚意的恳求！你能把展从虚无失意的深渊救出来，叫他勇敢坚决地走向光明的大道吗？换句话说，你能不顾一切，真正地爱他吗？他非在热烘烘的爱情里，就没有活气，死沉沉不想做人似的，而他真正的爱情，也只有你，而且除了你，什么女人都不能使他真正开心。这一切的神秘，和他一切的恋爱的失败都证明唯有你和他，是天生成的一对。无论人事怎样变化，风浪怎样险恶，到头他还是最爱你，非你不快，非你不乐。你也一样，终身最爱的只有他。

　　我也听到你的结婚，越来越感不满，你有抛弃家庭，去和展去跳海的决心。果然是这样，我愿你掉转头来想一想，与其抱着从一而终的礼教的旧观念去死，不如挺身做崭新的女子，彻底和展爱起来，勇敢地走向生路和光明的大路去！

　　只有这样才是红的新生，才是展底爱情有了最好的寄托处，我来预祝你俩的爱情万岁！

　　要有奋斗的人生，才有光明的前途。一切望你自己想想，也许你实际的生活，和我粗浅的观察不一样。总之，我是出于爱展，希望他能够得到最好的结果；我也还和往日那样爱你，觉得这出爱情的戏，是应该这样演的。这样，才能在暴风雨的高潮后，晴朗的彼岸，得开出一枝艳丽和平的花。我决不因自己的情场失败，就不希望我所爱的人去开花。反之，我热切地盼望这有力的花能够鲜艳芬芳地早些开！（白薇自传体长篇小说《悲剧生涯》摘）

　　白薇在这封信中，坦率地叙述了自己真实而矛盾的心理活动。

　　她也将这个念头对杨骚说了。她说："本来我是不劝谁去夺别人底配偶的，我自己底主张也不去爱有妻子的男人，不过她是你的初恋，你们又都有了行动。我底主张只是索性一面无情地把僵局打开，一面勇敢地去巩固幸福。"

　　杨骚却回答道："不要说了。一个女人有了孩子，母性的爱是要战胜一切的爱的。她现在的母性爱，已经够给她安慰了，何况还有爱她的丈夫。"（白薇自传体长篇小说《悲剧生涯》摘）

　　这是无法回避的现状。几乎处在感情旋涡中心的杨骚，想自拔又难以自拔。

　　他将满腔苦恼倾于情诗。其中有一首这样写道：

飞在缥缈的天上她之灵，/投入猥杂的人间我之心。/绮
丽的彩虹望我画情热，/我对乖巧的小姑弄弦琴。/

琴，你爱之牺牲！/急调弹绝铜弦短，/狂歌唱破儿女心，/
还叮咛，叮咛，咛……/

风声雨声枭啼声，/天地惊动我惊醒，/撩乱淫霾的黑雾
飞开，/我瞧到高空一颗星。/

星在我的头上照临，/我跪在地面祷星星："你闪耀的
夜明珠哟，/落下，落下压碎我身！"/

忧郁的寒云劫她飞躲，/闪光从我眼前走过。/啊，星星，
美丽的星星，/何时许我重见清影！？

这首意象零乱、情绪破碎的情诗，吻合杨骚此时内心的矛盾。这
首诗叫《断琴哀星》，这个诗名不知有没有什么暗示？真是断不了的
琴，哀不完的星。

这首诗收入了他的诗集《春的感伤》，1933年9月由开明书店出版。

在杨骚情感的心路历程上，这是一段难熬的折磨，是一段漫长的、
春的感伤。一直到1936年8月，琴如同先生启程前往伦敦。

四、上海——昨夜

　　杨骚和白薇的关系是一幅难写的长卷，他们时而烈如火，时而冷如霜；时而波峰，时而浪谷。最终归于平静，他们分手了。当然，这只是表面上的平静，他们心底深处的潜流还会泛起，后面断断续续会写到。

"左联"青年作家合影。前排左起：白薇、杜谈、王梦野。后排左起：艾芜、沙汀、杨骚。摄于20世纪30年代。

　　我有一个堂姑，她曾同我谈起过堂兄（杨骚）的印象。那是很久以前的事情，她还是个小女孩，她称杨骚为古锡兄。有一年，堂兄从外地回到漳州，说是从上海来的。上海是个很远很神秘的地方，从那里来的人大概很特别，于是她很留意地观察这个堂兄，但很快就失望了。他戴着一副普通的眼镜，穿着一身旧的西装，说着一口地道的漳州话，很和气，如果他不穿西服，同漳州普通的读书人没什么两样。他晚上通常坐在桌前，就着昏亮的煤油灯，看啊写啊。堂姑同婶婶（杨骚的母亲）睡在一张竹床上，堂兄的影子被油灯映在墙上，显得很大。堂姑常常看着看着，就睡去了。一觉醒来，古锡兄桌前的煤油灯还亮着。一天，她看到他在房间里哭了，哭得很伤心，婶婶坐在椅子上，一脸愁容。她觉得很奇怪，怎么大人还会哭，在她的眼中，堂兄已经是大人了。她悄悄地走开，后来悄悄地问其他的大人，才知道堂兄有一个女朋友在上海，来信说病得很厉害，叫他赶快回去。但是堂兄已经很多年没回家了，这次才回来没有几天，婶婶舍不得让他走。堂兄着急，就哭了。堂姑年纪还小，不懂得大人们之间的奥秘，还是不理解堂兄为什么要哭。后来她知道这个女朋友叫白薇。几天后，古锡兄就走了。

堂姑是个虔诚的基督教徒，她对我说这些的时候，满脸安详与平静，倒真使我在这一刻感到杨骚和白薇的故事如此令人迷惑，仿佛是另一个星球的事。

堂姑说的在《昨夜》里得到印证，这是1929年2月的事。杨骚没能及时回去，给白薇写了一信，信中说："天来的霹雳，昨天接到上海元（林惠元）来的电报，说'素危速来。'啊！你病危么？你晓得，我现在是如何地保重你，你如果一旦有差池叫我怎样生下去呢！？你不晓得罢？我看到你危的电报，倒伏在母亲身边苦泣痛心流泪，使我母亲惊得以为我是被人欺负被人打了或是酒醉哦！……着急了一晚上，和母亲说了若干苦情，终于母亲忍泪含痛肯让我到上海看你了，但条件是最慢一个月须再回家。素！什么条件我都答应她的，我只一心一意着急看你去，我恨人类的文明还差得远，不能任何地都可以随时有飞机坐！……今天早起，或因夜来的思痛罢，每回咳嗽每回都觉得右肺部隐隐作痛。但亲爱的素！我死也想赶来看你的哦！多方奔走，多方设法，得了一百块钱的旅费，于午前十二时从漳州出发了，一路的愁思，一路的惊心战胆，一路的山光水色皆泪痕，一路的人声物影都愁闷，素呀，至下午四点半钟才和我的侗弟到厦门来了……马上去问船，但失望！无船哟！要等下星期四才有船哟！今天十五号，要等到廿一号才有船开哟！啊！我咒诅中国的文化落伍，交通不便！……我已打两电给惠元，头一张说'即往'，第二张问实情，想我在写这信的时候，你已接到电报了，望你速复。……"这封信是在厦门华南旅舍写的。

一周后，杨骚回到上海。

90年代初的一天，有一个老人来我做事的闽南日报社找我，自称姓杨，已84岁，认识杨骚，找我只是想同我聊聊天。原来他40年代曾在新加坡教书，和杨骚的大弟杨维雄在同一个学校。他还拿出几张与维雄的合影给我看。杨骚在沦陷岁月的漂泊生活中，也在这个学校住过，就和这个老人住在一起。杨骚同他谈天时，谈过白薇的事。说有一回他在漳州，白薇要他回上海，他没能及时回。后来回去时带了一些漳州的柑橘，她还在生气，将柑橘都扔掉了。这件事大概给杨骚印象很深，他满腔的关怀让冷水浇了，心凉了半截。杨骚在上海只回过漳州两次，老人说的应是上面买不到船票的那次。老人还说，有一年的冬天，杨骚和白薇在房里谈话，谈着谈着就谈翻了，白薇哄杨骚出去，将门关上，杨只穿着单薄的衣服，叫她开门将杨的外衣拿出来，结果门始终关着，杨骚只好在寒冷中跑步回去，跑步可以暖身。

这两件小事也许算不得什么，但从这两个细节中似乎可以看出白薇性格里的某些东西。

白薇在上海还兼着中国公学、文化中学等几个学校的课程，杨骚也兼过暨南大学的日文课，他们的住地时分时合，几度变迁。但是他们的联系十分频繁，十分密切，争吵也从未间断。

漳州进步青年蔡大燮经林惠元介绍，1931年到上海找杨骚，杨骚介绍他到上海公学读书。次年"一·二八"事变爆发，日本侵略军在上海发动进攻，蔡大燮从吴淞跑回市区，在一家漳州人出资办的书局——南强书局找到杨骚。因杨骚住的地方是日本租界，他们两人就一起到静安区白薇那里住了40多天。新中国成立后，蔡大燮曾任福建省文化厅副厅长，晚年的蔡大燮对我说："杨骚同白薇经常吵架，白薇性子很烈，杨骚温顺，吵完后，杨骚就苦笑着对我说，没有办法。"

80年代初，我拜访了厦门大学外文系主任林疑今，他是林语堂二哥林玉霖的儿子，30年代同他的父母都在上海，住在三义坊二十号。他对我说："有几次深夜，杨骚来敲门，原来同白薇吵架，我们只好劝劝，让他在厅里睡觉。"

作为同是他们两人好朋友的凌璧如，在他们不和睦时，也好言相解，仅此而已，他无法替代他们中的任何一个人。

凌琯如则说："他们在一起，白薇好的时候是好得不得了，但变脸也快。杨骚有甜蜜的时候，但我看更多的是痛苦。"

　　沙汀同杨骚和白薇也很熟悉。他对白薇持有自己的看法。他说："杨骚与白薇的关系问题，三四十年代就有很多流言蜚语，内容是完全不符合事实的。"

　　1933年8月，南强书局出版了杨骚和白薇的书信集《昨夜》。出版这本书，他们经过了长时间的犹豫，直到书局预支的钱也用了，还在犹豫之中。这很近情理。这本书的出版，像白薇说的是"出卖情书"。人都有自己的隐私，情书的出卖，无异于将自己唯有的隐私大白于天下，这不是一桩令人愉快的事情。但白薇和杨骚都在病房里，他们需要钱，这是令人很无奈的事。此外，这种书的出版，大抵也意味着他们的关系将画上句号。事实上也确是如此。

　　这本书的出版，几乎是给有兴趣研究杨骚和白薇的学者提供了第一手资料。只是书中诸多用英文字母代替被隐去的人名尚有待考究。几十年以后，《昨夜》又被作为中国现代小品经典重版，大概缘于其中的文笔，以及文中热力逼人的感情。2016年1月，中国文史出版社出版了杨骚的散文集《脸孔》，并将其列为民国美文典藏文库之"杨骚卷"，将《昨夜》中的杨骚给白薇的信悉数收入其中。他俩大概没有想到，这些披肝沥胆的情书竟然成了美文经典传了下来。

　　还是看看书里的局中人是怎么说的吧。

　　在《昨夜》里，白薇写有一首"序诗"，全诗如下：

　　　　辛克莱在他《屠场》里借马利亚底口说：
　　　　"人到穷苦无法时，甚么东西都会卖。"
　　　　这话说明了我们底书信《昨夜》出卖的由来。

　　　　一些过去的思想过去的生活和悲泪，
　　　　一些灵爱的高峰畸形的热恋的苦痛，
　　　　又一些惨变的玩弄人生在刀尖上断肠的事实……

　　　　这些，都用叛逆的觉悟的利刀割死了，
　　　　这些，都用柔的情冷的叹诚的泪埋葬了，

这些，都随着大病的病死的心绪被忘记了！

像忘记了前世的人生将忘记这一切，
割断了的情爱虽用接木法也不能接，
过去的一切如幻影，一切已消灭。

然而，
这一切，确是支配了我整个白热的青春！
这一切，确是使我详细地体验了一面的人生！
这一切，又确是把我整个的情热生命全断送了！

如今，我是"为甚么还不死"的废人，
如今，是惨的病重的债累我不敢呻吟，
如今，我空寂的胸中，葬着一颗长恨的心！

我不该有真的情热的恋：
爱人不给我融和的绿园，反给我死的铁链。
我们稀有的欢乐呵，只是昙花一现，一现！

我不该有向上前进的野念：
恋把欲飞的心儿毁了，徒添无限悲叹。
满怀如烧的热血哟，和泪烧成了灰炭！

我不甘不甘于这样的毁灭：
我挣扎挣扎到脉搏最后的停息。
但惨痛的病呵，无时无刻肯和我暂别！

我不能和淫威虚伪相妥协：
旧社会新社会的人心一样的险黑。
我重重失意的傻瓜废人哟，想活活不得！

病和穷和愁如娇妻爱婿将我苦缠绵，
我像黑狱里的囚犯一样悲惨！
我想把这些书信做小说材料写出来换钱。

把这些书信改作小说，我曾这样想：
写出我巨大创伤，深刻的凄凉，
写出我真情的惨败，现经济机构下的迫我死亡。

奈何我总跳不出病魔迫袭的铁锤以外，
惨澹的生活使我身心萎尽，创作不出来，
我变成了咽泣饮泪的哑巴，呆看别人跑得快。

一·二八的炮声轰炸了上海，
剧病后的我，只剩一架残骸。
轰炸声中被烧又挨饿，决心把情书出卖。

出卖情书，极端无聊辛酸，
和《屠场》里的强健勇敢奋斗的马利亚，
为着穷困极点去卖春一样的无聊辛酸！

　　这里全文录下白薇的"序诗"，因为它不仅真实地写出了白薇的心境，也在相当程度上表达了杨骚的心境。
　　《昨夜》还有杨骚写的"序"。他在"序"中说：

　　我们的恋爱算是早完了，但现在还维持着比一般的挚友更深切的友情。这是我，同时也是她引以为最安慰的一点。我们以后，是打算根据这点特别亲切友情，互相扶助走下去的，向有阳光的前途。我们再也不会提起过去错误的事实来自怨自艾，自暴自弃，悲观永年。不错，'昨夜'，我们的恋爱真如'昨夜'的恶梦啊！或许这'昨夜'还未完全过去，恶梦还在继续也未可知，然而，近黎明不远了吧？如今是夏季的一个下半夜的四点光景，她在病床上苦着伤寒病的发热，我在病房的窗前写这《昨夜》的序文；但再过半点钟，天就发亮了，那时，将拂开沉闷的夜阴，拂开令人流大汗的吓人的许多恶梦，爽凉的晓风会在她的枕边唱诗，渐强的黎明会使我投下烦恼的笔，她和我都要从这可怕的病房逃出来的。'昨夜'，再会吧！

白薇的诗写于1933年6月15日夜。杨骚的序写于同年8月2日黎明前，写于上海红十字会第23号病房中。在这沉重的夏夜，他们分别向世人表明了他们之间恋爱关系的终结。

按他们的性格逻辑，他们迟早会分手。这一天，就这样平静地来到了。

在原版的《昨夜》中，附着杨骚和白薇合影。白薇坐着，杨骚站在后面。既然分手了，又要将亲密时的照片公之于众，大概就是要表明他们会比一般的朋友保持更深挚的关系。

照片背面，有杨骚写的短诗：

流的云，
奔的水，
多少峰恋飞，
多少浪花碎，
多少风的叹息多少雨的泪，
多少地火飞迸多少天星坠，
到如今呵，到如今才得
梦入春江花影醉。

短诗是杨骚的亲笔墨迹，诗末写着：维题1929.2.19。短诗表达的情致不是花前月下，不是行云流水，而是激烈和不安，不知道这是不是一种预兆。

然而，这些都将成为过去。

穷困和多病的白薇一直为妇女界的朋友所关注。1937年4月，鸥查、董竹君、王莹、郁风、蒋逸霄、沈兹九、吴佩兰、吴似鸿、陈圭如、寄洪、王季愚、陈维姜、蓝苹、杜君慧、罗肖、李兰、夏国琼、陈波儿、关露等人发起募捐，为白薇募集了一笔钱，同年初夏她被送往北平治病。朋友关心她，她也关心朋友。临行前，导演章泯的夫人萧昆因丈夫同蓝苹好上而出走，住到白薇家，白薇还准备给他们三人调解，但没有成功。

杨骚的感情生活一波多折，诸多磨难，但令人不解的是，他的创作仍然源源不断，他出过22本书，绝大部分是在上海问世的；他的大量文学作品，也绝大部分是在这期间写成的。

难道痛苦的爱情，也有着如此不可思议的力量？

五、他唱出《乡曲》

　　杨骚毕竟是个热血青年，个人情感不是他的全部情感，爱情生活不是他的全部生活。他少年时代对弱者的同情，日本留学时与进步文学的接触，在新加坡同底层百姓的交往，到上海后鲁迅先生的教诲，无产阶级革命文学的兴起，对社会种种丑恶现象的不满，这一切，使他拿起笔来，把它当作投枪和匕首，走进向旧世界宣战的行列。

　　他的宣言在他创作的诗歌中。在《把梦拂开》（见1928年6月20日《奔流》第一卷第一期）里，他这样写，"赤着膊，/挺着胸，/光着腿登上望台！/""那儿我们的兄弟在！/我们的兄弟在，在，/在呐喊击杀，/在流血成海！/"他这样下决心，"泪水让后生替我们流，/悲叹让先生悲叹了来，/如今血路须我们自家开！/莫睬，一切莫睬，/我们现在，我们生现在，/当负这苦痛充满的地球重载！"他预言道，"时与空与我们将换个新的世界！/时与空与我们将换个美的世界！"

　　他的抗争在他创作的诗歌中。他写了《黎明之前》（见1928年11月5日《语丝》第四卷第四十三期），"昨晚连夜睡不得，/眼前如乌云浓墨；/胸中心儿暗黑，/心上血儿压迫。/啊！黑，漆黑！/把宇宙的空儿满塞！/我唱歌，无板拍；/我绘画，无颜色"。/"太阳的舌头刚伸出，/何方来的盗云窃雾，/偷劫了光辉的明眸，/把天地的窗门围住！/……我心苦，跳出门外高呼，/苍天啊，雨下如注！……漏呀，天，漏下天上的阴星！/流呀，地，流去地上的死人！/让这个天地洗一回干净，/让这个天地再一回新生。/"

　　此时，1927年的"四一二"大屠杀血腥味犹未散尽，国民党统治区里弥漫着白色恐怖，写出这样的诗句，是要有些勇气的。

1934年开明书店会后留影。二排左五杨骚、左四巴金，三排右三林语堂，后排左一叶圣陶、左四胡愈之、左五茅盾、左八夏衍。

杨骚以一个斗士的姿态，以他倾向日渐鲜明的作品，活跃在上海文坛。

1930年2月，他翻译了日本作家守田有秋的《世界革命妇女列传》，由北新书局出版。书中有俄国、英国、法国、意大利、德国等国家的15个革命妇女传记，包括列宁的夫人克鲁普斯卡娅和折特金（蔡特金）。1931年9月，这本书被列入国民党政府颁布查禁的228种书刊目录，因为此书"内含共产主义色彩"。

杨骚在书中写了《译者的几句话》，他说："当此革命神受难，小百姓遭殃，而有产阶级横行，丘八老爷跋扈的时候，这本译书如能够给予读者一点什么刺激或暗示，则是译者的望外的欢慰了。……

"译者写到此，不知怎地总有两句话非喊出来不可的欲求，就是：

世界革命妇女万岁！

中国妇女革命——也万岁万万岁！！"

杨骚是在1929年6月30日夜里，"蚊子咬人的时候"写下这篇短文的。他可能没有想到，半年多以后，一个在中国现代文学史上有着重大影响的作家组织诞生了。这就是"左联"。

1930年3月2日下午，在上海窦乐安路233号（今多伦路201弄2号）三层楼的花园洋房，中华艺术大学二楼教室里，成立了中国左翼作家联盟。左联的成立，标志着中国革命文学进入了一个新阶段。

杨骚成了"左联"最早的成员。

他对同是"左联"成员的白薇说：

"我要在群众之中找点热气，取点暖昧。"

"时代已经不是浪漫好玩的时代，人心当然要受着影响，

我相信这不是我的衰老，而是我更进一步知解人生和创造人
生的开始。"

"（我们）一无胆量做土匪抢钱，二无婢颜奴膝的本能
做官，三无狡猾的本能做商人，当然是要穷的，再无祖宗遗
下什么大财产。最后留给我们的一条路，便是实际革命去。"
（均见《昨夜》）

　　杨骚加入"左联"后，成为创作委员会的成员，亦是小说散文组
的成员，这个组有沙汀、欧阳山、草明、艾芜、杨刚、杨潮（羊枣）、
叶紫等，他还是诗歌组成员，这个组有穆木天、任钧、蒲风、柳倩、
关露、白曙、杜谈等，他是这个组的负责人之一。

　　他同"左联"许多作家都成了好朋友。

　　那时欧阳山和草明刚到上海不久，有段时间同杨骚、白薇同租一
所房子。白薇住在楼上，杨骚住在楼下，欧阳山住在阁楼。他很关照
小妹妹般的草明，在她经济上陷入窘迫时，曾向她及时伸出援助的手。
后来，草明被捕，他和"左联"的其他朋友倾囊倾力相救。他同欧阳山、
草明编过一种叫《作品》的杂志，他筹款和联系出版，一起组稿编稿，
那时做这些事情都是单线联系。

　　经欧阳山介绍，杨骚认识了沙汀。半个多世纪后，沙汀回忆说：
"他（杨骚）瘦长，眼睛大而灵活，神态庄重，可是令人感到和气、亲
切、乐于接近，有时还喜欢讲点笑话。"他们经常聚在钟善路欧阳山
的家里开会，如果杨潮有来，大都要捎上一瓶泸州大曲，大家一道小
酌几杯，这些人对酒都很有点感情。后来虽几经搬迁，他们仍时常在
一起。为了深入生活，沙汀曾跟杨骚去看昔日上海工部局一位高等法
官如何在做买卖。1935年年底，沙汀回四川处理母亲的丧事，托杨骚
照顾他住在恒平里的爱人黄玉颀和孩子。沙汀还记得杨骚胃很不好，
一度少写东西，"但在1936年两个口号论争中，他却振奋起来，开始
写作论文。完全出于一时激情，没有谁鼓动他。但凡认为义之所在的
事，他一贯都是这样。他是拥护'国防文学'这一口号的，和我都是
《文学界》的编委，欧阳山却是拥护'民族革命战争的大众文学'的。

尽管时有争论，但这并不妨碍我们之间的关系，彼此照常来往，兴致来了，也照常喝一两杯。为了口号问题论争，他还曾经约巴人跟我一道辩论过一次，企图说服对方。因为巴人是赞成民族革命战争的大众文学这一口号的，而由此也可以看出他的热情不如外表那样稳重。"编辑《文学界》杂志的左翼作家还有戴平万、陈荒煤、徐懋庸、邱韵铎等。

　　他同丁玲、周扬、周立波、艾芜、冯乃超、胡风与梅志夫妇关系也很好。

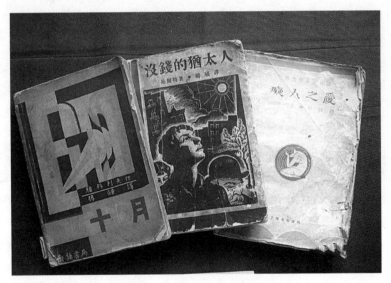

杨骚部分译著

　　杨骚很爱小提琴，没忘了在难得的空闲时拉它几下，后来小提琴被冯乃超借走了，这把小提琴再也没有回来。几十年后，杨骚早已淡忘了许多世事，却还记得这件小事。周立波在翻译肖洛霍夫的长篇小说《被开垦的处女地》时，曾一度离开上海回乡奔丧，为不致延误出版，他托杨骚接着翻译下去，直到他回沪才又续上。因此，《被开垦的处女地》有一段文字是杨骚的译笔。周扬曾带杨骚去泉漳中学作过一次演讲，这也许是他的第一回演讲，可能没有准备，匆促上阵，结果开讲不久就说不下去了，周扬在一旁干着急，最后草草下台。杨骚后来忆及此事，笑说自己当时一定"脸红耳赤"。在同朋友往来中，杨骚曾给梅志起了个别号叫"冰激凌"，因为梅志长得好看，象征派诗人李金发说过看一篇好作品，像眼睛吃了冰激凌一样。这些逸事，铺衍开来可能都很生动。

当时文坛上的一些人事纷争，似乎对杨骚影响不大，这大约同他与人为善的温厚性情有关。

杨骚投入了左翼文艺运动中，也经历了考验。

1931年2月7日，左翼作家李伟森、柔石、胡也频、殷夫、冯铿在上海龙华国民党淞沪警备司令部惨遭杀害。一时，白色恐怖笼罩了整个文坛。半个世纪后，丁玲回忆说："柔石、胡也频等牺牲后，左联的人已经不多了"，然后她开了一列十几个仍在战斗的左联成员的名单，其中就有杨骚。他贴标语，发传单，俨如一名机警的地下工作者。他以自己的行动表达继续斗争下去的决心。

"九一八"事变后，全国掀起反帝抗日的浪潮。12月19日，上海文化界反帝抗日联盟在四川路青年会举行成立大会，杨骚是这个联盟26个发起人之一，发起人有胡愈之、傅东华、周建人、丁玲、夏丏尊、郁达夫等。联盟提出的任务是"团结全国文化界，作反帝抗日之文化的运动及联络国际反帝组织"。

1932年1月17日，中国著作者协会成立，杨骚是25个发起人之一，发起人有冯雪峰、楼适夷、郑伯奇、王礼锡、丁玲、陈望道等。协会的纲领是："一、争取言论、出版、集会、结社之绝对自由；二、反对一切对于著作者的压迫；三、提高著作者的一切工作报酬；四、反对帝国主义文化、封建文化，以及文化上的'法西斯蒂'政策，以集团的力量促进文化事业的发展。"

就在这一天，上海民众反日救国联合会在南市公共体育场召开全市民众大会，左翼文化团体也组织成员参加了，会后举行示威游行，杨骚和楼适夷举着用剧团联合会名义写的横幅，走在游行队伍前面。这是一次同仇敌忾、斗志昂扬的游行，队伍一路高呼口号，行进到上海市政府门前，国民党派出大批军警，在墙上架起机关枪，示威的人们没有退却，要求释放被拘捕的带传单的到会群众，傍晚，市政府才不得不答应了要求。许多年以后，丁玲对杨骚和楼适夷举着旗帜的勇敢行动记忆犹新，多次提及。

1月28日，日本侵略军的海军陆战队进攻闸北，十九路军奋起抗战。杨骚参加了上海各界慰问团，到宝山路一带慰问十九路军。当时，日本人成了许多人痛恨的对象。有一天，杨骚在街上走，不知为何被后面一个中国士兵认为是日本人，这个充满民族义愤的中国军人持着武器，跟踪杨骚，看那副模样是准备伺机下手。走到虹口时，碰巧一家姓黄的小弟弟认识杨骚，他大声叫了一下"杨叔叔"，这个中国士兵才知道认错了人，避免了一场流血误会。一家小报就此事发了一条社会新闻，标题是"一声杨叔叔，救了命一条"。杨骚命大，避过了一劫。

作为作家的杨骚，没有忘记创作是自己的主要任务。《小兄弟的歌》是他这时期写的一首有代表性的诗。全诗如下：

一前夜

狗在吠，匪！匪！匪匪匪！
发脾气的云在天上堆，
月在战栗，星在流泪⋯⋯

妈妈说：怕明天风雨大，
会把我们的屋顶打碎；
爸爸说：管它七代妈的，
这破屋只好给它摧毁；
哥哥笑，他说：对了啊，
我们重建一座干脆！

狗在吠，匪，匪，匪匪匪！

怒冲冲的云在天上飞，
月在奔走，星在追随……

本来到九点钟我就想睡了，
但今晚是这样的又脸红又心跳。
我想：明天的风雨要什么紧呢，
横直这些破家伙我们早就不要，
怕的是那些金镶银绣的衣服，
只是那些软的靴和懒惰的手表。

哦，狗总在吠，匪，匪匪匪！

云已吞没了天的整个，
月已跌落，星已隐躲……
我今晚怎样也睡不着，
我想见明早的天陷地落。
我喜欢那毁坏这个天地的狂暴，
因为这个天地是惨酷的，我憎恶。
来罢，哥哥，这碗红茶给你喝，
准备我们明天在暴风雨中唱歌。

二 暴风雨

呼呼呼——大树倒，房子在摇动，
妈妈说：是盘古以来所没有的暴风。
哒哒哒——树叶落，屋顶穿了洞，
爸爸说：好像石块掉落从天空。
但哥哥说：那里，那是云的怒吼，

是云的子弹，云的机关枪队在冲锋。
我跟哥哥跑了出去，
暴风吹开我们勇敢的外衣。

啊，这是怎样愉快的一阵暴风雨！

咆哮，冲锋，飞沫，大浪；
是雷，雷，风的愤怒和云的骚动；
呼喊，乱冲，狼嚎，狗叫；
是这个天地最后的挣扎和无能的抵抗。
显然，新的天地在苦斗的开辟中，
显然，这个天地在总的崩溃中。

我跟哥哥冲了上去，
大雨洒落我们胸中的恶气

啊，这是怎样痛苦的一阵暴风雨！

和云的团和雨的阵联合在一起
我，哥哥，还有许许多多的兄弟。
凶猛阴险的虎狼在我们的面前死灭，
乱咬乱吠的走狗从我们的面前逃避。
但我的哥哥和几位兄弟被这畜生咬倒了，
红的血在他们的身上淋漓，滴滴。

我跪在哥哥的身边，唤他不起，
他脸上现出希望的微笑，于是断了气。

啊，这是怎样悲痛的一阵暴风雨！

啊，这是怎样悲痛的一阵暴风雨，

但这是怎样有意义的一阵暴风雨！

现在洋楼酒馆钱庄银楼全都毁灭，

整千整万的死尸被暴涨的洪水飘了去；

那尽是苍白，朽旧，残酷，而淫荡恶毒的。

现在是，对你说，哥哥和许多的兄弟，

现在是，现在是你们应该欢喜。

因为太阳已从糊模的地平线升起，

红的光赶走了一切的黑暗和阴霾。

你们虽然死了，但你们勇敢的牺牲，

将建设起来我们就是你们的新天地，

你们虽然死了，虽然还要多大的苦斗，

但还有我，有无数和你们一样的，

勇敢耐劳的活着的兄弟！

　　这首诗于1932年8月21日写完，发表在同年11月15日《文学月报》第一卷第四期。这首诗充满激情地、鲜明地表达了摧毁旧世界的决心。几十年后，艾芜谈到杨骚的作品时，首先想到的就是这首诗。

　　当时诗坛上有新月派的诗，有现代派的诗，杨骚和他的诗友们觉得应当提倡大众化的、通俗的、革命的诗。经过一段时间的酝酿，9月，他和穆木天、森堡（任钧）、蒲风、白曙、杜谈（窦隐夫）等人发起组织了中国诗歌会。中国诗歌会在上海福州路和山东路口的麦家圈教堂成立，选举了9名执委，执委会又选出4名常委，分别负责研究、总务、组织和宣传，他们是穆木天、蒲风、森堡和杨骚。

　　中国诗歌会是"左联"属下的一个群众诗歌团体，诗人们在《缘起》中说："在次殖民地的中国，一切都浴在急雨狂风里，许许多多的诗歌材料，正赖我们去摄取，去表现。但是，中国的诗坛还是这么的沉寂；一般人在闹着洋化，一般人又还只是沉醉在风花雪月里。"他们要探索诗歌大众化的路子，要推动和发展革命的诗歌运动。他们取得了很大的成功。河北、北平、青岛、广州、湖州、甚至东京，都成立了中国诗歌会的分会。次年2月，还创办了中国诗歌会机关刊物——《新诗歌》。

任钧说："作为发起人之一，杨骚在'中国诗歌会'成立前做了许多工作；正式成立后，又积极参加各项活动。当时该会时常召开有关诗歌理论问题的讨论会或学习会，杨骚很感兴趣，总是抽空出席，踊跃发言。

"1933年年初，中国诗歌会的机关刊物《新诗歌》创刊了，杨骚更是不辞辛苦地热心参加组稿、看稿以及编辑等工作，还经常给它写稿。"

杨骚部分著译

　　《新诗歌》杂志没有固定的办公地点，第一卷的第一至四期通讯处是"上海大厦大学宋寒衣君转"，宋寒衣当时还在读书，也是"左联"成员。第四期起是"上海赫德路新闸路侨光中学钟亦飞"。第二卷第三期起是"上海真茹暨南大学龚素兰女士"，即白曙。这份杂志由上海华丰印刷铸字所印刷，上海现代书局发行，发行范围有广州、北平、南京、重庆、汕头、厦门、福州、济南、九江、成都、汉口、开封、贵阳、洛阳、徐州、郑州等地。

　　中国诗歌会成立后，在中国公学等地开过大会。杨骚还帮助蒲风编选他的第一部诗集《茫茫夜》，介绍高云览加入"左联"和中国诗歌会。

　　中国诗歌会在中国诗坛上，形成了一个新的流派。

　　国民党中央宣传委员会在1934年3月的《文艺宣传会议录》（见《中国现代文艺资料丛刊》第五辑，上海文艺出版社1980年12月版）中写道，"'中国诗歌会'是在红色影响下的一个团体，主持人是有名的左翼作家穆木天，会员有杨骚、森堡等"。台北成文出版社1980年6月出版了《北伐前后的新诗作家和作品》一书，书中的"杨骚"条目说，中国诗歌会是"当年共产党的外围组织"，他们的诗人"在中国文坛上所造成的不安，却非常大"。

　　杨骚实践着中国诗歌会的主张，他的诗风有了很大的转变。他沿着自己的创作道路继续走。

　　除了创作外，他还尝试着办出版社和杂志。经过筹划，1934年3月，他办起了思潮出版社，出了一本托尔斯泰的书和林焕平翻译的《苏联新教育概观》，同年6月，出版创刊号的《作品》月刊。《作品》由龙贡公（欧阳山）、杨骚合编，开设的栏目有文艺理论、创作小说、翻译作品、戏剧、散文等。创刊号刊有野容的《文学的个人与社会》，秀湖的《基本的大众文学理论》，冰山（彭柏山）的小说《崖边》，张天翼的小说《欢迎者》，法兑耶夫著、古琴译的《外交谈判》，洼川稻子著、绀弩（聂绀弩）译的《决心》，张坤的剧本《雪中行商》，杨骚的《去吧，春之感伤》等，该杂志目前仅见一期。由于经费等原因，思潮出版社开张后不久就停止了经营。

　　国民党政府千方百计阻止左翼文学影响的扩大，1934年2月19

日，国民党上海市党部又查禁了149种文艺书籍，其中就包括苏联长篇小说《铁流》和《十月》。但左翼文学运动依然在发展，影响深远。

2010年3月，"左联"成立80周年的时候，在上海举办了颇有声势的纪念活动和寻访前辈踪迹的活动，从1日至6日，整整六天时间。我也应邀参加了。第一天晚饭后，与会者参观"左联"纪念馆。天气很冷，但人们心里恐怕都是热的。我们在夜色中鱼贯走进多伦路201弄深处的一幢小洋楼，这里是"左联"成立的地方，纪念馆的领导在门口向虹口区委领导介绍每位来者及父辈。纪念馆不大，馆里通过文字、照片、实物，较全面地介绍了中国左翼作家联盟的情况，我看到了在玻璃柜里陈列的"左联"编辑出版的众多杂志，内心难以平静，这里有《奔流》《北斗》《文学界》等，就是这些杂志，孕育出包括父亲在内众多的左翼作家。馆里结束部分的设计很有创意，天花板上是深邃的星空，熠熠生辉的星星就是一个个作家的签名手迹。所有人都抬头深情仰望。

后来，不少人会聚在"左联"成立的会议室听讲解，不知是谁提议"合张影吧"，立刻得到响应，人们有站有坐。我年纪相对较小，自觉站到后排右边，摄影记者说入不了框，把我调到左边，我从前面绕过，已坐在前排的高云览的女儿高迅莹大姐拉着我说做个伴吧，于是我有点不好意思地坐在了她旁边。跟随的众多新闻记者手脚麻利地抢拍，闪光灯此起彼落。约有二十多人合影，当时有冯雪峰、周扬、丁玲、田汉、胡风、郭沫若、夏衍、冯乃超等的后人。这张照片登在次日的《新民晚报》文艺版头条位置，冠以"'左联'全家福"的标题，十分醒目。"左联"在这里诞生，80年斗转星移，后人历经风风雨雨，重新在这里集结。熟悉中国现代文学史的人都明白，这有多么不容易。它的意义怎样估量也不过分。

在左翼文学运动中，杨骚的目光还投向了家乡漳州。

前文提到的林语堂的侄子林惠元，曾是漳州进步学生组织"震中学社"和"非基大同盟"的骨干，"四一二"反革命政变后，为躲避迫害，远走新加坡，之后回乡又转至上海，同杨骚结为好朋友，他有时住在父亲林孟温家中，有时就同杨骚住在一起，也是鲁迅家里的常客。

1929年，他回漳州组织进步团体"群学社"，同进步青年胡大机主编《燃火》月刊。3年后又接办《回风报》。后来《回风报》准备迁到厦门，杨骚也回漳州住了一段时间，要同林惠元一起办这份报纸，因为经费不足，此事最终没有结果。

1933年5月初，任龙溪县抗敌后援会主任委员的林惠元，没收了一批大宗的走私日货。不料这起走私与十九路军的参谋长黄强有关，黄强想用巨款收买林惠元，要求归还日货，想不到被林惠元拒绝。他恼怒之下，便指使手下诱捕林惠元，并立即枪杀。林惠元被押上车后大声喊冤，又被匆忙拖回，用短竹子将他的嘴撑开，不让他呼喊。我堂姑也认识林惠元，看到他被押赴刑场的一幕，说他挣扎着要讲什么的样子，但是嘴被竹子顶着无法出声。我听着这番叙述时，心里也悸动着。堂姑脸上流露的更多是对残忍的气愤和对一条年轻生命消失的惋惜。当时漳州在上海读书的进步文艺青年蔡大燮找到林语堂告知此事，直言敦请他向社会呼吁。杨骚知道这个消息后彻夜难眠。他同上海文化界人士一道签署了《为林惠元惨案呼冤宣言》，署名的有柳亚子、鲁迅、郁达夫、林语堂、傅斯年、叶圣陶等20人。《宣言》于6月2日和6月3日先后在上海《大美晚报》《申报》发表，产生了广泛的社会影响，宋庆龄和蔡元培也分别向有关当局发了电文。由于复杂的政治历史背景，林惠元冤案还是石沉大海。

林惠元遇难后，胡大机出逃上海，杨骚介绍他给北新书局写稿谋生，后来他得肺病，又返回漳州一边教书一边养病。蔡大燮回忆道，胡大机在上海时，杨骚介绍他认识了不少左联作家，他从上海回来，带回了"左联"的关系，成立了左联漳州支部，由胡和蔡二人负责。蔡大燮是地下党员，任过中共漳州工委的组织部长，后来这个左联支部和漳州芗潮剧社结合为一体，芗潮剧社成了漳州一支革命的突击力量。20世纪80年代，我采访过蔡大燮，他再次当面同我谈起这件事。漳州的话剧活动曾非常活跃，1936年12月，漳州民教馆为了援助绥远前线抗日战士，于6日和7日在黄金戏院募捐义演，莺声剧社演出了杨骚执笔、集体创造的抗日题材的独幕剧《本地货》，由陈棣华导演，林翠鸾、沈汇川、卢振昌主演。这个独幕剧还被带到数千里之外的延安，在这个召唤了无数抗日热血青年的地方，由抗日军政大学战斗剧团演出过（见《中国话剧通史》，葛一虹主编）。

蔡大燮在1934年到日本读书，杨骚在上海帮他买船票，送他到汇山码头上船，写信介绍他到东京后找林焕平。蔡大燮一到东京，就加入了林焕平办的《东流》杂志的活动。这份杂志是"左联"东京支部的机关刊物，经杨骚联系，由上海杂志公司出版发行。

因为办《回风报》的事情，杨骚在1932年年初回漳州住了几个月，了解到两年前漳州北乡发生过一场农民暴动，这场暴动还有老家丰山社的赤卫队参加，尽管暴动两天后在国民党军队的镇压下失败了，但是这场暴动让穷苦的老百姓看到了自己的力量。这场被称为"乌石暴动"的经过，使他萌生出创作农村题材和反映农民反抗压迫作品的念头。1934年12月1日，他在《新诗歌》第二卷第四期发表了长篇叙事诗《旱魃》，这是《乡曲》的第一稿。1936年5月11日，上海《大晚报》选发《乡曲》中的《黎明》一节；5月12日，《时事新报·每周文学》选发《乡曲》的《骚动》一节；6月，《文学界》创刊号全文发表了《乡曲》；次年6月，《乡曲》编入国防诗歌丛书，由上海乐华图书公司出版。这部长篇叙事诗中多次提到暴动的地点"北乡"。

《乡曲》是杨骚创作道路上的一个里程碑，也是他的代表作。唐弢主编的《中国现代文学史》是这么写的："长篇叙事诗《乡曲》，描写了在地主、兵匪、捐税、灾荒等天灾人祸煎熬下农民的痛苦不堪的生活，表现了他们要'打碎这乌黑的天地'的愿望和信心。"

卓如在《杨骚和他的〈乡曲〉》一文中认为，《乡曲》"全诗结构完整，以事件的发展为序，分'写信''黎明''骚动''锄声''短简'五章，又以阿梅的信贯串全诗，开头和结尾两封信，清晰地反映出一个农村妇女觉醒的过程，'骚动'和'锄声'淋漓酣畅地表现了农村动乱的现实"。反抗虽然失败了，"然而诗篇却形象地说明：农民的反抗斗争是武装的反革命镇压不了的，血的洗礼，唤起了千百万群众的觉醒"。"在国民党反动派严酷统治的岁月里，在乌云压顶的恶劣环境中，写出这样铿锵有力的诗句，表明了作者鲜明的革命立场和大无畏的斗

争勇气。"（见《杨骚的文学创作道路》，厦门大学出版社1993年12月）

　　在上海10年间，杨骚出版了随笔评论集《急就篇》、诗集《春的感伤》、剧本集《他的天使》、诗剧集《记忆之都》、翻译长篇小说《没钱的犹太人》（美·歌尔德）等各类著译近20种，还创作了如诗歌《福建三唱》等大量作品，散见各报刊。此外，不少进步的社会活动中也出现了他的身影。除前面写到的以外，1935年他同陶行知、叶圣陶、巴金等200人发起上海文化界推行手头字的运动；1935年12月，签名赞同上海中文拉丁化研究会发起的《我们对于推行新文字的意见》，签名者达688人；1936年6月7日，同郭沫若、王任叔、王统照、茅盾等43人发起成立中国文艺家协会，参加者有郁达夫等111人，这是"左联"解散后，文艺界新的统一战线组织。

　　杨骚在新文学运动中，尽了自己的一份力量。

第四章　跋涉

一、热血榕城

　　1937年夏天，杨骚告别了留居10年的上海，应郁达夫之邀南下来到福州。

　　一年前，福建省主席陈仪邀请郁达夫到福建当省政府参议，任省政府公报室主任。郁达夫同杨骚是老朋友了，与白薇也相当熟悉，在上海时，杨骚同白薇多次相伴到郁达夫和王映霞家中做客。他们在一起交谈时，习惯性地夹杂着一些日语，大概属于亲热的一种表示。白薇从东京回广州时，受到创造社朋友的真诚接待，同王独清、郑伯奇、成仿吾、郁达夫等过往相从。郁达夫在日记中也有所记载，他在1926年12月3日的日记中写，喝酒独多醉了，晚十点多钟同石君、白薇一起到电影院看《三剑客》，十二点散场，酒犹未醒，送白薇回家，"路上起了危险的幻想，因为时候太迟了，所以送白薇到门口的一段路上，紧张到万分，是决定一出大悲喜剧的楔子。总算还好，送她到家，只在门口迟疑了一会，终于扬声别去"。同月12日的日记又写，"与白薇谈了半宵，很想和她清谈一晚，因身体支持不住，终于在午夜前二点钟的时候别去"。后来，白薇在《回忆郁达夫》一文中说："当时不知是谁偷偷告诉我，说是郁达夫有意追求我，使我吓一跳。我深心尊敬他是文学先驱、是长辈。"虽然她比郁达夫还要年长两岁。风吹云散，时光流逝，这些都是过去的事情了。

　　郁达夫到了福州，有心想干些事，于是想到杨骚，除了是相知的朋友外，还因为杨骚是个福建人。他写的《福建三唱》(1936年6月10日《光明》第一卷第一号)所抒发的对家乡那种深切的感情，诗中号召人们奋起打击侵略者那种坚定不移的节操，都给郁达夫留下了很深的印象：

朋友，你问吗，我的故乡？
唔，我的故乡，
不是吉林，奉天，
是福建芗江。
那儿没有大豆，高粱；
那儿有米，麦，甘蔗，
山田，水田……
哦，我爱我的故乡！
……
朋友，你问吗，我的故乡？
唔，我的故乡，
是头枕武夷山，
脚洗太平洋；
胸藏丰富的矿产，
颈缠闪耀的闽江；
呼吸要震动中原的乳峰，
伸手好摸南国的头脸……
哦，我爱我的故乡！
……
山海关外血满地，
山海关内黄沙起……
哦，你泉漳的子弟，
你福建的盐，你，
你向哪儿逃避！？
……
哦，你泉漳的子弟，
你福建的盐，你，
点燃武夷山上的森林罢，
烧毁汉奸的狼心狗肺！

哦，你泉漳的子弟，

你福建的盐，你，

鼓起厦门湾中的怒潮罢，

淹没远东的帝国主义！

这首95行的政治抒情诗，是杨骚在1936年5月7日夜里草就的，他以一个爱国主义诗人敏锐的洞察力，预感到战争不可避免，号召人们要奋起抗战。这首诗行世数十年后，在福建家乡多次举办的纪念杨骚的诗歌朗诵会上，被公推为保留节目，有集体朗诵和多人朗诵，动人的诗句和动情的诵读，时常让聆听者们热泪盈眶，闽籍著名评论家曾镇南称道："这首诗是南方的《松花江上》。"

杨骚一到榕城，还没喘口气，还没来得及熟悉情况，就投入了抗日救亡运动。

7月5日，福州《小民报》登了一则短消息："诗人杨骚等，亦于日前乘靖安轮到省。"

第三天，北平郊区的卢沟桥枪炮声连天，日本侵略军向我国守军发动进攻，遭到坚决抵抗。这就是历史上有名的"七七事变"。

杨骚小时候，常常听到大人讲起台湾被割让给日本的悲惨历史，常常可以看到从台湾跑回来的可怜的同胞，台湾人大多是泉漳一带的人，讲的话也是泉漳一带的闽南话，他们受欺凌的经历给杨骚幼小的脑子留下了深刻的印象。他"总觉得日本可恶，满清该死，老想当个救国英雄，把台湾讨回来，甚至想把日本全国灭亡了才痛快"。他初到日本留学时，最先的"志望是想学海军，预备将来学成回国，率领舰队打倒日本的"（1934年7月1日《文学》第三卷第一号《我与文学》）。

这幼年时就植根于心里的爱国主义，在这民族危难当头得到了升华。

有人到渡圭路（现在的北大路）采访了杨骚。他住在这里的一座大厝里，房主原是清朝道台，现在把门面出租给人当裁缝店，里面有七八户人家，多是租户，杨骚住在进门后面靠左的房间，面积有十多平方米。房中只有一张床、一张桌子、一张椅子，非常简陋。他被这样描绘，"中等身材，穿着拖鞋，大翻领西装衬衫，向两边分开的头发，配上他瘦长的脸，恰成一狭长的三角形，三角形中悬着他下罩的长鼻子，但也不觉得有什么难看，却处处显露着他诗人的气质"（1937年7月8日《福建民报·新村》糜文开《杨骚访问记》）。

这个有着诗人气质的诗人，在国难之际成了一个精力旺盛的斗士。

杨骚同郁达夫和在福州的许钦文、董秋芳等人酝酿着筹建救亡组织的计划，董秋芳是鲁迅的同乡和学生，抗战期间一直在福建，曾任福建省图书馆馆长。7月28日，福州文化界抗敌后援会正式成立，杨骚被选为"文抗"后援会干事，负责编辑《抗敌导报》，工作立即夜以继日地开展起来。几天后，"文抗"组织了第一次募捐游艺会，演出《放下你的鞭子》，高唱《义勇军进行曲》《保卫卢沟桥》，将演出的数百元钱收入悉数寄往前方。他听不懂福州话，原本打算出资请人来教授福州话的想法因繁忙至极而泡了汤。

8月13日，日本侵略军大举进攻上海，扬言3个月灭亡中国。上海军民英勇抗击。次日，国民党政府发表《国民政府自卫抗战声明书》。

8月15日，杨骚在福州《小民报》上发表了《展开全面抗战》一文。这篇急就章写道："'一·二八'这幕悲壮的历史剧，已经用新的姿态重复在上海演出了。日本帝国主义这只巨兽，为要填补它'内陷'，维持它所谓的'生命线'，非把我中华民族整个生吞下去，是绝对不肯干休的。……福建，这所谓有'特殊环境'的，努力向它装着懦怯的笑容的福建——华南之一角——国防的第一线，何时要受它的毒爪，小西湖边上悠闲的茶桌躺椅，何时会给它撕碎，谁料得到。"

杨骚在文中呼吁："以牙还牙，展开为民族解放的全面抗战，才是我们的生路。抗战有前方后方，工作自有分别；工作无前方后方，备战应该一样紧张。我们还没有机会在前方参加血战的人，这时候也应该有在前方血战的精神，在全面抗战的准备中，有力出力，有钱出钱，来增强目前正在前线肉搏的民族英雄们的力量，才对得起民族和自己。"

8月21日，"文抗"后援会研究决定办三件事：发行《抗日导报》三日刊；发行壁报壁画；组织街头剧团和歌咏队。杨骚说："在这样的非常时期，是汉奸或准汉奸，才能够'镇静'，照常吃饭睡觉工作。在这非常时期，是黄帝的子孙，不愿当亡国奴，自会排除苟要希期侥幸的心理，奋然振作起来，各尽所能，集中在抗战救亡这一工作上面。"

为了扩大和发展救亡组织，他们改组了"文抗"后援会，于10月17日成立福州文化界救亡协会。杨骚以位居第四的票数当选为理事，接着又在第一次理事会上被选为常务理事，担任编辑委员会主任委员。郁达夫任"文救"协会理事长，董秋芳任秘书长。杨骚同另一位常务理事被推出共同起草"宣言"。

"文救"协会成立的同日，他们还召开了鲁迅先生逝世一周年纪念会。纪念会首先由郁达夫致辞，许钦文、杨骚、董秋芳相继在会上发了言。他们都同鲁迅熟悉，年长杨骚3岁的小说家许钦文还是鲁迅的同乡。杨骚说，鲁迅"爱和平，然而他并不怕流血；'以牙还牙'，这是他对付暴力唯一的态度。他爱集团，然而他也不怕孤独；因为他始终和光明在一起，当集团是'一团糟'的时候，他不惜犯众怒地向它挑战。曾经有人用'堂吉诃德'这个名字来嘲笑他，然而好一个光明的、站在时代尖端上的'堂吉诃德'啊！我们要说，他是肯自己下地狱，不怕血，不怕黑，而和恶势力抗战到底的一颗灿烂的'文曲星'！这样一颗文曲星，坠地已经一年了；在这一年中间，我中华民族经过若干苦难，奋斗，终于结成目前这种宁玉碎不瓦全的统一抗战阵线；这一点，我想是很可以安慰鲁迅先生在地下之灵的罢。"

"文救"协会成立不久，楼适夷也被郁达夫邀到福州。到福州的第二天，郁达夫叫他去自己在光禄坊的寓所同住。这里原是一家姓刘的旧宅，又叫景屏轩。有古色古香的大厅，有天井，天井还有石栏围着的小池，池边有假山，假山盘着松柏的枝干。厅里设着郁达夫母亲的灵位，他母亲在家乡富阳被日本飞机投下的炸弹炸死了。王映霞回到浙江，偌大的房子里只有一个奶妈在守家，显得很空。

这天晚上，郁达夫和楼适夷在厅里聊天，杨骚和董秋芳来了。他们在一起很兴奋地谈起"文救"协会的活动。杨骚对楼适夷说："来了，我们又多了一员将领，如果组织游行，我们还是一道扛旗吧。"楼适夷哈哈笑着应道："可以，我力气还是有的。"郁达夫则说："好啦，明天就开始干吧。"楼适夷快人快语地答应当"文救"协会编辑委员会委员、《小民报》副刊《救亡文艺》的责任编辑。

福州的救亡活动在他们的全力推动下，展现出一派很有生气的景象。《小民报》上的救亡文章，尤为受到青年学生的欢迎，每天早上，学校大铁门的前面，总是拥挤着许多学生，他们在等着报贩的到来。这种情况，使"文救"协会的负责人们受到很大的鼓舞。

郁达夫宽敞的住处，实际上也成了活动的场所。不少人还记得当时的情景。有人这么描写杨骚，在一次郁宅的聚会中，"郁达夫说：'福建这地方不好待，诗人杨骚写了一辈子诗，吃饭都有困难，我介绍他当报纸副刊编辑，每个月才40多块。……'正好诗人杨骚来了，他长着个大脑袋，前额宽阔，瘦长清癯的面容，戴一副黑框近视镜，一口普通话带着浓重的闽南腔"（《生活·创造》1986年第9期《郁达夫在福州》则勋）。

当时刚从大学毕业不久的张白山也是在这个郁氏宅中认识杨骚的。"我记得那是个雨夜，窗外滴滴沥沥地落着雨。杨骚一进门连忙把雨伞收拢搁在屋角里，就近在饭桌边椅子上坐了下来。……他在我的印象中是一个沉默寡言、颇为矜持的中年人。他正襟危坐，静静地听着别人的谈话，有时也简短地插上一二句，那是花岗石一般坚硬的语言，还带着十分浓重的闽南口音。他不大像在上海滩上看到的头披长发、举止潇洒或狂放不羁的行吟诗人。从其雍容儒雅的仪态看来，与其说是诗人，毋宁说是一位中学教员。后来我才知道他本来就当过中学教员。他是我的前辈，却不以前辈自居，他谦逊而平和。这个印象如烙印那样深深地烙在我的心坎里，迄今四十七年之久，还是那样鲜明，那样清晰。"最后他还这样描写："诗人那宽广而高突、光滑而白皙、充满才智的前额，那双乌黑明亮的眼睛，至今仍在我的面前浮动，挥之不去。"张白山后来成了作家和学者，这是他写于1984年4月一篇叫《谈杨骚》的文章。（《读书》1985年第2期）

我拜访过"左联"作家马宁的夫人王斯，谈起杨骚，她觉得非常亲切，又非常感慨，她这样对我说："杨骚老成，说话一句一句，爱'嗯''哎'。胃不好，又爱喝酒。我们曾一起去鼓岭玩，那时我还很年轻，非常天真，曾问他人为什么要死，既然会死，又为什么要生。杨骚说，这是新陈代谢嘛。让我印象很深。"

杨骚的一个堂弟在这期间来到了福州，坐三轮车到渡圭路找到杨骚，杨骚正在炖鸡。他们边吃边谈。杨骚讲起自己的工作状况，他说，现在环境不好，省保安处处长叶成总来找碴。约一个星期后，这个堂弟接到杨骚写来的一封信，说他将离开福州。

"文救"协会活动开展起来，影响越来越大，却也引起一些人的不安。有人公然说："抗战亡给苏联，不抗战亡给日本；亡给苏联，还不如亡给日本。"《救亡文艺》被视为眼中钉，报纸开始受到警告。救亡活动的组织者都受到监视，杨骚也不例外。终于有一天，保安处处长叶成找到杨骚，掏出手枪，说要同他决斗，说杨骚在背后破坏他的名誉。杨骚知道这个人是蓝衣社的小头目，要"决斗"的真正原因是他们搞救亡活动。杨骚对他嗤之以鼻，使叶成甚觉无趣。

事情并没有完。12月1日深夜，杨骚、楼适夷等还在报社里忙碌，突然闯进了4个提着驳克枪的人，说《救亡文艺》非得停办不可，而且"文救"协会也得解散。后来他们才知道这些人是省保安处和福州警察局的特务。

在这种非常情况下，郁达夫在报上登出了辞职启事。随后，杨骚也在12月4日的《小民报》上登出"辞去福州文救协会理事之职"的启事。12月5日，报上出现了一段令人痛心的文字："《救亡文艺》至今停刊，与读者相见二十日，不料竟如此匆匆分手。特此告别，并致民族的敬礼。"

在福州掀起还不到半年的抗日救亡运动，横遭腰斩。

其间，文化界抗敌后援会不定期地出了三期特刊：《第一次募捐游艺会特刊》《九一八特刊》《双十节特刊》，编辑《抗敌导报》。文化界救亡协会先在《小民报》上出《文救周刊》，然后改为《救亡文艺》（日刊），《救亡文艺》从11月15日到12月4日，一共出了20期，发表了71篇文章。这里面饱含了郁达夫、杨骚等人的多少心血。

空气变得十分沉闷。为了散散心，一天下午，杨骚、钦文、达夫、适夷、秋芳一起乘船从洪山桥到南台。船小水深人多，船一直动荡得很厉害，又是顺水，速度十分快，这就有点危险了。然而，这才叫刺激，大家感到痛快，不禁像小孩一样欢呼起来。"有谁害怕呀？快点说，还可以下船。"钦文大声喊。

杨骚立即大声应道："翻了船我也不怕，正好来个冬泳。"杨骚水性不错，前几年从上海回漳州时，曾从嵩屿下水，一口气渡海游到厦门鼓浪屿，当他穿着裤衩湿淋淋地来到中华路找堂弟时，堂弟吓了一跳。这段游程至少也有几公里。不过那是在夏天。

但是，杨骚的脸色很快又变了，眉头都皱起来。原来划船掌舵的船家女还带着个小孩，小孩正哭着要吃奶。在湍急的水流中母亲又不能停手，所以只好任由小孩哭叫，令他于心不忍。

这次行船给大家留下了很深的印象。许钦文在后来回忆杨骚的文章中，写下了此事。

楼适夷最先离开榕城。离开的前一个晚上，他们几个人爬了鼓山。这是一个月色很不错的夜晚，他们边走边聊。在这几个月的战斗生活中，大家结下了难忘的友情，然而又似乎都有预感，大家很快就会分手。战乱时期，这一分手不知什么时候才能再见。事实也是如此，他们中有的人此后再也未见面。

第二天，大家送适夷从闽江上船，回浙江。

杨骚又在省公报室待了几个月，编了一本福建物产的小册子。后来随省政府迁到永安。又过了几个月，他也离开了福建。

二、前线半年

福州的救亡运动被破坏了，但人心不死，一个有爱国心的正直的中国人，难道忍心看山河破碎？杨骚终于离开福建。当时，周恩来任国民政府军事委员会政治部副部长，郭沫若任政治部第三厅厅长，第三厅在周恩来的直接领导下，团结和组织进步文化界人士，作了大量抗日宣传工作，开展抗日救亡运动。杨骚归队心切，他于1938年9月经江西、湖南到汉口，可是此时在汉口第三厅的朋友们早已撤退。他几乎没有什么犹豫，立刻决定前往重

1939年摄于安顺

庆，因为半年前，在汉口成立的全国文艺界抗敌协会，也已迁往重庆。

1938年10月15日出版的第二卷第六期《抗战文艺》，在《文艺简报》栏目里登了这么一则消息："杨骚已脱离福建省政府，月前曾一度去汉，现拟绕道贵阳来重庆，尚在途中。"

战乱期间，交通极其不方便。途经长沙时，正值长沙被国民党政府的"焦土政策"烧毁不久，触目惊心，一派凄惨景象。当时大火烧了整整三天三夜，当局想以这种"焦土"来阻止和牵制日军的行动。长沙的惨状使杨骚想起东京大地震，大地震引起的火灾是自然威力制造的悲剧，这座城市的火灾是人类疯狂制造的悲剧。东京大火使杨骚

感到自然威力的伟大和人类的渺小，而长沙的大火使杨骚感到人类冷酷无情的一面和绿树芳草微风的美妙可亲。后来他给家里写了一封长长的信，其中一大段写到了大火后的长沙和自己几欲落泪的感受。

他历尽艰辛才到达贵阳，当天就在贵阳住了下来，寻找继续前行的车辆。同杨骚结伴南下的是一个同乡的企业家，年纪已经很大了，非常固执。他们一起住在大十字街的小巴黎饭店。

一天，杨骚在街上溜达，无意中看到了一个很熟悉的身影，他不敢相信自己的眼睛，又定睛看了看，没错，就是凌璧如。他跑过去，拉住璧如，连声叫唤。

璧如转回身，睁大那双圆圆的眼睛，惊讶地看着杨骚，说："维铨，是你呀，真是，天上掉下来的不成？"

这次意外的见面，使他们欣喜异常。他们就站在街旁，兴奋地交谈起来。原来，随着战事的推移，南京也受到威胁，他们举家西行，包括母亲弟妹外甥，现在就住在车站旁边的合众旅社。杨骚叫着："走，看看涛妹妹和你妈妈。"

他们边走边谈论战局。璧如说："只要不停手，不和谈，长年累月地打下去，气短的日本人受得了吗？胜利该是我们的。"杨骚应声道："英雄所见略同，我也是这么看的。"他又说："这也是我们在日本混了几年得出的认识。"

在合众旅社，万涛极热情地接待了杨骚，他还知道了琴如和歌川目前仍在英国，不久可能要回来。

第二天，天气格外晴朗。突然警报大作。杨骚急急招呼年老的同乡下去防空洞躲躲。老人悠然应道："一路都躲了多少回，哪一回出事了？算了，这回不走了，不信有这么巧。"杨骚只得快快离去。

几分钟后，轰隆！轰隆！炸弹声震耳欲聋，仿佛就在身边。日机扔完炸弹走了，空中还存留着强烈的硝烟味。杨骚出来后一看，呆住了。大十街被炸得稀巴烂，小巴黎旅馆准准地挨了一颗炸弹，粉身碎骨。不用说，老同乡也完了。杨骚可谓命大，又躲过了一劫。

像东京大地震一样，他急忙去看璧如一家。还好，他们安然无恙。杨骚惊魂甫定，又幽默地说："大十字街是贵阳的精华，像包子里面的馅心，现在馅心给小日本挖走了，真可惜。"

为了免受意外的损失，杨骚同璧如一家出走贵阳城，来到山边一户苗人百姓家里，就在这个僻静的地方住了几天，像这种地方日本飞机一般是不会来轰炸的。他们在这里买了苗家的鸡，吃了苗家小姑娘做的菜，过着田园般的平静日子。但这种平静毕竟是暂时的，他们商定好找到车子时一起走。可是后来情况有了

作家战地访问团出发前在重庆合影（1939.6）葛一虹 摄
一排（左起）：陈晓南、陆晶清、王礼锡、姚蓬子、王平陵。
二排（左起）：罗烽、沙雁、老舍、砂力子。
三排（左起）：李辉英、安娥、黄少谷、张周、杨骚、白朗。
四排（左起）：郭沫若、郑伯奇、梅林、胡风、叶以群。

作家战地访问团出发前合影，影中人物姓名见照片下方

变化，这几天平静的生活竟成了他们最后的美好回忆。

回到贵阳城后，有一天，杨骚带了一个年轻人来，向璧如介绍说这是欧阳山。又过了几天，欧阳山寻得一车，杨骚同他一起乘车找到璧如，说车子立刻要走了，璧如一家人多，无法说走就走，于是，两个好朋友只好怅怅然在路旁招手道别。

西行之路，艰难险阻，车子总在悬崖绝壁上盘旋，沿途还看到不少掉下深谷的车辆。一路上徒步朝西走的行人扶老携幼，络绎不绝，令人心酸。国家蒙难，百姓遭殃，杨骚心中激起深深的忧愤。

好不容易才到达重庆。杨骚即参加中华全国文艺界抗敌协会，寄居在协会。

"文协"于1938年3月27日成立，成立时，发布了《宣言》，《宣言》中写道："我们所有的刊物必能由互助而更坚强地守住阵地，我们的同人由携手而更勇敢地施展才能，我们的工作由商讨而更切实地到民间与战地去，给民众以激发，给战士以鼓励。这样，我们相信，我们的文艺的力量定会随着我们的枪炮一齐打到敌人身上，定会与前线上的杀声一同引起全世界的义愤与钦仰。"

周恩来参加了成立大会，他在会上发表了讲话，他说："全国的文艺作家们，在全民族面前，空前的团结起来，这种伟大的团结，不

仅仅是在最近，即在中国历史上，在全世界上，如此团结，也是少有的！……象征我们伟大的中华民族，一定可以凝固团结起来，打倒日本帝国主义！”

杨骚积极投入“文协”的活动，几次“文协”研究部召开诗歌座谈会，他都热心参加。他还在《抗战文艺》《中苏文化》等刊物上发表了诗歌《二月四日》《国际时调》《这是一首活的讽刺诗》《莫说笔杆不如枪杆》等作品。

不久，杨骚参加了“作家战地访问团”。

“文协”成立之初，曾提出要组织作家到战地服务，在成立一周年的纪念会上，重提此事，却因经费和车辆问题而拖延。“文协”经多方努力，从战地党政委员会获得3500元，此事摆上了议程。最后议定访问团由在渝的会员组成，条件是：一要有暇能去，以免耽误了别的事；二要有兴趣愿去，决不勉强；三要身体好可以去，因为路上要受许多苦处；四要把小说家、诗人、戏剧家、长于写报告文学的和会绘画的，配备起来，以期搜得材料之后，在文艺的各部门都能有所创作。

经过报名和挑选，“作家战地访问团”由13人组成，他们是：团长王礼锡、副团长宋之的，成员杨骚、杨朔、以群、方殷、白朗、罗烽、袁勃、李辉英、葛一虹、陈晓南、张周，还有王礼锡的秘书钱新哲。

在抗战前线的小村庄

6月14日，“文协”在重庆生生花园举行出发仪式。周恩来、郭沫若、邵力子、老舍等出席了出发仪式，并致辞予以勉励。郭沫若还授予访问团三角团旗。

会后，葛一虹给大家摄了一张合影。杨骚站在第三排，站在老舍的后面，这当然是随意组合，杨骚头略偏，似在思索。他们谁也不会想到，40多年后，老舍夫人胡絜青从北京入闽采风，到漳州后专程来我们家里探望，同我妈妈合了影，这些也没有谁刻意安排。神游九天的老舍和杨骚，不知有没有看到这一幕。

同访问团一起合影的还有陆晶清、姚蓬子、王平陵、沙雁、安娥、黄少谷、郑伯奇、梅林、胡风。

6月18日，"战地访问团"出发了。这一天是高尔基逝世三周年的纪念日，空中飘着毛毛细雨。到了内江，在投宿的金台旅馆，他们开了个简短的纪念会。14个人围在天井的一张长桌旁，王礼锡先简单地致辞，然后静默3分钟，接着唱方殷作的《悼高尔基歌》，再随意谈有关高尔基的生平与作品。这些人中，只有王礼锡见过高尔基。王礼锡是诗人，曾主持上海神州国光社编辑部，主编《读书杂志》，是国民政府立法委员、战地党政委员会委员，刚从欧洲回来不久。周恩来说他是个真正爱国者，特意交代访问团几个负责人要尊重他。

次日，要坐整整一天的车，杨骚同王礼锡坐在一起，路途颠簸，无法看书，车声鸣响，无法小声谈话，大声讲则口舌干，如何打发这一天？王礼锡想了一法，他在心里头作起打油诗，一首出来，又接着一首。而杨骚不停地往嘴里边塞小食品，或者抽烟，总之就是不让嘴闲着。

王礼锡来了一首关于杨骚的打油诗：

梦嚼多情空是色；文人出力笔为兵。

杨骚病胃却劳胃，吃过玉米又花生。

原来昨天晚饭后，大家闲着聊天，讲到此行的一行人中，"谁是大鼻子"，"谁是大眼睛"，"谁的眉毛浓"，评价"谁最美"。七嘴八舌，非常来劲，最后杨骚一锤定音了，他说："哎呀，争什么？不就明摆在那里吗？袁勃最美，又高又大。"张周接着说："是呀，他像个俄国人。"人们嘻嘻哈哈地附和。大概谈到美，触到了杨骚那一条神经，夜里他做了梦，讲了梦话，梦话翻来覆去就那么一句，"真好看！真好看！"醒来后仍笑盈盈，闹得大家都笑话他。

此时，白薇也到了重庆。抗战爆发后，她去了汉口，因三厅不收女职员，撤退时，邓颖超派她到桂林当《新华日报》的特约记者，一年后来到重庆，在中国电影制片厂当特约编导。琴如也已同钱歌川回国，住在乐山县，钱歌川在迁到那里的武汉大学教书。她们的行踪，仍令杨骚挂念在心。不知他梦中出现的是哪一幅美好的景象？

　　暮色初起之时，访问团到达成都了。王礼锡说成都像个烙饼的平底锅，四周的青山是锅边，城市是锅底，车从锅边转到锅底，成都也就到了。

　　晚上的工作会是在卧室里开的，有的坐在床上，有的坐在地铺上，显得很随和亲热，王礼锡将自己写的几首打油诗一一念出来，惹得大家哄堂大笑。他又提议，以后的工作会中人人要轮着自我介绍，再由与之熟悉的人补充。葛一虹认为，这个14人组成的临时集体，是在抗战的旗帜下集结起来的，每人的经历不尽相同，彼此也保持着相当的距离。或许不少人有同感，因此王礼锡的提议马上被接受了。

　　访问团在成都待了一天，成都文协负责人周文陪大家看被日机炸毁的市区，还去了武侯祠、杜工部草堂寺。刘备衣冠冢在武侯祠的后面，可惜当时刘湘停枢在那里，卫士守着不让人进去。

　　第二天是端午节，到绵阳后，不少人都下河洗澡，天气太热了。杨骚也跳下水，但河又窄水又浅，他无法施展泳技，只能在水里扑腾几下，像在"炸油条"（闽南俗语：在水中折腾不会游泳的样子）。下水的人认为今日与水亲热，当是怀念屈原的行为。晚上团里开了屈原

抗日前线的小山头（右1蹲者为杨骚）

纪念会，在抗战年间，纪念屈原，另有一番重要的意义。

　　会后，王礼锡和以群念开了打油诗。临时当团里会计的杨朔每到一处，总要到店里以"尝尝"为名吃糖果，吃了不付钱。王礼锡赠诗一首：

　　　　无米为炊媳妇贤，为炊有米不新鲜。
　　　　杨朔遍访糖果店，件件尝尝不付钱。

一时团里作打油诗成风，越蜀道，过剑门，旅途的辛苦减少了许多。

6月24日早饭后，开了团务会，决定团里总务、宣传、采访、编辑、组织等各部的工作内容和负责人，杨骚为途中各类文字的编辑的负责人。

当天夜里，大家开始第一次徒步跋涉。原来车子走到距广元还有45里时，坏了。有人建议走路去，立即得到全体人员的响应。队伍由王礼锡和宋之的殿后，因为只有礼锡有一把手枪。天上一弯新月，地上又说又笑，起初还颇有诗意，到了下半夜，人人都困了，杨骚边走边瞌睡，月光拖出他长长的影子。但是，人人都坚持下来，东边的天上露出鱼肚白时，来到了广元。

几天后，访问团进入了陕西。6月29日，杨骚和以群、一虹、方殷、之的、晓南去看宝鸡的十里铺。这里已属黄河流域，中华民族的摇篮。沿途可见堡垒似的建筑，这就是被当地百姓称为"寨"的地方。金字塔般的山里有许多窑洞，工厂就建在这窑洞里，大的窑洞可容纳三四百人，日本的飞机根本奈何不了它。杨骚非常兴奋，他第一次领略了以前在书本上读到的风景和气势，感受到雄阔和伟大，感受到人民的不可战胜。

他们到了潼关，到了西安。一天晚上，东北救亡总会陕西分会举行便餐欢迎访问团。两张长条桌子摆着，七八种东北做法的菜装在大碗里，整屉的大馒头热气腾腾地摆在长桌的中央，分会的人员既是主人也是厨师。大家就这样围着大吃大嚼起来，吃得满头大汗。白朗觉得，从来没有到过北方的文雅的诗人杨骚，肯定没有参加过这样近乎粗野的筵席。杨骚看着那桌上成屉的大馒头，不住地微笑，他很满意地说，这些菜都很好吃，尤其是那大馒头，项项合他的胃口，如果在前线吃的都是这样的东西，他的胃病就不会发作，他就无所顾虑了。

7月8日早晨来到华阴。因雨天，路泞滑不堪，车无法行走，在华阴滞留了几天。10日，天刚下过一阵小雨，杨骚、杨朔、一虹、晓南四人心血来潮，约了一起登华山，没人劝阻得了，白朗笑他们发了神经。这4个发了神经的人踩着没胫的泥浆出门了。晚上十点多钟，人们开始担忧的时候，他们进门来，其状拖泥带水，狼狈不堪。晓南只穿着黑乎乎的袜子，一双鞋子被泥泞粘丢了。一虹跌破了几处地方。杨朔不说败兴话，他睁大已显疲倦的眼睛，有意炫耀说："我们都爬到了青莲坪，离玉泉院有20里，那里太好玩了。你们就是不去，金（真）是的。"虽然一副如此惨不忍睹的窘相，他们兴致还是十分高，过了好久还在瞎叨叨。

没想到，第二天，白朗、罗烽他们也跟着发神经，游华山去了。不过天气是好了许多。晚上过了十一点才回来，娇小的白朗如同负了重伤似的，躺在铺上，一动也不动。

此时，杨骚、方殷、袁勃、王礼锡还在开诗歌座谈会。他们轮着讲自己诗歌创作的经历。轮到杨骚了。王礼锡在"日记"里是这样描述的：

> 杨骚用着漳州的官话，时常间着迟疑的字句叙说他写诗的经过。小时候，我学过福建最流行的诗钟，后来学写旧诗。现在忘记了……要勉强写也许还写得出来。
>
> 五四时代我在东京，没有直接受到五四的影响。后来读到《新青年》，又看到些副刊如《觉悟》之类，就开始写点新诗。我记得最初发表的新诗是在《觉悟》。我很赞成为人生而艺术的主张，所以写的东西，都与社会有关。那时我写的诗有《村女思嫁》《尼港事件》《船公与船婆》《牛》等等题目。
>
> "到后来印的许多集子，就都是与恋爱有关的了。"在他历数《受难者的短曲》《春的感伤》《乡曲》（较带社会性）各集的时候，眼睛里似乎灿然有光彩，并带着一种微笑，像是神秘，又像是叙述别人的事情一样，口角上流出一些欣赏或讽刺的意味。
>
> "你写过之后改不改？"方殷问。
>
> "这很奇怪。初写诗的时候，一气呵成就不改了。现在可不然，写成了，字的更改，句节的调动，不到自己满意不敢拿出去。"

"什么原因呢？"

"我自己也不知道。也许在技巧上现在更成熟些吧。我也说不出理由。"

"我下笔前要来回地想，一写在纸上就不改了。"方殷说。

"我写诗还与你有关系呢。"大个儿袁勃对杨骚说，"你们在上海不是组织过一个中国诗歌会吗？我也参加了，并在北平组织分会。还办过一个会刊，不过那时写的多是论文。……"

此时还十分年轻的袁勃，新中国成立后任中共云南省委宣传部副部长。

这次诗歌座谈会结束时，夜已经很深了，四野一片寂静。就寝时，袁勃发现枕头边躲着一只蝎子，素有"南蛇北蝎"之说，一些人见蝎如同见魔鬼一样，这只蝎像一条小鳄鱼般走进衣堆中，又走出来，袁勃壮着胆用鞋子打死了它。王礼锡不敢看，杨骚听说这东西像琵琶，拿着蜡烛凑上前细细观察，一边说："真怪，简直和琵琶一样。"几乎想用手去碰它。方殷轻声说："别动，它尾巴能动，还能放毒。"杨骚这才有点惋惜地作罢。

就在访问团行程途中，杨骚也没有忘记写诗，无论是白天或晚上，只要有时间，他就伏下头，摊开本子写。

在《从车窗里》他这样写："……从车窗里，/我看到成渝铁路的路基眼前闪，/铁铲，扁担，工人们的臂膀，/在太阳光的底下发亮。/从车窗里，/我看到白鹭鸶在灰暗的天空飞翔；/久违了啊，这梦般的景色，/使我忆起夏季的故乡。/从车窗里，/我看到财富，美丽和力量，/也看到忍耐，挣扎和痛苦，/看到一切人生与自然。"

在《灾区巡礼》中他这样写："……是悠闲地在逛马路吗，不不！/马路上有这么多的窟窿，/两旁也没有花花绿绿的洋楼、商铺。/这儿看不到彩画中的人物，/只看到灰烬的遗骨，/这儿只看到一片瓦砾的成都，/看不到满眼锦绣的天府，/这儿看不到我们的和平，/只看到敌人的残酷！/……阿鼻叫唤的地狱，/移植在这锦绣般的天府;/锦绣被敌人撕碎了/伙伴们,记住记住!/××街呵,××口呵,/向你的断壁残垣,我们举一个默哀的敬礼,/为抗战,一切的破坏你忍住。/草棚中的同胞呵,难民呵,/向你的伤疤瘦腿,/我们举一个无言的敬礼,/为抗战,一切的苦痛你忍住。"

在《瞭望》中他这样写:"夜阴快要接合中断的峭壁,/周围已是山峰迷蒙的一片暗淡……/回镇里去吧,站在顽石上瞭望的伙伴,/拂开木牛流马的幻想,/拂开幻想中纶巾羽扇的诸葛亮!/眼前排着的只是一条崎岖的大道/曲折地入陕,直夺黄河边上,/到达抗战的最前线,/而在那路上走的,/是饿着肚皮的,/无数平凡的英雄,好汉!"

离开华阴后,访问团在7月13日到了洛阳,在这座古城活动了12天。他们同军队和地方各方面的人员座谈,还访问了日军的俘虏,并整理了资料和团体日记。

访问团的成员是每人轮着写团体日记,一人写三天,主要记录团里的活动。杨骚轮到写7月21日至23日的日记。这里摘录两小段。

21日,"老舍和另外一位北队慰劳团的团员,今天也到我们这儿——西站十九号来了;在一起吃了午饭之后,闲谈中我们表示希望他能够参加我们这访问团,比较有趣些,他只摇摇头,现出一抹微微的苦笑"。

23日,"午后杨朔坐在走廊下的一只当饭桌用也当写字台用的四方桌子前面,时而睁着他那双大眼睛出神地构思,时而钩下他那长长的颈项,执起笔来细细地写;据说是在写一篇什么小说的。还有罗烽,也拿着一本练习簿,一枝自来水笔,在客堂里踱来踱去,只看他一会儿坐下在写了,一会儿又站起来,缩着腮,尖着嘴,在凝思地踱着,据说是在写一首军民合作的歌"。

人人都没有忘记创作。

7月底,访问团已渡过黄河,进入了中条山。在王礼锡的笔下,这里"满地的落槐,漫山遍野的红透了的山枣,微显得干老的蝉声,织成中条山的初秋"。杨骚对这一派景色赞不绝口。

这北方旷达的风光使罗烽想起了沦陷的东北家乡,在横岭山前线驻军的迎接晚餐上，他喝醉了。他哭了，哭得非常伤心。杨骚和辉英将他架到土炕上，又哭了半天才昏昏睡去。不料半夜醒来，又是一阵笑，一阵哭。

他问杨骚："你的故乡福建离这里有多远哪？"

杨骚回答："远得很哪！"

罗烽又痛心地哭了。同是东北人的白朗也被他哭得非常难过。

这不都是由日本侵略者造成的吗？

他们满怀激情投入了前线的访问活动。有一天，他们从对面也就是日寇炮兵阵地的前沿采访后已经天黑了。杨骚同白朗等好几个人一同骑马奔回驻地。路上多是石块，还翻过一座高山，涉过5条小河，在驰过一道小桥时，杨骚的马蹄下了深深的水沟，幸亏还算机警的他紧紧抓住马鬃，否则必被掀到地下。这一趟路足足走了两个多小时，好不容易才回到团部。杨骚得意地向大家炫耀自己的骑术。

他在前线访问时，留下了一组照片，其中有两张与马有关。一张是他牵着马在黄河边上，他在照片背面写着"放马黄河边"；另一张是骑马的，背面写着"走马过中秋"，另外还有几行字，"这一张摄坏了，但模糊反觉好看，右边最前面的骑士就是我。我们两次过河，不管在山地或在平地，大都是骑马，骡子、驴子都骑过"。诗人骑马，感受也富有诗意。

尽管重庆方面向前线发出过密电，要有关人员对作家访问团严加防范，说是里面有不少异党分子，他们还是受到了热烈的欢迎。正当访问团顺利地开展活动时，一个不幸的事情发生了，团长王礼锡于8月26日患疾病故。

消息很快在后方的报纸登出来。8月28日那天，琴如在院子里翻着重庆刚到的报纸。薄暮初起，还没点灯，琴如轻叫一声："礼锡死啦！"她一直关注着访问团的情况。歌川连忙拿过报纸，因为礼锡是他在上海就认识的朋友。后来他在《宇宙风》写了一篇纪念文章。

9月5日，访问团的成员分手了。白朗和葛一虹回渝治病，方殷和钱新哲留在洛阳给王礼锡治丧，李辉英和张周夫妇先行离去。

宋之的带着杨骚、以群、袁勃、晓南、杨朔、罗烽继续前行。他们深入了太行山战地采访。

　　1939年10月26日，上海《文艺新潮》月刊发了一文，题为"杨骚跋涉万里参加作家战地访问团"，文中引了杨骚给友人的一段信"在中条山里跑了一个月，见到一些后方想象不到的光景，是证明我们永远不会被征服的。……这一次跟着大家走，最使我高兴的是学会了骑马，不但骑，且会跑，虽然曾经落马两次，几乎送命，也不后悔。我的胃病还是很成问题，大家身体都比我强，年纪比我轻，我算是一个不甘落伍的老头子。然而，在一个月的跋涉经验中，我获得一种自信：我不弱于团体中的任何一个人；我的身体的确软弱些，但我的忍耐力补救了它"。

　　12月12日，作家战地访问团回到重庆。12月26日，《新华日报》就南北两路慰问团和作家战地访问团归来，发表了《积极加强战地文化工作》的社论，"号召一切从事文化的人能到战区去，负起加强文化宣传的工作，争取抗战的最后胜利，粉碎敌人的一切进攻和阴谋！"新年元月3日，《新华日报》在重庆化龙桥馆址开会，欢迎作家战地访问团和南北慰问团从前线归来，征求大家对《新华日报》创刊两周年的意见。

　　整整半年了，杨骚经历了许多事情，有了许多的感受，他写下了近百首小诗并出版了诗集《半年》。《半年》分为"后方"和"战地"两部，"后方"又分为三辑：蜀道、入陕、在洛阳；"战地"也分为三辑：中条山、太行山、大平原的一角。《半年》是杨骚出版的第4本诗集。

三、南温泉有一段回忆

回到重庆，杨骚写了不少文章，大多数都因当局阻挠难以发表，这一度让他很苦恼。于是他埋头读书，在这个时期比较系统地阅读了一些哲学书籍和经典著作。但作品不能问世，作家终会耿耿于怀。1月15日，杨骚与欧阳山、宋之的、葛一虹等一起开会讨论筹办作家合作出版社的事，但后来没有办成。

1940年1月，杨骚的养母在福建华安县丰山社病故，当时漳州曾遭日机轰炸，杨家一些人一度搬回老家丰山居住。此时，杨家在漳州南市的棉纱经营已呈颓态，杨骚养母一家8口的生活，主要靠杨骚当小学教员的二弟杨侗和在新加坡教书的大弟杨维雄的菲薄收入维持。母亲去世时，杨骚和大弟寄了丧葬费回家，在乡下这笔钱似乎不算寒碜，但是族人还是希望杨骚能在重庆向国民党"要人"求挽联，以风光葬仪。杨骚回信，对此不以为然，认为"要人"就是"咬人"，平日无交往，也无须求什么字，对没能献一束花于母亲灵前感到愧疚，觉得纪念母亲最好的行动就是多做点抗日的实际工作。

为了躲避敌机的轰炸，杨骚搬到了南温泉，这里离重庆市15公里。南温泉是四面环山的一片谷地，山坡上林木葱茏茂密，有松树、木犀、银杏、桐树、棕榈，景色宜人。附近有一座陡峻的山峰，半山腰上孔祥熙盖了一栋漂亮的别墅，楼里有舞厅，楼外有亭阁，楼后有坚固的防空洞，1939年盖的。如此奢华与前方的浴血苦战对比实在太鲜明。这块属重庆远郊的地方，成了文化界人士的避难地。

南温泉有一道小河沟叫桃子沟，在河沟的北岸出现了一溜子的用竹子搭起来简陋茅舍，涂抹上泥巴，租金很低。两列茅舍夹出一条狭窄的小弄，杨骚就住在欧阳山、草明的斜对过，相距几十米，白薇也住在这里，沙汀住在河沟南边"文协"的茅舍，隔河相眺，一声招呼便可听到。"左联"小说散文组的多数成员，经过曲折的历程，在这民族危亡的抗战年间，又聚在"陪都"重庆的一条小山沟里了。

住在这名副其实的陋室里，空气流畅，绝对新鲜，躺在床上，甚至可以观赏恬静的自然图景。作家们在这里自由地安排着写作、读书，在"文协"搭伙吃饭。有谁拿到稿费，在炎热的午后或凉爽的夜晚，就招唤大家，相约到河边的茶馆，一边聊天，一边呷着当时很时兴的"冷气大曲"。只是三天两头传出的尖利的空袭警报，常常提醒人们，现在是战争时期。

有人说，他们好像过着一种战时共产主义生活。

杨骚和白薇在这种时候又相逢了。可能是冥冥之中谁的安排。

生活的磨难，使多病的白薇似乎开始出现一些变化，轻盈的步态不见了，那张白净的脸曾经洋溢着青春的气息，现在更多的是沉郁。去她那里的人都可以看到，她的桌上总是摆着一面镜子。她能在镜子里看到什么呢？是不是一张开始呈老的脸？最近，她又生病了，发起高烧，还说胡话，一个人孤零零的。欧阳山发现了，一时无措，情急之中，跑去告诉杨骚。

命运又一次将白薇推到杨骚身边。在这样的非常时期，他们又曾有过那样亲密的关系，他不去照顾谁去照顾？诗人自有诗人的思维方式。

杨骚责无旁贷地负起护理的责任。他寻医问药，倒水喂饭，无微不至。其实，杨骚在生活上是一个完全不拘小节的人，丢三落四，随随便便。此时，他的这种细心怕连他自己也惊讶。感情的力量有时就是这样奇特。

整整7天，杨骚都不敢掉以轻心。白薇终于好了。他松了一口气。

白薇对自己病中杨骚费尽心力的照顾心里也是感激的，但她没有流露出更多的什么。

"昨夜"已经过去，今天是这样悄悄来临。是否可以再伸延到明天呢？杨骚有没有这样想？也许有一点。如果有，是符合他宽容的性格和感情逻辑的。

朋友们真心希望他们能重新走到一起，共同生活。

其中，数沙汀最热心。一天，他跑去白薇那里，坦率地谈了自己的意见。没想到白薇反应非常激烈，当场翻了脸，沙汀一时转不过来。他也不退让。于是两人开始了一场唇枪舌剑的对抗。两人情绪都很激动，可能都讲了一些过头话。几十年以后，他们对这次争执都还清楚记得。沙汀认为白薇在情感问题上显得很功利，病好了就把杨骚忘了。白薇认为女人不能当男人的附庸，时时要想到独立。按说两人交谈的动机没什么大的冲突，平心静气地谈可以化解开，当时却闹得很不愉快。晚年，沙汀仍然持着关于"功利"的说法。

田汉的夫人、女诗人安娥是白薇的朋友，她说："我确信白薇的自尊心与她的'信念'和她的文艺生命一样宝贵，也正因如此，她才落到今天这个悲惨地步，她不接受任何优势的怜悯，甚至接受了'文协'的帮助她都自我痛恨，她哪还能接受杨骚的优势的爱情呢！"（安娥《两颗值得歌颂的心》，转录自《白薇评传》）

沙汀同白薇的争执想必杨骚也知道，他对朋友们关心自己心里是感激的，对于同白薇关系的"复活"，没有表达出更多的"是"与"否"的意见。他大概也不认为自己有什么"优势"，不就是人们觉得白薇年龄比杨骚大，杨骚比白薇好看吗？这外在的、生理的东西也不是今天才出现。杨骚关心白薇，不过是他自己内心的需要，仅此而已。

白薇是这样认为的："天下没有能重圆的破镜，纵使巧为配合，裂痕终归显然，面对裂痕，看那恐怖的乱影交错，我将永远害怕，心头不会快乐。况你万事马马虎虎的脾气，懒怠的生活习惯，只顾享受，不顾其他的性情，与我事事认真不妥协，在贫病中还有条理，和艰苦战斗、不屈到骨头的性格合不来。完了的就不追悔，这是我比你干脆些；缠绵于不可挽回的旋涡中，尽做迷梦，你许比我情长些。情长用在恰好的晨光，那是一种伟大，但用在好事不成的幻灭后，便是愚蠢的费力，徒深化这出闹不清的悲剧。"似乎她很理智地分析了情况，其实又不尽然。

白薇还说："难道女子不能见容于社会，只能躲藏在丈夫的卵翼下求活吗？我不，我的精神，始终为改革社会为人类幸福而武装着，并烧着我的热血。社会不用我，就让热血烧死我罢！至于男女事情，什么春风秋风，都不能吹动我一根眉毛！然而对于你，不管你跑到天涯地角，总不免心魂向往，时刻不能忘怀。这是怎么回事呢？是昙花一现的人生留下的余辉残照吗？是我们友谊太深结下这无形有力的牵挂吗？"

以上两段话均摘于白薇在 1941 年 7 月 15 日写给杨骚一封信的底稿（见《白薇评传》），这时杨骚已远在新加坡。说白薇与杨骚的关系是剪不断、理还乱的线团，其实很形象。白薇这两段话，不也表达出她既理智又情感化的心态？

晚年的草明回忆说，那时在重庆南温泉，她们"天天见面，她很爱我的小儿子，老逗他玩。我理解这是伟大的母爱在这位孤寡女作家的胸膛里骚动。"（见草明《悼白薇》，1987 年 9 月 20 日《光明日报》）。草明说白薇还做得一手好手工，把自己穿着收拾得很利落，曾为草明改缝过一件连衣裙，这是草明穿过的唯一的一件连衣裙。

白薇对草明说，自己得过许多病，什么猩红热、肺炎、丹毒等，光是伤寒就得过两次。草明奇怪地问："伤寒病不是免疫的吗，怎么得两次？"白薇说："头一次是副伤寒，不一定能免疫；第二次是正伤寒。我命大，死不了。"

沙汀同白薇吵了以后，不久也相互谅解。一天，八路军办事处的张晓梅到南温泉接凯丰，白薇将沙汀经济上拮据的情况告诉了张晓梅，张晓梅不容沙汀分说硬将一笔钱留给他当生活费。

杨骚在南温泉过着简朴的写作与读书的生活，偶尔也到重庆市神仙洞任钧的家小住。他写下了《关于文艺批评落后的二三见解》《五四精神和旧瓶主义》《想一句，写一句》等文章。

几十年后，南温泉已被辟为一个南温泉公园。公园在一道小峡谷中，花溪从公园中潺潺流过，里面还有温泉游泳池，有观瀑亭，可以看到一条如练的小瀑布从山上泻下，满目的竹影和绿树婆娑生姿。岁月已将当年在这里发生过的故事淹没了。

南温泉这种暂时的平静不久就被打破了。1941 年 1 月 4 日，发生了震惊中外的"皖南事变"，以周恩来为首的南方局，在重庆展开了猛烈的反击，揭发和抗议国民党的暴行。同时，全国"文协"也坚持开展救亡活动。

暮春三月，雾都重庆茫茫一片，但是张家花园的"文协"会议室，却热气腾腾，灯光明亮。诗歌座谈会正在举行，有人讲到下一次座谈会是端午节，这时，坐在墙角的方殷站起来，建议将端午节改为诗人节。这个建议立即得到大家的响应。推选臧云远起草宣言。《宣言》写道："我们决定诗人节，是要效法屈原的精神，是要使诗歌成为民族的呼声……是要向全世界高举起独立自由的诗艺术的旗帜，诅咒侵略，讴歌创造，赞扬真理。"

杨骚在《宣言》上签了名，成了"诗人节"53个发起人之一。

发起人还有于右任、冯玉祥、郭沫若、艾青、臧克家、郁达夫、闻一多、老舍、戴望舒、何其芳、白薇、胡风、梁宗岱等。

形势越来越紧张。南方局根据中共中央对国统区工作的多次指示，贯彻"荫蔽精干、长期埋伏、积蓄力量、以待时机"的方针，对文化工作方式作了适当调整，对文化界知名人士采取疏散保护措施。周恩来对聚集在重庆和桂林的著名文化人的撤退、疏散、和隐蔽，作了周密慎重的分析研究，具体到每个人的情况和处境。还指示夏衍等赴港，与重庆撤退去的文化工作者合作，建立对外宣传点。

杨骚清楚地明白当时的形势，他同欧阳山、草明、罗烽、白朗等，都报名要求到延安。他早就渴望去那里。

杨骚的人生道路面临一次新的转折。

重庆市曾家岩50号的房子坐落在一个斜坡上，这里是周恩来在市区工作和活动的地方。灯光通常彻夜明亮。沙汀和叶以群参加了对文化人去向问题的研究。

沙汀后来回忆：

> 事情非常明显，如果反动派敢于冒天下之大不韪发动全面内战，集中在重庆的进步文艺界也将遭受摧残。因此，党组织决定有计划地动员他们进行疏散，到外地去，主要是延安，其次香港。

　　由于南洋侨胞在抗战中占有特殊地位，杨骚是福建人，在南洋从事文教工作的熟人、同乡较多，在（曾家岩）50号讨论疏散计划时，我提出动员他去新加坡；组织上同意了。具体执行疏散计划时，以群跑路最多，他那时还是孤家寡人一名，只好又偏劳他多跑腿了。

　　计划决定后，恰好杨骚在重庆作客，住在神仙洞任钧同志家里，我同他又比较熟，动员杨骚到南洋去的任务，倒是我执行的。这个人相当爽快，我一说明我们对他的要求，他立刻同意了。至于白薇，因为她经常生病，活动也不多，主要也因为她同杨骚只是同志、朋友关系，牵连不大，无碍于杨骚的行动，所以，她没有疏散。（1986年第1期《中国现代文学研究》沙汀《皖南事变前后》，作家出版社）

沙汀同杨骚交谈时，任钧正好出外，他回来后，杨骚同他讲了自己可能要离开中国，时间未定，不过不会拖太久。杨骚虽是党外人士，却对组织的安排遵从如命，这一点熟悉他的人都知道。

几天后，他接到通知来到曾家岩50号与周恩来见面，这座楼房的外墙是黑灰色的，楼中一层地面是花岗石，二层和三层均是木地板。周恩来住一层最里面的一间房，房中的陈设很简单，只有一张双人床，一个衣架，还有屋角的书架。房外是一个石埕，石埕靠墙是一排房子，这排房子的角落是厨房，石埕还有一间用竹篾隔成的简陋的浴室。

一层有间会客室，周恩来应是在这里同杨骚单独谈话。他们具体谈了些什么，已无从清楚得悉，但是10多年后杨骚在“简略自传”中提到了这件事，可以看出这件事给他留下的印象极深。“自传”中有这样的文字“依周恩来在重庆召见个别谈话时讲‘到星洲后首先应帮忙陈嘉庚’的指示，……”由此可以推断，在谈话中，周恩来对他到什么地方，到达后具体的工作方向，都有明确交代。可惜这篇自传太简单，因此对这次召见的叙述也只有寥寥几字。

后来，杨骚又到了八路军驻重庆办事处所在地的红岩村，办理有关手续。红岩村所在地原来是大有农场，在农场主的支持下，办事处盖了一座三层的楼房，外观也是黑灰色的，同曾家岩50号一样。办事处的路口旁有一棵高大的黄桷树，这棵树是人们寻找办事处方位的明显标志。楼的周围种着桃、梨、苹果等果树，还种着各色花卉，使办事处显得格外有生机。楼中都是木板地，每层楼中间是通道，两边是办公室和卧室。从办事处出来后，杨骚有一种身负重任的感觉。

为了寻找父亲的踪迹，我曾专程到过重庆曾家岩50号和红岩村。我在这两处地方久久徘徊。在曾家岩50号的三层楼房里，我特别留意一楼周恩来的会客室，默默想象他召见杨骚的情景；在红岩八路军办事处的楼里，我一层楼一层楼地仔细踱着，每一处都有可能是父亲走过的地方。

"皖南事变"后，从1月到5月，由南方局文化工作委员会安排离开重庆的进步文化人，多达100余人。

杨骚决定走了。他将自己的一包笔记本和手稿交给任钧保存。以后任钧也离开重庆，他将这包手稿埋入地下。随着时光的流逝，物事全非，这包手稿再没能找回来，成了无可挽回的损失。

杨骚又设法筹集了一笔路费，买了到香港的机票。当时政治气氛相当不好，他没让更多的人知道自己的行期。

3月的一天，天是阴的，有点闷。杨骚提着简单的行李，任钧独自一人送他到珊瑚坝机场。他们相信再见的时间不会很长，没料到会是诀别。新中国成立后后，他们一人在广州，一人在上海，时有通信，但没有再见过面。40年后，任钧写了数千字回忆杨骚的文章发表在《新文学史料》上，这篇文章后来成为《杨骚选集》的代序。

飞机呼啸着升天，杨骚告别了这战时"陪都"重庆。这里既留着他战斗的印记，也留着他感情的回忆。

第五章　南洋之行

一、再赴新加坡

杨骚来到香港，他在这里作了短暂的停留。

他先找廖承志接上头。廖承志住在皇后大道18号的"粤华公司"，这家公司表面上经营茶叶生意，实际上是半公开的八路军驻香港办事处。廖承志是办事处的主任。

在于诺西道的福建商会和福建同乡会上，杨骚还喜遇了蔡大燮，他们几次在这地方见面。在一回融洽的谈话中，他悄悄告诉蔡大燮，这次他要到新加坡，是沙汀代表组织要他们去那里开展工作的。又告诉

1941年5月，新加坡

他这是秘密，不得外说，哪怕是相知的朋友也不许说。比杨骚年轻许多的蔡大燮曾是共产党的基层领导，他明白这位自己尊重的文学师长已经违反了纪律，但心里非常感激杨骚的信任。他紧紧握住杨骚的手，祝他工作顺利。杨骚，毕竟是个诗人。在这里，又一次表现出他诗人的纯真。

在香港，通过胡愈之的安排，杨骚还走访了一些人，其中包括端木蕻良和萧红。那时，他们住在九龙乐道的小楼上，端木蕻良在编《时

代文学》，萧红抱病创作长篇小说《马伯乐》，在《时代批评》上连载。虽然他们神交已久，却从未见过，这是第一次、也是唯一的一次见面。

耄耋之年的端木蕻良这样回忆："我们谈得没完没了。因为时间不多，他很快要离开香港转向南洋。也正是由于这突然而来又突然而去，好像一道火光似的闪现在我们面前，所以，印象就特别深刻……

"我们从他口中，知道了他去南洋的目的。他责任感很强，流露出一种坚定的毅力，我们预祝他能很好地完成任务。"（1994年5月27日《南方周末》端木蕻良《难忘的一次见面》）

他们天南地北，无所不谈，从"五四"谈到30年代，想到哪儿就说到哪儿，可称得上一见如故。端木蕻良顺口提到刘半农，说他写的那首《叫我如何不想她》的歌词富于魅力，这种艺术魅力是不会被时间淹没的。杨骚也深有同感。

他又告诉杨骚，说他读了《蕙的风》这本诗集，对作者抱着很大的希望，但是后来看了他写的一篇既像小说又像散文的作品《北佬儿》，就对他产生了反感。

杨骚听了，笑着说："你应该多点宽容。"

"他像大哥哥一样，说实在的，他和白薇的生活故事，我是知道的，虽然我同情白薇，但是，我对杨骚也并没有什么可说的，只认为他是背负着时代的烙印罢了。其实，白薇对他也没有过什么怨言，至少，她没有对我说过。"（1994年5月27日《南方周末》端木蕻良《难忘的一次见面》）

他们很自然地谈到郁达夫，因为杨骚不久也将同郁达夫联系，端木认为郁达夫的某些情调，他们都不愿承受，又认为他为人十分真诚。

杨骚临走时，萧红对他说，她为在南洋编报纸的洪丝丝撰写了有关鲁迅先生的回忆文章，杨骚如在异邦看到朋友的文章，可能会有另一番亲切感。

说来真令人觉得有些不可思议：16年后，杨骚去世，葬在广州银河公墓；不久，萧红从香港迁墓到广州，也葬在银河公墓，她的墓正好在杨骚的前面。九泉之下，他们会再谈到这次见面吗？

他还与一个同乡专门去香港大学看望许地山。许地山这时在香港大学当教授，是中文系主任，他年长杨骚7岁，看上去身体要比杨骚健康得多，脸色红润，谈吐悠闲，时露笑容。杨骚说，他给自己的印象"第一是健康，第二是健康，第三还是健康"。因此绝没想到几个月后，他竟溘然长逝。

杨骚告别香港，来到他的目的地新加坡。1925年夏天至1927年秋天，他曾在新加坡道南学校教书，屈指一数，离开这里已经将近14年，他心里当然有许多感慨。

杨骚的大弟杨威雄在兴亚学校教书，已经结婚了，住在日本街。兴亚学校的校长叫黄光弼，也是漳州人，这所学校的教室和教员宿舍都在同一座楼，杨骚最初就住在四楼的教员宿舍，这是一个大房间，住着好几个人。后来搬到大坡翠南亭的龙溪会馆。

此时，郁达夫已在新加坡，主编《星洲日报》副刊《晨星》，他对老朋友的到来感到十分兴奋，在1941年5月20日的《晨星》上，登了自己写的《诗人杨骚的南来》，文章如下：

> 与杨骚在福州别后，已经有三年不见了。虽在报章杂志上，时时看到他的消息，但是从武汉而湘西，从湘西而桂粤，我却终于没有机会和他在旅途中一见。现在他从抗战的陪都，经过香港，而到了这长年是夏的南国，我们很庆幸旧友的无恙，同时又欣幸着南荒的热带上，重增上一位执笔的战士。
>
> 诗人是曾经到过各战区去慰劳将士、视察过抗战的实况的，我们希望他能于征尘暂洗后，将他的所见所闻，都写出来报告给我们。
>
> 文化人在这一战乱时代里所能做的事情并不少，尤其是在文化和我国不同的这南岛，我们希望诗人杨骚能给予我们以簇新的制作，而增加些我们的兴奋。

诗人一定也不想负朋友所望，但他的精力很快就集中到了编杂志上。杨骚与公开职业是《南洋商报》编辑部主任的胡愈之见面后，通过关系，被陈嘉庚先生聘为《民潮》杂志主编。《民潮》是一家刚准备创办的杂志，属新加坡闽侨总会会刊，为半月刊。

正在筹办杂志的时候，8月4日，许地山病逝了。消息传来，杨骚十分吃惊，几个月前的见面仍历历在目。他以民潮半月刊社的名义，送了一副挽联：

讲学立言纯是书生本色　　缨冠攘臂活现豪杰心肠

杨骚还写了《哀念地山先生》的文章，他说："许地山先生在漳州丹霞师范附小教书的时候，恰好是在我毕业附小升入师范之后，虽然没有亲受过他的教育，但他给我的印象却很深。当时我们一般学生有一个不好的习惯，就是喜欢给教师送绰号，……许地山先生那时候在我们的学生群当中，是以'道学先生'通称的；这是因为他的行为态度，总是那么朴素，好学，谨严而又和蔼可亲的缘故。正如施香沱先生在《地山先生世家》一文里所说的那样，他老是穿着一件特别宽松的蓝布大褂，袖口也特别阔大；头发也留得特别长，走起路来，一面慢慢地，一面孜孜地在翻看什么书……"他回忆起20多年中同许地山的几次见面，然后感叹道："不意在我南来后不久，却要以一个同乡的资格，来参加龙溪会馆给他开的追悼会了。真是'天有不测风云'呵！"（1941年11月10日《民潮》第1卷第7期）

逝者长已矣，存者岂能偷生？唯有更努力地工作。

杨骚搬到赵芳路29号楼下，与蔡高岗合租一个房间。《民潮》的社址就在斜对面的武吉巴梳路一个姓梁的商人的住宅，主人做出租桌椅的生意，一家人住在楼上，楼下部分租给《民潮》（现梁氏总会的楼下）。武吉巴梳路这条短短的街道，从1937年10月星华筹赈会成立到1942年2月新加坡沦陷，成了新马华人社会领袖和文化界名人经常活动的地方。

杨骚的朋友楚耘（郑楚云）当时在新加坡南洋女中教书，他是1928年就加入中共的老党员，福建福安人，30年代中期在上海当《读书生活》半月刊的编辑，曾就刊物发表的新诗和读者来信请杨骚评论和解答，读书生活出版社搬到重庆后，还带杨骚到出版社买过《资本论》。他回忆：有一天，杨骚两次到他的寓所，情绪显得比平时紧张，告诉他说，"皖南事变"后，陈嘉庚先生非常关心时局，拟出一种刊物，宣传团结抗战，反对分裂投降，有意请杨骚任主编，为了将这份华侨杂志办好，想邀请楚耘当编辑。因楚耘每周还要编一期《南洋商报》的副刊《青年和学习》，无法脱身，但愿意帮助刊物开办。（1957年3月27日雅加达《生活报》楚耘《回忆我和杨骚的交往》）。

杨骚便与楚耘商量刊物的名字。本来要叫"南侨"或"闽侨"，后来又觉得这样面比较狭窄，于是他们建议改名为"南潮"或"民潮"。后来经陈嘉庚和李铁民的同意，定名为《民潮》，这是因为"民潮"与"闽侨"谐音，又寓有"民主潮流"的意思。

《民潮》的主要工作人员是督印人李铁民，主编杨骚，经理洪锦棠，主要撰稿人是胡愈之、沈兹九、巴人、蔡高岗、王纪元，杨骚，来稿的还有胡风、以群、林林，乔冠华和金仲华是特约撰稿人。李铁民是闽侨总会秘书长，陈嘉庚的书信多为他所起草。

《民潮》创刊号于1941年8月10日出版发行。创刊号有陈嘉庚署名的《发刊词》，称"本刊之使命，非常单纯：乃在'传递乡音，联络侨情'"。又称"本刊除执行主要使命，选集闽侨总会之会务报告及省内外各地通讯外，举凡适合于国家民族抗战利益之所需求，自由独立之所倚寄，与不违背当地政府法令之各种文字：如时事报道，论文，小说，诗歌，散文，杂感，漫画等，亦予以附载"。

杨骚在创刊号上撰文《民主运动在祖国》，说："祖国政治在今天，已不是'颇民主不'的问题，而是民主已被摧毁的问题；民主运动在今天的祖国，已不是'需要不'的问题，而是怎样使它迅速实现的问题。"

在创刊号上，他还发表了《三民主义、'绝对'及其它》，说："有国内的政治逆流，然后有文化人逃亡海外的事实；有专横、霸道、贪污、摩擦专家，然后有民主、人权、肃清贪污、主张团结的呼声，而这些呼声，又正是为着救国，为着抗战的胜利。"

杨骚的这两篇文章，指向的就是国民党制造的"皖南事变"以及"皖南事变"后国内动荡的真相。

　　杨骚天天在社内写稿、编审稿、处理版面，有时还到马路对面怡和轩俱乐部同南洋闽侨总会的人讨论工作，一直到深夜才回住所。《民潮》除了开头第一、二期楚耘帮助外，以后的编务主要落在杨骚身上。其间，经常到社里来的是巴人（王任叔）。当时负责杂志发行的林云是这样描述的："杨骚和巴人都是十足文人学者的样子。杨骚平时说话不多，不是一个很活跃的人，而且不大注重仪表，穿着很随便。他跟我们这些20岁上下的年轻人很少讲话。说话的态度倒是很温和。"（1988年4月3日新加坡《联合晚报》第13版《飞鸿踏雪泥——武吉巴梳路上的文化人》）

　　杨骚同巴人是在上海就认识的老朋友，他曾约巴人参加中国文艺家协会的发起，还约他写过关于国防文学的文章，巴人也几次去过杨骚在北四川路一条里弄房子的亭子间，感叹他贫病交迫的生活。

　　巴人是1940年7月"疏散"到新加坡的。他在《记杨骚》（巴人《遵命集》，1980年10月北京出版社重版）一文中，平静又富于感情色彩地叙述过杨骚在新加坡的这段生活。

　　　　那时，在新加坡聚集了一些国内去的文化人。以南洋商报主编胡愈之为中心的文化人，同以星洲日报国民党文化人是旗鼓分明，彼此对垒的。而郁达夫却担任了星洲日报副刊的编辑，颇感孤寂。再说达夫初到新加坡时曾经漫游了马来亚，写过一些游记文章，发表在报上，因此遭到进步文化人的攻击。国难当头，而犹游山玩水，这就成为攻击的原因。我从杨骚那里知道这种情况，并且了解杨骚是不以这种攻击为然的。这样，我就由杨骚介绍，认识了达夫。友情高于一切的达夫，每次同我们相见，总是无所不谈的。他从自己的婚姻纠纷谈到他对国民党人的恩怨情仇，无一不披肝沥胆地谈着。

　　　　杨骚并不是一个健谈的人，但是一个善于循着别人的感情而导引别人的感情向上的人。大概由于杨骚深沉地表现了对达夫的友情的温暖吧，达夫从各方面都表现积极了。他发起了郭沫若的祝寿大会，他在"一二·八"日本南侵时发起了文化界抗日救国工作团，他每天到会办公，一直坚持到第二年2月8日（应为2月4日），我们共同撤退到苏门答腊为止。我从达夫的转变上，确然见到了作为一个平凡人的杨骚的感染人的力量。

汪金丁在《记郁达夫》一文中也说，因为杨骚到新加坡，"大家和郁达夫的关系更加密切了"（转引金丁《和胡愈之在南洋的时候》，见《往事与文化人》，中国人民大学出版社1988年版）。

巴人还讲到杨骚惦念关照着白薇的一件事，这件事如果不是巴人提起，恐怕就如同尘埃般消失了，永远不会有人再谈到。"在这半年里，我看到杨骚在任何工作中都不显露自己的锋芒，但凡我们认为应做的事，他却默默地不多说什么，总尽着自己的力量去做到的。那时，他的经济生活并不宽裕，民潮的编辑待遇不过一个月60—70元，但他每月必须寄50元给一个曾经同他共过生活的女友（白薇）。在这里，我不仅看到他感到有负于人的那种宗教徒的虔敬的忏悔感情，我而且还深深地体验到杨骚的纯正的诗人的灵魂。"（巴人《记杨骚》）

白薇在1941年7月15日写给杨骚的那封信中谈到自己在重庆的生活情况：

老维：

　　三月初，接你着港的信后，再没接到你的信，念念你的行踪。前天，读你到星岛的信，你能平安抵星，很欢慰。

　　这次远去国土，希望你能坚持宿志，做出此事来！听说之的也去了南洋，真么？见着郁达夫先生，请为我向他致意！

　　承你嘱我"保重""写作"，这，我比任何关心我的人都注意，而且着急，事实却全不能如愿。生活程度越来越惊人，压得人筋骨碎。米，一百二十多元一斗，你去时不过四十元一斗，面粉二元八角一斤，你去时不过一元一二角一斤，蔬菜起码六角至一二元一斤，一切都比你去时贵一倍以上，一切都奇涨不停要人的命！以我的经济情况，把所有的时间，赔在自己烧饭、洗衣、买菜、扫除、缝补，还常虑来源经济，焦愁不知何以延命，从何保重来？

......

杨骚将自己每月60—70元工资中寄50元给白薇，大概由此而来。

尽管是艰苦的战争时期，杨骚仍然对未来充满信心。几年前，他曾将二弟杨侗的女儿杨雪珍过继为养女，并给之取名红豆。他从新加坡给在家乡年纪尚小的红豆寄过一张照片，在照片后面有一首叫《赠红豆》的小诗：

> 红豆，红豆，
> 听说你爱哭。
> 你为何爱哭？
> 为人间的生果太苦口，
> 想摘天上的明星摘不到？
> 为家里的椅轿太狭小，
> 想骑空中的飞鸟向外逃？

> 红豆，红豆，
> 劝你莫要哭！
> 想你何须哭？
> 等你长大了，人间定像天国，
> 家庭已非笼牢，
> 好好学习，奋斗，生长吧，
> 将来坐飞机到月宫里唱歌！

这首给红豆的诗写于多年以前，重抄在照片后面，表达了对未来的期望和信心。虽然今天战云密布，但明天一定是美好的。

他编务之余，不曾辍笔，在张楚琨主编的《南洋商报》副刊"狮声"上发表了《天才没有种子》《以纸弹配合子弹——对反侵略文学口号提出的一点意见》《散谈诗》（文学讲座连载）等，很受读者欢迎。

> 1941年12月8日，日寇南进，在星洲市区第一次丢下炸弹，不久后民潮半月刊停办，参加新加坡抗日动员总会属下文化工作团的工作。（《杨骚自传》）

《民潮》办了半年，从薄薄的一本30多页增加到后来的一本120多页，这里凝聚着杨骚多少心血。

40多年后，新加坡《联合晚报》用黑体字编排的编者语这样回忆：

> 胡愈之、沈兹九、郁达夫、巴人（王任叔）、杨骚这几个名字响当当的中国文化人，40多年前在新加坡留下深深的脚印，创下了辉煌的业绩，这群文化人在1941年年初到1942年2月，都是武吉巴梳路的常客。在晋江会馆内，曾有他们滔滔不绝的演说，在怡和轩俱乐部，他们与陈嘉庚先生有过多次亲切的交谈，在今梁氏总会楼下，有过他们办公的地方。
>
> 他们来自中国的大江南北，原来并不完全相识，然而，为了负起天下兴亡之责，为了拯救灾难深重的中华民族，他们在新加坡'会师'，一起走在武吉巴梳路上……（同上《飞鸿踏雪泥》）

12月8日是星期天，凌晨四时，突然响起一连串的爆炸声，许多人从梦中惊醒。接着才响起尖利的警报声。战火烧到了新加坡。

> 从祖国南来的文化界诸先进如胡愈之、王任叔、刘尊祺、王纪元、沈兹九、郁达夫、杨骚，曾先后召集当地一部分进

步文化教育工作人士，在南洋商报同人俱乐部举行座谈，对当前时局，及如何动员后方民众参加抗战工作，交换意见。经过几次讨论后，大家都认为时局日益严重，动员民众工作完全没有展开，而文化界应负起后方精神动员的责任，于是决定在12月下旬假直落亚逸爱同学校，召开全星文化教育界座谈会，交换对动员后方文化界参加抗战工作的意见。那天出席座谈会的人异常踊跃，……教育界代表……王任叔、汪金丁、陈仲达，新闻界代表胡愈之、郁达夫、王纪元、张楚琨等。文化界代表杨骚、沈兹九、高岗等。……结果即席商定组织星华文化界战时工作团。接着便由筹委会召开星华文化界战时工作团成立大会（陈仲达《星洲战时文化界之一角》，收入《大战与南侨》）。郁达夫被选为团长，胡愈之为副团长，组织部长为张楚琨。接着“新加坡华侨抗敌动员总会”也成立了，主席是陈嘉庚，宣传部长是胡愈之，文化界同人大多数在宣传部工作。《民潮》停刊后，杨骚立即投入了工作，和大家一起穿梭在晋江会馆（抗敌总会所在地）、南侨师范学校（战时工作团团部）、爱同学校（工作团青训班所在地）。

随着战事的进展，情况越来越紧张。1942年1月31日，英军全部从柔佛新山撤退到柔佛海峡南岸的新加坡岛。日军迂回包抄，新加坡成为四面被围的孤岛。2月1日，日军开始从海峡北岸轰击新加坡。

轰炸越频繁，炮弹越多打到市区来，抗敌工作越加紧进行。抗敌动员总会总部的晋江会馆沸腾起来了，救护队员、保卫队员、劳工服务团员、义勇军成员、宣传队员……像长龙翻腾在这座和陈嘉庚主席居住的怡和轩仅一楼之隔的三层楼房，文化界战时工作团这时也集中到总部来办公；战斗在这座楼的人们对频繁的报警满不在乎，直到炸弹在附近爆炸，才从容不迫到后院堆着砂包的小圈圈休息一下，仰看头上飞过的敌机（《张楚琨诗文选》中《忆流亡中的郁达夫》，中国华侨出版社1994年9月版）。

但英军并没有坚守下去的决心，新加坡失陷的迹象已很明显。2月4日，胡愈之、郁达夫、王任叔、张楚琨、王纪元、高云览、汪金丁等28人乘一艘长仅4米的破旧摩托舢板离开新加坡退往苏门答腊的萨拉班让岛。

民潮半月刊社也进行了清理，因为这是一家鼓吹抗日的刊物，日本军队占领新加坡后，谁要是存有这本杂志，谁就有可能掉脑袋。社里的文件都被焚烧了，以致后来的资料极难寻找。

2月9日，杨骚也搭上一艘大航船离开新加坡。

2月15日，新加坡这个所谓"攻不陷的要塞"，在10万英军向3万日军投降后，也沦陷了。

二、山芭隐居

杨骚离开新加坡后，也乘船来到了苏门答腊的萨拉班让岛。在印度尼西亚语里，萨拉班让的意思是"长海峡"，这个小岛卧在孟加丽斯海外，一条长长的海峡的一边。杨骚寄居在萨拉班让市区一个同乡的家里，也曾住在萨拉班让对面的文岛。此时，他改名为杨笃清。

抗日战争胜利时，杨骚（左一）与巴人在新加坡

萨拉班让这个地方，有不少闽粤籍华侨聚居，经营各种小商业和土产贸易，地处甘巴河的出口，成了沟通苏岛内地与新加坡的中转站，很是热闹。此时，郁达夫、王纪元隐匿在这里沿海一个名叫宋溪亚庇的小村庄里。"随后，杨骚同志也经过这里，为了掩人耳目，他设法帮助达夫开设一个小摊子，摆卖杂物，但达夫、纪元都是浙江人，不谙印度尼西亚语，结果反惹人注目，只好另谋出路，杨骚也到拉冷去了。"（杨嘉《红珊瑚——郁达夫的最后岁月》，1981年8月29日《羊城晚报》）

巴人也住在萨拉班让，同住的是一个叫郑包超的广东客家人，大高个儿，是一个退职的暗探，还是当地客属公会的会长。

转眼3月底，听说日本军队已经进入了苏门答腊的首府棉兰。为避免麻烦，这些惹眼的文化人只有潜入更偏僻的地方。巴人和刘岩（雷

德容）既不会讲广东话，又不会讲福建话，无法冒充当地华侨的亲戚。在这里，只会讲普通话的，被华侨叫作普通人，而普通人在华侨社会中是很独特的存在。此时，非常容易暴露身份。巴人同杨骚详谈了好几次，杨骚说："住到山芭里去吧，我跟你们一起住。让我们结上亲戚的关系，小雷算作我的妹妹，你作了我的妹夫，这样，我就可掩护你们了。"（见巴人《忆杨骚》）山芭就是丛林里的小村落。事情就这么定了。

不久，他们三人搬到一个叫"松芽生比"的山芭，共同生活了4个月。这段生活，巴人在《任生及其周围的一群》（巴人《印尼散记》，湖南人民出版社1984年8月版）中，作了极为详尽的描写。流亡生活，本来是悲凉、破碎、低落的，但在巴人笔下，却律动着生命的姿态，富于自然，富于哲理，甚至带有诗意。父亲的流亡生活因此也给我留下了深深的印象。

包超愿意帮他们寻找一个适合隐匿的山芭，"大家都是中国人，说不上帮忙。"他这样说。

一天，杨骚和巴人由包超带路，去看这处山芭。他们雇了一只小舢板，划了4个小时，来到一个叫亚里的小市镇，从亚里岔入直落港，沿着两岸丛生着一二人高的马胶树的河流继续向前划，然后再拐进岸边的一个缺口上溯，一直到小船搁浅在沙滩。这里不闻鸡鸣狗吠，一派死寂荒凉，除了丛生的杂草，就是疯长的荆棘，椰树林当然也看不到。这里聚居的标志是椰林，凡是有椰林的地方，一般都有村落。他们在洼地和草丛中步行了半小时，才在树林中发现人住的小小的亚搭屋，这是一种用亚搭叶盖的小屋子，比中国山间的茅屋还简单。主人认识包超，开了两个鲜椰子请大家喝椰水解乏。他们继续在野地和由于太阳的暴晒蒸发出来的霉烂气味中走了两三公里，过了一道长长的破木桥，过了一个在泥沼堆上的小村落，最终来到一处橡胶园。

一条小路穿过橡胶园，路边是一道一米来宽的小涧，流着血一样的红水。"松芽生比"是"狭河"的意思，不知是不是这道小涧的缘故。橡胶园中有一座像模像样的白木板屋，包超说，这就是任生的房子。这座房子有前厅，前厅有左右两个厢房，从偏门进去是后厅，也有左右两个厢房。厨房在后厅的披檐下，很宽大。杨骚赞叹说："这样的房子，在山芭里是数一数二的了。"

事情很快谈妥，就住在这里。讲到租金，长着一张凹脸的任生不在意地说："山芭里的屋子，值什么钱？逃难来的，住得好，随便送几个；不送也不要紧，这些房间总归是空着。"任生是广西籍的客家人，巴人在他身上，感受到虽然自身憔悴却一直喂养着人们的土地的那份温情。

这里人迹罕至，当然也就更加安全。

在一个繁星满天的午夜，他们由包超的太太带着，搬往松芽生比。风平浪静，海天一色，只有舢板行进发出的呜呜鼓水声。杨骚和巴人坐在前舱，小刘和包超的女人坐在中舱。大家都毫无睡意。杨骚有时指着天空说，北斗七星在那里，这是斗柄，那是斗头。他讲得津津有味，可惜其他人都毫无天文常识。

巴人从新加坡沦入日寇手中想到曾给一个革命者写的一首律诗。他背诵给杨骚听。杨骚听了以后评价说：

"末联'斯人不在天无色，椰风蕉雨泣海滨'，虽然情调不错，但终不如头联'杀身何取乎仁义，流血只应为寡贫'来得更真切。"

杨骚因受养父影响，也曾钻研过旧体诗，但自从与新诗结缘后，便不再留恋旧体诗，几乎不再写这种诗了。但唯有一次例外。这大约是在1948年，漳州一些故老与一中一个穷教员的度岁诗唱和，这些诗集印为一小册，侄儿杨荣寄去印度尼西亚给伯父看，杨骚看了以后，尽管认为这些诗已落伍，但仍勾起他一腔乡思。他也步韵写了一首抒发自己感情的七律，连同信一起寄回家。杨荣至今仅记得其中两句，这是首联下句"家乡啖橘久无缘"，还有尾联下句"落胆文章不值钱"。这两句诗，前一句透露出他异国游子的心情，后一句自然地反映出他自觉以文艺为武器的战士本色。

在这个逃难的深夜，他们还饶有兴致地品评诗歌，作家的感情，大抵是永无平静的时候。

来到任生家时，天已经大亮了。

他们就住在前厅的左右两个厢房里，巴人和小刘住一间，杨骚和任生的叔父住一间。他们还商议好了房租、柴火、用水等费用，每月付给任生15盾。晚上闲谈时，杨骚告诉任生，自己是在新加坡开小店做生意的，巴人是上海人，是书店的伙计，新加坡的店面给炸毁了，只好先来山芭躲一躲，待平静以后再说。这都是事先编好的身世。任生还问他们的姓名，怕日后漏口，他们改名不改姓，但告诉他的是同音异字的姓。于是任生就管杨骚叫"老杨"，巴人叫"老黄"，小刘叫"刘先生"。

躲身的地方解决了，暂时也没有危险，他们顿感轻松许多。杨骚晚上安然入睡，续着他无休无止的夜梦，时而喃喃出口，像演说一样。睡在旁边的任生的叔父喜欢打鼾，而且鼾声颇响。他们倒也两不妨碍。只是巴人睡在另一房间，中间只隔着前厅，老人如雷的鼾声和杨骚演说般的梦话，时时传过来，仿佛要比个你高我低。巴人想，"这怕是这两人生活的反映。一个是垂老的劳动农民的倦怠，一个是身体衰弱的诗人幻想的奔放，这就织成大鼾声与长梦话交奏的夜曲了"。(见《任生及其周围的一群》)

在屋子附近，另一条河湾的高坡上，有一座旧厂房的废址，任生说这是他们硕莪(西谷米)厂的遗址。它完全荒弃了，大半已倾倒，一间小屋未倒，堆积着喂猪的咸鱼，厂房前面的过道，有一架破残的绞硕莪的机器。不知缘何，杨骚和巴人同时喜欢上了这处漫散着破败气味的地方。或许法西斯的铁蹄践踏着的土地在喘息，他们在这里感受到了；或许文艺家的细胞在令人感伤的场景前自由地活跃起来，他们放任了。总之，每天晚饭后，他们都要来这里坐谈一回。

这土墩，自有它的诗情，前临潮水涨落的河湾，碇泊着任生的舢板和舴艇，而血红的溪流又从这里曾经有过水闸的高处奔泻而下。我们坐在那里，既可听溪水铿锵的流声，还可远望一片晚霞，照映苍黄的荒原。霞光是那样锦绣夺目，变幻无穷。荒原是那样迎风颤栗，凄切哀歌。如果这一晚，我们大家喝了点酒，那么，东北流亡曲的歌声，又在败草丛中，槟榔树顶飞扬了。(见《任生及其周围的一群》)

来松芽生比前，杨骚就向巴人建议来开个菜园什么的，巴人也感兴趣。后来听说杨骚曾住过的文岛那所房子的后山，有一处黄梨园要出租。他们盘算，黄梨收获两次后也许就可以回新加坡了，到时还可以转租给别人。于是就去实地看看。这是半荷亩的一个果园，百来株黄梨，自生自灭，四周是荒野，凄凉阴森，只有一间屋子外观还不错，但小刘一踩上去，整只腿便陷进板里，血痕斑斑。这么一来，这次田园的经营就告吹了。

在任生家住下来后，他们又想种植一些蔬菜。杨骚早在去直落岛时，在店里买回了两把斧头，是德国造的，大约想用它来开荒。他非常珍爱这两把斧头，用纸张仔细地包起来，放在皮箱的衣服里。

任生对他们想开荒种菜，很是怀疑，他冷淡地说："土地有的是，只是你们干得了吗？"

果然，杨骚和巴人从任生的工具间里找来两把锄头，在房前的草地上锄草，只锄了一会儿，就气喘吁吁的，抱怨锄头太重，不适合他们用，这时，草皮都没有削下几片，更不幸的是杨骚的手上打起了两个血泡。后来杨骚还不死心，他又用任生的斧子劈柴，手上又很快打起了泡。

这回，任生高兴了，他笑着说："我说得对吧？你们怎能做得这活？"

买来的斧头也许用不上了，但是它却寄托着杨骚诗人般的理想。

一天，杨骚特地请来任生，他打开皮箱，取出斧头，让任生鉴赏，任生的叔叔也站在一旁。他们一人拿着一把，对着窗口透进来的光亮，细细地看着。这斧子像是用纯钢做的，发出煤一样亮堂堂的光，斧口阔而不厚，打铸得很灵便的样子。他们忍不住啧啧地赞叹。

任生说："这么漂亮的斧子，配上硬木柄才好。"

老叔眨巴着眼说："这斧子轻，砍树可以，劈柴太小了。"

"是不是好斧头？"杨骚问。

他们异口同声夸道是好斧头。任生又问："这德国货，现在买不到了，你这是从哪里买的？多少钱？"

杨骚得意地说："在直落岛一家吉兰店（杂货店）买的。就这两把。"

"要是转卖给我，我也要呢。"任生自言自语。

杨骚一听，立刻从他们俩人手中拿回来斧头，依然分别用纸包好，又扎在一起，小心地存放到皮箱里，像母亲将孩子放入摇篮一样。他关上箱子，不说一句话，静静地望着窗外的树梢和天空。这斧头有他的世界和天国，他非常满足了。

杨骚这段斧头的情节，巴人不仅在《任生及其周围的一群》写到，在《记杨骚》一文中又提起，说他曾在晚上独自取出斧头在灯下观赏抚摸，可见这个情节给巴人留下的印象之深刻。他说他是更深地看到了诗人杨骚纯正的灵魂。

巴人在做开荒梦时，小刘务实地给周围的女孩教书识字。这时，出现了一个叫阿莲的姑娘。

她"身材苗条、坚实，臂膀和胸膛已显出成熟的征候，淡黄长圆脸，略显虚肿。她17岁，正到了一切女孩神情恍惚，做事没耐心，爱串门子，像在寻找什么失落的东西似的年龄"（见《任生及其周围的一群》）杨骚和巴人搬来后，听说她来得更勤，有时她突然从后厅串到前厅，站着，两眼四处溜，一副不安和惶急的样子，又突然会叫声"大姐"（她这样称呼任生嫂），串出前门，偶一抬头间，又看见她憨笑着，站在你面前了。

同中国一样，这里的女人对独身男人很感兴趣，杨骚因此也成了任生嫂和阿莲家打听的对象。曾经有一次，任生嫂跟杨骚谈起阿莲这女孩的身价不高，她母亲说只要200叻币，便可把人娶走。"不知谁能讨得起她。"任生嫂显然受人之托，在试探杨骚，"年龄大小倒不在乎，我只27岁，任生已40岁，女人是容易老的"。

巴人和刘岩也对杨骚开着玩笑。杨骚只是苦笑着。"老Y（杨骚）是诗人，灵魂的境界是深密的。一个缺少知识的女孩，怕不容易理解他。固然也有一些有特殊嗜好的诗人，即使家有好酒，却总爱在下雨天气，踏进下等酒寮，对着脸擦得像猴子屁股的女堂倌，细斟缓酌，感到别有诗情与风味。而老Y不是那样的诗人。"（见《任生及其周围的一群》）此事也就没有结果地过去了。

他们在松芽生比住了4个月，后一段时间，杨骚经常出山芭，到住着朋友的各个岛屿去，不断地了解情况，巴人的朋友也来信，要他西上巴耶公务。他们准备离开这里了。任生终于向杨骚提出一个要求，说他愿意买下藏在皮箱里已经很长时间的斧头。杨骚撒了个谎，说："斧头早已让朋友拿走了。"

任生在这4个月中，没向他们提出什么要求，他也爱上了这斧头。"但农人的爱与诗人的爱，现实的爱与幻想的爱，是像月亮和太阳，永不能会面的。"（见《任生及其周围的一群》）

杨骚先到了亚里，捎信要巴人请任生将他的皮箱带来。皮箱没有锁，东西也少，任生一提起，只听到斧头在里面滚动的声音。他感到非常失望。巴人在心里责怪着粗心的诗人。

巴人到巴耶公务后，又转到棉兰，一直到抗战结束才与杨骚重逢。

杨骚先到巨港，然后来到苏门答腊岛的南端，在楠榜州首府直落勿洞，同张楚琨和林枫住在一起。当时，他们和高云览等经历过一番周折，自制出了肥皂，温平当经理到处推销，打开了销路。他们便以此谋生，掩护度日。杨骚同张楚琨以表亲相称，张楚琨的太太吴梅丽成了杨骚的表妹，他们的女儿泳莹叫杨骚为"舅舅"，后来杨骚结了婚，第一个孩子叫"泳南"，同"泳"字排号。张楚琨新中国成立后曾任厦门市副市长、中国新闻社副社长、全国侨联顾问，高云览写出了著名长篇小说《小城春秋》。

他们的肥皂厂设在"甘榜"古邦拉迈小丘上，这地方离城镇不远，周围都是印度尼西亚人，房子是租的，房东是一个印度尼西亚医生，杨骚同林枫住在一起，这是一座木头房子，有两个房间和前厅后厅，房子没上漆，也没有玻璃窗，但是有自来水。杨骚和林枫一人住一个房间，前厅和后厅就是肥皂厂的工场。张楚琨一家住在附近另外一座木头房里。他们同印度尼西亚居民相处得很友好，房东太太被称为"玻璃太太"，经常过来教他们印度尼西亚语。

这是一段相对平和的时期，杨骚的心情也比较平和。当时胡愈之等在巴耶公务成功地办起了一家酒厂，于是沈兹九想到了做肥皂，但做出来却是灰的，如何能使它白起来，一时无策，"正在着急的时候，诗人杨骚来了，说方君壮先生也正在试验用灰水做肥皂，已经相当成

功"。后来请方来，终于生产出白而光亮的肥皂。（沈兹九《流亡在赤道线上》，生活·读书·新知三联书店1985年11月版）

但是有一件事情使杨骚受到了惊吓。一天，杨骚正在厅里的皂桶旁边专心致志地搅着肥皂，突然有几个青年人来找他。杨骚放下手中的活接待他们，其中一个青年笑着温和地问："你是杨骚先生，对吗？"

杨骚被吓了一大跳，他竭力镇定下来，连忙说："不是，不是，我是一做肥皂的，叫杨笃清。"

这时，另一个青年从口袋里摸出一张照片递给杨骚，杨骚一看，心里更慌，原来这是他年轻时的一张照片，不知这些人从什么旧书上剪下来的。他还是强作镇定地说："我不是杨骚，可能相貌有点像，而且又同姓，所以你们认错了。"

但是这些青年人不愿走，倒同他谈起了文学，谈话中杨骚觉得他们实在天真，猜想他们可能没什么恶意，慕名而来罢了，也就小说呀诗歌呀地同他们谈起来。谈到后来，杨骚说：

"这张照片我很喜欢，能送给我吗？"年轻人毫不犹豫地将照片给了他。

他们走后，杨骚总感到自己被注意到了不是一件好事，悄悄搬到另一个山芭住了些日子，看看没什么动静，才又搬回来。

新中国成立后在广州话剧团工作的林枫对当时的生活情景还记得很清楚，闲时他们时常聊天。有一回杨骚同他谈起在重庆的一件事。那时日寇的飞机在滥炸重庆，一天，一个文化名人在郊外要过江到城里，杨骚劝他不要去，很不安全，但是这位先生不听劝阻，结果在过江的时候，正好遇上敌机来轰炸，渡船被炸中，他也落入江中身亡。杨骚惋惜不已，写了一首小诗：君勿渡河，君竟渡河，坠河而死，将奈君何。

每当月明之夜，诗兴勃发，（杨骚）便独自吟哦不已，有一次他低声哼着一首英文歌，我觉得很好听，问他是什么歌，请他教我唱，他说：这是一首圣诗，不是歌，但有些年轻人都把它当作情歌来唱。诗句很美……诗词的大意：我怎么能离开您，/我怎么能与您分离，/只有您占有我的心，/亲爱的，相信我。/您拥有我的灵魂，/紧紧地绑在一起，/没有人值得我爱，/只有您。

　　我对他开玩笑说：杨大哥您还年轻，也可以把它当作情歌来唱，也许会唱出一位"亲爱的梅娘"呢。他忙答说：不，不，我只是借以抒发对祖国的怀念（林枫《相知十四载魂牵四十年》，《永远的纪念》鹭江出版社1996年5月版）。

毕竟是在日寇统治的铁蹄下，是在沦陷的岁月中，这样相对平静的日子没过多久，杨骚的生活就发生了一个新的转折。

三、椰岛之国的姻缘

1946年8月12日摄于新加坡嘉东。杨骚与陈仁娘及长子泳南。

这些落难文化人在直落勿洞办的这家手工作坊式的肥皂厂，经营得似乎还不错，他们制造的盐水钾皂和"美丽牌香皂"风行一时，后来在米德洛办了一家分坊。为了避免聚在一起目标太大，杨骚搬到了米德洛这家分坊，林枫回到巨港。当时，杨骚已意识到为了安全度过沦陷的岁月，需要建立一个家庭。机缘由此出现。

直落勿洞这个城市有一座教堂，教堂有一位长老，已70多岁，名叫陈金川，为人温和敦厚，两只耳朵很长。长老是福建安溪县人，年轻时背井离乡来到南洋，现在有3个女儿。最小女儿的叫陈仁娘，已25岁，还没有出嫁，后来成了我的母亲。外祖母叫林阿娜，爱唠叨，性子可能比较急，有时吵架，陈金川就不声不响溜出去，让她自己一个人吵去。日本人统治时期，没出嫁的姑娘是很危险的，于是小女儿的婚事就成了两个老人的心病。

日本人来了以后，陈金川一家搬到米德洛，母亲的一个婶婶在这里开小杂货店。这个婶婶当了红娘。母亲以后同我谈起她与父亲认识的经过，笑着说："第一次约见是在米德洛的教堂，婶婶的女儿吩咐我一定要去教堂，神秘地笑着说有人想见见我。你父亲可能有事没来。

第二天我到你大姨家，他来了，同你大姨夫谈话，在院子里走来走去。几天后，我回直落勿洞你二姨家，他也来走走。"父亲和母亲的认识就这么简单，不过也太简单了一点，似乎没什么色彩。母亲又说，你父亲知道我只懂印度尼西亚文，汉文程度不高，他说不要紧，懂得印度尼西亚文就可以，汉文很好学。

不久，他们就结婚了。结婚证书上这样写着：陈仁娘1919年2月9日生，杨笃清民国前7年12月19日生，陈华才先生介绍，1944年7月15日上午11时在美德卢举行结婚典礼，证婚人许瑞庭，主婚人陈钦川。

很显然，父亲在这里瞒了4岁，也许他那时还显年轻，母亲许久以后才知道他的真实年龄。结婚证书上的介绍人是母亲一个朋友的亲戚。

结婚后，杨骚住在米德洛远郊的一座土平房里，离直落勿洞有3个小时的汽车路程。杨骚喜欢唱歌，在沦陷的日子里，他最爱唱的是《松花江上》。"我的家在东北松花江上，那里有森林煤矿，还有那满山遍野的大豆高粱……什么时候才能够回到我那可爱的故乡，什么时候才能够欢聚在一堂。"但是他仅能在没人的时候唱，在晚上的时候唱。他唱这首歌的次数实在太多了，以至于连新婚的妻子也耳熟能详。

这首歌表达了他对日寇侵略行径的憎恨，对被侵略者蹂躏的家园的爱恋。"他通日文，会说，会看，会译，日本人是占领者、统治者，会说日本话是很方便的，但他绝不说一句日本话，他痛恨日本侵略者，认为不能在侵略者面前露出一丝一毫的媚骨。"（张楚琨《关于杨骚同志》）

尽管他们小心翼翼，但是仍能感受到周围有一张无形的网大张着，在窥伺着。张楚琨到米德洛参加杨骚的婚礼回到直落勿洞，就被楠榜日本宪兵部通知到"侨长"（甲必丹）家中盘问。宪兵问他到米德洛干什么？在楠榜还有什么朋友？张楚琨回答说，杨笃清是我表内兄，婚礼是应当参加的，楠榜只有肥皂厂的客户，没有其他朋友。盘问后，宪兵宣布不准张楚琨离开直落勿洞，还要"侨长"为他担保。

战局对日本法西斯越来越不利，这是杨骚从那些到肥皂厂来要肥皂、喝咖啡的日军士兵的口中听到的，这些士兵不知道身边有一个人懂得日语，讲起话来无所顾忌，无意当中透露了不少情况。

　　这时，日本当局对占领地的控制也越来越严，从巴爷公务传来了消息，同郁达夫接近的华侨朋友一个一个被武吉丁宜宪兵部抓了进去，一两个星期被放出来后，都噤若寒蝉，要求原先的朋友不要再去找他们。

　　非常值得庆幸的是，一直到1945年8月15日日本战败投降时，几乎所有从新加坡流落出来的文化人都安然无恙。8月底，楠榜宪兵部一个台湾通译同张楚琨拉同乡关系，向他透露了一个令人恐怖的消息："乡亲，你拣了一条命！你和郁达夫一伙数十人，都是从新加坡逃出来的文化人！宪兵部一年前就查清了，打了一份报告请示东京帝国大本营，回电是'严密监视，一网打尽'。原定1945年9月1日在全苏岛肃清不稳分子；楠榜的埋人坑已经掘好，将被活埋的有数十人，除了你们以外，还有'侨长'、侨领、侨校校长、印度尼西亚人政治头目和社会名流。你们在巨港、巴东、棉兰、巴爷公务等地的人也将在同一天做忌。现在好了，天皇投降了，你们可以干杯了。"（《张楚琨诗文选》中《忆流亡中的郁达夫》，中国华侨出版社1994年9月版）

　　令人痛惜的是，8月29日晚，郁达夫正在家中同汪金丁、包思井、吴柳斯、杨嘉等闲谈时，被日本宪兵骗出去杀害了。

　　日本投降了。杨骚非常兴奋，他心情舒畅地搬回直落勿洞。不久，胡愈之克服种种困难，创办了新南洋出版社，1945年12月3日在新加坡正式出版《风下》周刊，这是一份综合性刊物。他在《南洋杂忆》中说："杨骚、巴人、汪金丁、卢心远、陈仲达、张企程、吴柳斯、沈兹九等等流亡在南洋的文化界朋友，则既是《风下》的作者和记者，又是《风下》的编委"（见《流亡在赤道线上》），《风下》还办青年自学辅导社，门庭若市，杨骚和高云览都成了受欢迎的辅导教师。

　　次年1月，杨骚的长子杨泳南出世。不久，他写了一封信回家，信是写给二弟杨侗的。内容如下：

　　侗弟：

　　　　自从日寇投降后，我即由农村搬出来，数年间幸喜平安度过，生活也未尝受过怎样威胁，携弟（大弟杨维雄）在星也还平安，但未知漳州情形如何为念。前曾由携弟从星洲汇十万国币回家，据携弟来息，至今未接到回信，不晓得你已经收到了没有？目前交通不便，邮件常常失落，或迟延时日很久，和平后至今没有接到你们来信，当然不足为奇，预料你及全家人均平安过活为慰。从报上知道国内生活非常困难，米珠薪桂，此时真名副其实，不晓得全家人怎样谋生。我自星洲失陷后，辗转流离，躲到苏门答腊最南端南榜直落勿洞附近的一个小市镇，后又搬住华侨新开辟的农园里，自建一座草房，才住两个多月，世界就和平了。目前搬住直落勿洞，这里算是渡过爪哇的一个海口，土产胡椒，世界闻名。在日本时代的三四年中间，我靠和友人经营制造木炭肥皂维持生活，现在肥皂厂还在，生活大部分还是靠它。此后到底做什么，到何处去，还未十分确定。……前几天到巴城（雅加达）来，晓得由航空可以邮寄信件回国，才写这信给你。爪哇及苏门答腊，地方颇为扰乱，印度尼西亚人的民族独立运动如火如荼，华侨处境困难，未知将来如何结局。总之，只有忍受一切困难，努力渡过重重生死关头，相信将来总有比较好的日子过活。在1944年7月间，我和一位侨生女子结婚，今年，1946年1月3日生一男孩，这算是意外的收获。但就因为已结婚生子，移动不便，至今还住在直落勿洞，否则早就到星洲或回国去了。一个人的行动固然也能够影响环境，但环境影响人的力量实大得多了。羽吉叔维坚兄及全家族的人均安否？望可能时常通信，信寄爪哇巴城小南门十号钜元贸易公司转杨笃清可达。或苏门答腊楠榜直落勿洞金玉生药房转均可，航空寄递。漳州情形，厦门、台湾情形，希望报告给我。祝好。

维铨1946年3月4日写于巴城

这封信写在一张小小的纸头上，字写得密密麻麻，一眼望去即知是匆匆写就。从信中的语气看，这是新加坡沦陷后至日本投降这几年间杨骚给家中写的第一封信。

正因为结了婚，又有了孩子，行动多有顾虑，所以延迟数月，直至6月，他才迁回新加坡。

他先在新加坡东岭中学教书，这个校长待他很好。杨骚住一间很大的房子，后因要当教室，才搬到另一间小一点的，但仍比其他教员的住处宽敞许多。正值夏天，学校门前不远的地方，是一片平坦的海滩，经常有许多人在海中劈波斩浪，这情景，勾起酷爱游泳的杨骚多少年轻的怀想，家乡清澈迷人的九龙江，日本房州海滨任人遨游的时光，似乎都成了过去。现在，胃病开始嚣张地缠上了已中年的杨骚。

课余，他协助洪丝丝编辑《大战与南侨》一书，这本厚厚的书以其翔实丰富的资料，揭露了日寇南进后在南洋各地犯下的掳掠残杀的滔天罪行，记录了广大华侨同胞英勇抗战的可歌可泣的活动。他还写了《华侨青年进行曲》歌词，经谱曲，在《热带新歌》上发表，很快在华侨青年中传唱开。

与弟弟杨维雄一家。后排左三杨骚手中抱着长子泳南，右一陈仁娘

　　1946年11月21日，由胡愈之任社长的《南侨日报》创刊了。大约在这个时候，杨骚收到了白薇写来的一封信，信写得平和委婉，一如以往，充满感情色彩。此时，白薇从重庆回到上海，曾一度住在董竹君家中。董竹君是上海锦江饭店的创办人，也是白薇的朋友，30年代中期曾同白薇相邻而居。在《我的一个世纪》（生活·读书·新知三联书店1997年9月版）中，董竹君对同白薇的交往有较为详细的叙述。这段时间，任钧夫妇同白薇也时有来往。不久，她又生病，靠董竹君等人的帮助，才得到治疗。对于又处在艰难困境中的白薇，杨骚给予了无限的关注。白薇的信，在杨骚心中掀起了波澜。晚年，他对侄儿杨荣这样说："但是我最终没有回信。"杨骚成了家，有了孩子，他有自己应尽的责任。

　　此时，杨骚与白薇的关系，真正画上了句号。

　　为了有一个较好的环境医治恼人的胃病，1948年，杨骚来到巨港，一边帮助友人经营肥皂厂，一边疗养。大概在疗养中，时间比较充裕，这期间，他同家中通过不少信。

　　杨骚有个最小的弟弟，自幼残疾，一只脚微跛，可能他以此为由，终日闲度，长期靠人赡养。杨骚知道这情况，在4月20日写给他的信中说："我想最好你到丰山社（祖籍）或南乡什么所在去耕田种菜，这也是谋生之道。一个人总不能无所事事，而工作是没有什么贵贱之分的。你没有听说'劳动神圣'这句话吗？不管什么人，都应该找一点工作，从事生产（耕田种菜……等）是最可骄傲的劳动，愿你三思之。"

　　在疗养中，年幼的泳南带给他不少快乐。8月16日在给家中的信中，他写道："自己胃病亦始终不能根治，时时发作，影响一生事业极大，夜深人静时，思念及此，不胜惶惑之至。只有小子泳南，聪明可爱，藉以自慰而已。泳南才满二年半，已经认识汉字四五十个，英文字母也全部认识了，这都是他自动发问，一教他，他便记住的。我不敢多教他，恐伤幼嫩脑筋，反为不美。但他每每看书报要指东问西，真是古怪。而且差不多什么话都会说，实在太过聪明了。"

　　11月9日，为了养女红豆的事他写信给家里说："红豆据说明年可入初中，打算给她进哪一个中学，决定了没有？又据说早就有人想娶她去做新娘了，这一点可千万不要随便答应人家。我的意思，是想让她继续求学，直至她有独立的能力时，再让她自己去打算其'终身大事'好了。我们当父兄辈的，只好顾问顾问，不便替她主张。时代一日千里地在那里飞奔，三从四德的时代早已死去，在不久的将来，就在红豆她们这一代，妇女应该是可以和男子一样地负担起一切人类应负的责任来了，这并不是我无根据的一种预言，而是眼睛可以看得到的远景。"

此时，堂弟杨杰准备到台湾投考台湾大学，侄儿杨荣也想到台湾读书。他写信谈了自己的意见："在目前国内极端黑暗纷乱的时候，想安心求学实在困难。不过，据我的意见，'学'，不一定在学校里才可以得到，人间社会本身就是一个最大的大学，只要自己有心学习，什么学问都可以从自己在人间社会的实际生活里获得。……如果是属于文、法、政这一类科目，那是更无须入校门了；若是意在自然科学，那么，因为学校设备比较完全、有系统，入学校学习当然要好些，但也要看求学者本身努力如何及目的如何，如果求学者目的只在乎一个'资格'，入学敷衍了事，那么，毕了三家大学之业，恐怕也会一无所得的吧。"

他还叫他们两人到台湾后，有什么困难尽可以找凌璧如和钱歌川。抗战胜利后，钱歌川曾任过盟国对日委员会中国代表团秘书主任，1947年前往台湾任台湾大学文学院院长，凌璧如也先后在台湾大学和台湾省师院当教员，琴如随家到台湾后，一直在学校教书。

杨杰到台湾考取了台湾大学，钱歌川的大女儿钱曼娜也在同年考上这所大学，杨杰比钱曼娜大好多岁，辈分也比她高，所以尽管是同学，曼娜还是叫他杨叔叔。在台大读书时，有一回，校长傅斯年将杨杰叫去谈话，原来有人知道了杨杰同左翼作家杨骚的关系，反映上去。傅同杨杰谈话中，觉得杨骚也是个文化人，算不得什么大事。

杨荣不久也到了台湾。一天，杨杰带他到钱歌川家做客，正好琴如也在家，热情接待了他们，话谈得很融洽，不可避免地谈到了杨骚。杨荣说："伯父胃还是很不好，最近在治疗，他寄来了一张全家照。"

他说着，将照片从口袋拿出来，递给琴如。

琴如微微发福，穿着一件合体的旗袍。她接过这张照片，看着，半晌才说出一句："他还是那么瘦。"

她不想掩饰，也无法掩饰自己的感情。她眼眶清楚地溢出泪水。

这一幕情景给杨荣留下了深刻的印象，几十年以后，他还这样对我说："这太深情、太动人了。"

杨荣半年多以后又回到大陆，杨杰则一直在台湾待到大学毕业。后来他结婚，还是钱歌川作的证婚人。他成了歌川和璧如家中的常客，话题也逐渐多起来。

歌川对他说："你哥哥是个鬼才，聪明过人。"

璧如的夫人张万涛对他说："你哥哥同琴如和白薇的故事，简直可以写一部《红楼梦》，可以讲几天几夜。"

琴如曾这样问杨杰："我同你哥哥的事你知道吗？"杨杰答："知道。"她脸一下红了，难为情地说："真无聊。"

人的情感如游丝，可以穿过时间和空间，附着在它想附着的任何地方。

都说世界很大，也都说世界很小，注定回避不了的东西，躲也躲不开。

四、耕耘《生活报》

1949年6月，杨骚从巨港搬到雅加达，继续治疗胃病。后来他下决心根治，做了胃切除手术，次年2月又做了第二次手术，出院后，休息了一个月。4月，他得到一份新的工作，到雅加达《生活报》社编副刊《笔谈》。

《生活报》是当地华侨集资办的一家报纸，政治倾向非常鲜明，鼓吹祖国的自由、解放和独立，抨击旧制度的没落和腐败。当时雅加达有4家华文大报纸，除《生活报》，还有《新报》和《天声日报》，以及美国和中

1950年杨骚于雅加达

国台湾合办的、赠送的《自由报》。杨骚起初只编副刊，后来任副总编辑。11月19日，印度尼西亚当局采取所谓"治安行动"，拘捕了社长兼总编辑王纪元，一周后放出。数月后，王纪元再度被拘捕，二次被释后出境回国，杨骚接任总编辑兼副社长。

雅加达的华侨多数原籍为闽南，这里的一些手工工具，如木、石、泥瓦工具都与闽南的一模一样，市场上的豆芽、豆腐、豆酱、酱油，都由闽籍华侨传入，印度尼西亚语也借用闽南方言来称呼这些食品。雅加达的含意是"繁荣昌盛的椰子"，华侨将它谐声为"椰城"。印度尼西亚曾是荷兰的殖民地，雅加达被改名为"巴达维亚"，华侨又曾称其为"巴城"。荷兰一直到1949年12月27日才向印度尼西亚正式移交主权，次日印度尼西亚共和国政府就宣布恢复雅加达的名称。

杨骚在雅加达住一座木头结构的平房，有两个房间和一个客

厅，门口是像小巷子一般的小路。林开德（回国后为福建龙溪地区侨联主席）也住在这附近，他和傅维丹（回国后为福建晋江地区侨联主席）时常到杨骚家中聊天，他们两人都是《生活报》的股东。

杨骚许久没有这样舒心畅快了，他不顾术后体弱，一心投入报社的工作。

雅加达的华文报社代表两种舆论倾向，两军对垒，泾渭分明。杨骚接编副刊后，不少朋友善意地提出意见，说副刊办得太硬了，不像副刊，他在《生活报》上写了一篇短文作为答复。

短文是这样写的：

　　许多朋友都认为《笔谈》的缺点，是编得太硬性了，不大像副刊。这是实在的。然而这个缺点，或许是时代所赋予。这个时代根本是艰苦的时代，是光明与黑暗，新生与腐朽，人与鬼，社会主义、人民民主主义与帝国主义殖民奴役主义作最后搏斗的时代。黑暗的、腐朽的，在那里作临死的、无耻的挣扎；光明的、新生的，在这边作英勇的、庄严的、最后胜利的进军。在这两个阵营的中间，并没有第三个阵营；所谓中间分子，不是偏于东便是偏于西，悠闲自得，"眼睛吃冰激凌"的副刊时代，已经过去了。试看一下在彻底把腐朽势力打坍了的新生的祖国吧。一切书报杂志报刊，再没有什么鸳鸯蝴蝶，或幽默大师第三种人的影子给人民大众看到；有的只是充满着科学、劳动、建设斗争、革命理论、统计数字，以及其他为人民服务的庄严的著作。当然，在南洋是有点不同。这儿不是新生的祖国；这儿还有适合于跳蛋臭虫活动的气候，毒菌的温床并没有被完全拆掉，一些蒋帮匪特美帝走狗文化汉奸之类，是还可以存在一时的。因此，自这儿的报刊杂志来说吧，绝大多数庄严、活跃，说老实话，有艰苦的斗志与希望的呐喊；而另一方面的绝小部分，却是表现出狰狞，奴相，卑劣下流，只有无耻的造谣与绝望的猖獗。在这两个分野之间，即使有或将有的第三种"自由"或

"民主"出现，也不过是那将死的一面的装扮而已，表面装得满不在乎，其实鬼胎着急得很，"眼睛吃冰激凌"的悠闲神态，怎样也装不像，骗不了人。在这儿，环境似乎没有产生一个什么软性的报刊杂志之类的可能。在这儿，只有硬性，其实是新时代的人性与奴性之分。自编者的经验来说，投稿者百篇中九十九篇就是硬性——新时代的人性的，不是谈革命，便是说科学，劳动，不是庄严地在作自我检讨，便是认真地在批评什么，不是抗美，便是打狗，不是向光明的感人热爱，便是对黑暗的无比憎恨，不是……便是……，总是所谓硬性的这一面。像这种情形，编者即使感到有点硬得头痛，即使要软下去，也没从软起啊。但我想：这种"硬"，是并不坏的，相反地，却是很好。于是，很自然地就硬着编，或许越编越硬起来了，以至令读者有点不能耐。然而，这是从内容上说的，相信以后投稿诸君来的还是"硬"吧，编者也继续"硬"着无任欢迎。若从形式上论硬软，那就容易商量了，是不是？在内容上，我们尽管"硬"，越"硬"越好；在形式上，我们何妨软一点呢？冰块吞不下去，水便容易一饮而尽，而本质相同，是H_2O，作用一样，所以，若从这一点说，编者倒是极表同意的，希望投稿诸君以后来的，就让它形式软一点吧。其次，是形式既硬又长，恐怕不但读者不欢迎，编者也不欢迎了。愿与投稿诸君约定，长不要过5千字，最好是1千多字。

这篇短文叫《也算自我检讨》，打着很明显的时代烙印。它表明了杨骚的观点，"眼睛吃冰激凌"的副刊时代过去了，鸳鸯蝴蝶和幽默大师第三种人的时代也过去了。这里的"眼睛吃冰激凌"指的是软性的、苟且的文章，同当年杨骚借用这个词来形容胡风夫人梅志的漂亮已经是两回事。总之，他认为中华人民共和国成立了，一切都是新的，尽管这里是南洋，也应当用新的去驱逐旧的。它表明的是一种政治倾向。

在他写的《向印尼当局抗议非法拘捕本报社长及其他华侨》的社论中，他也申明了《生活报》的立场："本报的立场，光明正大，一向是反对帝国主义殖民主义，同情印尼民族独立，反对帝国主义及国民党反动派阴谋破坏华侨的团结进步，为促进中印人民的合作友好，为促进中印两大民族的亲善而奋斗。"

杨骚在《生活报》上写了大量的政论、时评和社论，有时一个月写的社论多达9篇，正常时也有五六篇。不妨看看这些社论的题目，如"爱国与卖国之争""略谈思想改造运动""殖民主义强盗的伎俩""朝鲜停战谈判进入新阶段""日暮途穷的侵略阵营""孙中山先生、广东精神与革命""鲁迅谈落水狗"等，其他的政论和时评就更多了。这当然是出于当时斗争形势的需要，另外也可看到他呕沥出多少心血。

然而即使在如此繁忙的编辑和撰稿之余，他也没有忘记自己钟爱的文学，没有忘记一些基本作者热爱的文学创作，热情认真地给他们以指导。

有一个叫李旭的作者，寄来了一首长诗，这首诗是李旭以印度尼西亚革命动荡时期为背景，选择了一个小地方的华侨受灾难作题材写成的。杨骚看了以后，对他说，这首诗在主题上有着根本的错误。他指出当时中印人民友谊历史上所发生的一些不愉快的事件，主要是帝国主义的挑拨离间，而这首诗却没有说明这一点，如果发表，将会起到不好的作用。李旭听后，受到很大的启示，下决心读一些社会科学和历史方面的书籍。杨骚同李旭保持着通信联系，在杨骚写给他的一封信中，他谈到很想重新拿起过去写诗的笔。他的来信，每每启发李旭去认识一些新的东西，李旭自己说："就像是一张梯子，让我一级一级地踏上去，看得更远。"李旭一直保存着杨骚的几封信，他感到，这些信每重读一遍，就增加了信心和勇气，仿佛看到杨骚慈祥的面容和关注的目光，他觉得这是一种最严格的督促和鞭策。杨骚回国前，同李旭会了面，他关心地问："你过去写的那首长诗呢？应该好好地修改它一下。"李旭吃惊地抬起头，他没想到杨骚此时还会谈起这首诗，杨骚那双灼灼的眼睛正看着他，等他回答。李旭说："好吧，杨先生，等以后有空我再修改吧。"杨骚还说一些勉励的话。也许因为这是临别前的见面，也是最后的一面，所以给李旭留下了特别深的印象。

杨骚从来稿中，看到一篇以散文诗的形式写的纪念闻一多殉难4周年的文章，决定选用，他回了信，鼓励这个名叫千仞的作者多来稿，他没想到这是个才16岁的小青年，他的回信给了这个小青年多么大的鼓舞。"这以后，我对写作的兴趣就越来越浓，投给《笔谈》的稿包括了小品、散文、阅读笔记、诗歌等，都幼稚得可笑，但是杨骚先生为了鼓励我，差不多全采用了。发表以后，拿来跟底稿对照，这才发现好些地方已被认真地修改过了。于是我对那辛勤劳动、努力培育幼苗的园丁，怀有深深的敬意。"（1957年3月28日雅加达《生活报》千仞《忆杨骚先生》）。后来千仞为了学费和零用钱，想找一份工作，于是被招到《生活报》。起初是登记来稿，将稿子分成备用稿和不用稿，同时修改备用稿。他觉得这项工作很简单，有一回，将一份修改好的稿子拿给杨骚，杨骚看过后，又重改了一遍，将稿子拿给千仞看，千仞羞愧得脖子都红了。原来，由于他不细心，好些错字没看到，好些字句很拗口，好些标点符号使用不当，都被改出来了。杨骚以行动给小青年上了一堂编辑大课。

由于身体衰弱，工作又劳累，杨骚已显出老态，千仞的笔下是这样描述的："他的身体很坏，瘦得很，恐怕只有40多公斤，老是咳嗽，饭量很小（他早上带着饭盒到报馆，报纸出版后，就在报馆吃午餐），常爱用手擦去眼垢，他的两手布满筋络，干得像松树皮。他讲话时带有很重的闽南口音，眼光出奇慈蔼，当你讲话的时候，他是那么留心地凝神细听，每当这个时候，我就联想到写《摇篮曲》的布兰姆兹，杨骚先生原是像布兰姆兹一般，有着慈母似的心肠啊。"（1957年3月28日雅加达《生活报》千仞《忆杨骚先生》）

杨骚的老态似乎来得很迅速，就在到《生活报》社的这一两年间发生了变化，这从他留下的照片也可以看得出来，真是岁月不饶人啊。按当代人衡量标准，他也不过才刚刚步入壮年，正是施展才干的时候。

杨骚到《生活报》工作一年出头时，次子杨西北出生了。这是初夏的6月。此子是不足月来到世间的，又小又弱，杨骚认为活不成，曾萌起扔掉的念头，后来被孩子的母亲保了下来。母爱的伟大无处不在。

经过母亲和姨母一年细心的调理喂养，此子发面一样变得又白又胖。几十年后，他为搜集父亲杨骚的创作资料和生平资料付出了很多。

次子出生两个月后，雅加达发生了被称为"黑色旋风"的"八·一六"事件，先是生活周报的编辑郑楚耘被捕，杨骚也被当局列入名单。杨骚躲到一个姓黄的朋友家里住。

有一天，杨骚清早回到家里，看看妻儿，吃了早饭又匆匆出去了。可能有人告密，一会儿，警察和一个胖胖的本地人就来到了杨骚的家里，说要找他。到这里有两条路，杨骚从其中一条走出，警察从另一条走来。陈仁娘哄他们说，杨骚已出门半个多月了，是去养病的，短时间内不会回来。警察当然不相信，他们四处看看，找不到人，只好悻悻离去。从此，杨骚轻易不回来了。

一直到第二年年初，抓人的事才渐渐平息下来。杨骚回到《生活报》社。他依然旗帜鲜明地主持报社编辑部的工作，他写的文章一如既往地鞭辟入里、蕴含锋芒。

《生活报》1945年10月24日创刊，创刊之初厂房设备和办报经验远不及其他华文报纸，但发展速度让人们始料不及，十多年后，日报发行量达5万多份。这份报纸一直到1965年10月被迫停刊，其间二十年，在华侨社会中产生了巨大的影响。

数十年后，当初被杨骚招入报社的小青年梁凤翔（千仞）已成为一名老师和作家，他旅居香港，出于传承华侨文化的使命感，2010年，他与企业家的弟弟梁俊翔协同生活报后人汪琼南等，联络了一批在海内外的原《生活报》报人和后人，数上北京，到国家图书馆等查阅搜集资料。在侨界的专家学者和各界人士的热情相助下，终于在2013年9月出版了15种19册《印尼生活报纪念丛书》，其中包括5册《生活报》全部社论，同时在中国国家图书馆将全套《生活报》数字化，为研究印度尼西亚华侨历史提供了一份极宝贵的资料。我非常有幸也参与了这项工作。

2013年10月23日，印度尼西亚《生活报》创刊68周年暨《印尼〈生活报〉纪念丛书》首发研讨会在厦门大学隆重召开，时任中国侨联主席林军发来贺电。已过耄耋之年的梁凤翔致开幕辞时热泪夺眶而出。

我也做了简短的即席发言，内容如下：

我出生在雅加达，虽然出世不久，就随着离开《生活报》工作岗位的父亲回国，虽然不会讲印度尼西亚话，但是我对自己的出生地，怀有一种很特殊的感情。当然也包括印度尼西亚文化和华侨文化。参加今天这个纪念会和研讨会开幕式，我很激动。

我在读小学后认识了《生活报》，那时粗通文字，对家中一切印有文字的东西都感兴趣。我翻到了一包《生活报》的剪报，剪报的内容是有关于抗美援朝的、土改的、反对跑到台湾去的国民党政府的、印度尼西亚华侨生活的，当然还有一些以我当时的年纪尚属似懂非懂的。但是在我幼小的脑子留下的印象是，这是我们的报纸。这些剪报都是当时父亲写的文章，有社论、时评、杂谈等，署着几个带有祖国和家乡印记的笔名。父亲在海外曾办过这样的报纸，我在心中很是引以为自豪的。

很多年以前，我在搜集父亲的遗著时，在蔡仁龙老师的帮助下，到厦门大学南洋研究所查阅过《生活报》，当时他是南洋研究所的所长。记得我查到了一首父亲在剪报中没有留下的诗歌，心里非常高兴。

这份报纸到底产生过多大的影响，因为年龄的关系，我无法感同身受，但是有次不经意的谈话让我对《生活报》陡然生出敬意。前几年有一天，我同原福建省作家协会主席陈章武聊天时，谈到我父亲曾办过《生活报》，他说他在莆田读中学时，每过一段时间，就可以读到一捆从海外邮寄过来的《生活报》，他总是急切地打开翻阅，当然以他的兴趣，主要看的是副刊的文章，从中吸取了营养。这可是千里迢迢，漂洋过海登上祖国大陆的华侨报纸啊。

我也算是个报人，在报社先后工作了20多年，我明白办报的辛苦。想必在海外办报更是如此。除了通常有的办报人的辛苦之外，当时在印度尼西亚办报，还得冒着被逮捕的危险，我父亲就曾侥幸躲过这种危险。同时，我更以一个报人的经历，从我们反复强调舆论导向的重要，明白一份报纸的价值，明白它所产生的巨大的社会影响力和文化影响力。

这两年，《生活报》报人及其后人和热心人组织和发起了成规模的搜集、整理、保存《生活报》资料的艰苦工作，他们甚至数次自费上北京国家图书馆查阅资料，要知道这些都是年逾花甲和古稀之年的人。这个过程再清楚不过地表明了印度尼西亚雅加达《生活报》的感召力。

毫无疑问，存在于海外长达20年的《生活报》在华人世界乃至更广阔的领域里，在团结华侨，在宣传新中国等方面都发挥过积极的、有效的作用。祖国母亲从来没有忘记过它。

从政治的高度，从历史的高度来讲，《生活报》曾经是一面旗帜，代表了一种潮流和社会的走向，它宣示了光明，宣示了正义，宣示了民主和自由，它存在的必然和至今仍有研究的意义正在于此。此外，它对于我们后人来说，还意味着什么呢？还意味着一脉亲情、一腔红色的血、一个抹不掉的文化符号。

我们纪念它，是纪念一种精神；我们研究它，是研究一段历史；我们怀念它，是怀念难忘的岁月。

今天开幕前，会场反复播放印度尼西亚的歌曲，我被深深触动。我很喜欢印度尼西亚的歌曲，像《梭罗河》《莎里楠蒂》《哎哟妈妈》《划船歌》《星星索》等，有一首叫《衷心赞美》，歌里唱道："我纵情歌唱，歌唱心中的爱情。优美的歌声荡漾，赞美大地平安。"它淋漓尽致地唱出了我的心声。我以为，这爱情就是我们对《生活报》的热爱。当年《生活报》所宣扬的最本质的东西就是希望我们生存的这个大地，和平繁荣，生活在这片土地上的人民幸福安康。

这正是我们今天在这里聚集和交流的宗旨。

这个讲话表达了我对《生活报》的认识。

很值得留下一笔的是在厦门的第三天，我们还召开了一个南行文化人后代座谈会。光明网作了如下报道：

> 光明网讯10月25日，南行文化人后代座谈会在厦门举行。胡愈之侄儿胡序建、郁达夫幼女郁美兰、王任叔（巴人）幼子王克平、杨骚次子杨西北、高云览长女高迅莹、汪金丁次女汪雅梅、郑楚云次子郑井井和幼女郑椰影等，以及印尼《生活报》报人的后代、萧玉灿先生的后人和《印尼，〈生活报〉纪念丛书》编委会编委等共40人出席会议。
>
> 南行文化人指的是从中国到南洋寻求真理、寻求知识、探索中国进步道路的文化人，包括作家、诗人、新闻人、画家、音乐家、学者和理论工作者。此次聚首的南行文化人后代是20世纪40年代，因新加坡被日本侵略者占领，从新加坡转往印度尼西亚的部分文化人的后代。
>
> 座谈会上，与会人员围坐在一起，敞开心扉，畅所欲言，共同缅怀先人的感人事迹。郁美兰表示，此次座谈会给南行文化人后代提供了一次难得的相聚机会。她希望大家能够借助此次机会加强联系，"甚至是我们的第三代人也应该加强联络"，并将先辈爱国爱乡、无私奉献的精神传承下去。
>
> 杨西北称，此次的座谈会让他感受到了文化的凝聚力，"虽然很多人都是第一次见面，但却有一见如故的感觉"。

包括父亲杨骚在内的诸多前辈都已远去。如果真有另外一个世界，那么对于这场纪念活动，对于这次聚会，他们一定会露出欣慰的笑容。

杨骚在《生活报》上写的文章用不了少笔名，最经常用的是"北溪""丰山""素"三个。

素即白薇。杨骚对自己倾注过感情的故人，仍系于怀中。此时，白薇在何处？新中国成立后，她被分配到北京青年剧院，后来自愿到北大荒待了好几年。杨骚可能知道，也可能不知道，但这都不重要。

20多年前的那段感情历程，并没有从他心中消逝，想必白薇也是如此。

北溪是福建九龙江的主流，丰山是杨骚祖籍地的乡村，北溪就从丰山社前缓缓地流过。故乡，如此清晰地浮现在杨骚的眼前。

叶落归根，祖国，你是否听到你的儿子在呼唤?

五、夜半低吟

中华人民共和国成立后，杨骚的老朋友巴人（王任叔），作为中华人民共和国驻印度尼西亚的首任特命全权大使，又回到了雅加达。

杨骚在同巴人见面的谈话中，透露出自己想回国的想法。巴人希望他能留下来工作。杨骚一向尊重组织的意见，于是留了下来。

杨骚想回国的念头，早在日本人投降以后就已萌生。但因身体不好，时局动乱，又已成家，行动多有不便，所以只是念头而已。那时，他写了一首叫《夜半低吟》的诗，很淋漓很缠绵地表达了这种思乡之情。诗是这样写的：

什么病呵，什么病？/我，常在夜半从恶梦中惊醒：/梦见小鬼在我的肚里踢球，/梦见疯子扼我可爱的红婴。/

什么病呵，什么病？/我，常在夜半从恶梦中惊醒：/梦见寂寞去世的母亲，/梦见毒蛇绕我腰身。/

什么病呵，什么病？/我，久不梦见笑脸温情，/不梦见山绿水清，/好久呵，更不梦见苍苍的大海，/让我飞鱼般跳跃，游泳，/更不梦见骑彩虹，坐白云……/

什么病呵，什么病？/尽是恶梦纠缠不清。/我，在梦中，时而无限悲愤，/时而大吃一惊，/时而呜咽不成声，/时而又热泪淋淋……/

什么病呵，什么病？/在梦中，我挣扎，呻吟，/我挥拳打，用头拼，/总扑个空，或碰着钉。/

这样，就这样吓醒。/醒后呢，黑夜还是沉沉，幽幽静静，/

但闹钟敲一声、两声，/或鸡唱一声、两声。

这首诗写于1946年6月2日夜里，这当然是个适合写诗的夜晚，更深人静，于是，寂寞去世的母亲、苍苍的大海、笑脸温情、山绿水清联翩而至。但这只能是梦，对旅居异国许多年的游子来说，这就是恶梦。

不论是在家养病，或是在报社劳作，他都念念着故乡和亲人。

他写信给家人说："10月9日来信，已接到好久了，未能即复的原因，是为着胃病初愈，右手指无力执笔，请谅之。今年来的命运真坏，在6个月内我的胃手术过两次，均安然度过危险，万幸得很。曾几何时，离开可爱的家园，流连海外，屈指一算，不觉已历廿余寒暑了，回忆过去，一无所成，两袖清风，生活只够度日而已，然一旦欲束装回国，实颇难筹备如此巨大的旅费，所以一年一年又一年的拖过，结果只有希望而已。"眷恋与失望交织在信中。

他写信给养女红豆说："你应该好好学习，求进步，最要紧的是不要读死书，应该参加各种可能和合理的实际活动。目前祖国已经完全改观，家乡也正在实行土改，一切的一切都在革新迈进。你应该加倍努力才不会落在时代的后面、变成对人民对国家没有用的多余分子。好好地学习呀！最要紧，理论要配合实际，莫空谈！"这封信写于1951年2月16日。他惦记着家乡的亲人，关心着他们的前途。

这年10月6日，他还在朋友家中躲避拘捕时，又给红豆写了信："听说你很努力学习，成绩不错，我非常高兴。希望你不断努力，将来成为一个新中国好女儿。你今年几岁？中学何时毕业？毕业后打算做什么？如果想再升学，想学习什么，请告诉我。如果我有能力，一定帮助你。你的妹妹雪琛（小珍），应该让她进什么补习学校学习，因为她失了学，你应该帮助她呵！你的哥哥荣，来信说考入察哈尔宁远堡农业学校兽医畜牧科，不晓得他写信给你没有？"

尽管身体很不好，回到报社后，他依然全力以赴地投入工作。现在可以查到的杨骚为《生活报》写的最后的文章是两篇社论，它们是《不敢正视现实的奴才》和《略谈美制的片面对日和约》，分别发表于

1952年4月23日和4月25日。

他想回国的念头日益强烈。他又找到巴人，同他谈了自己的愿望。巴人终于答应了。他也听取了远在北京的胡愈之的意见，胡愈之认为"如南洋不便久留，就回来好了"。

这时，他同《生活报》的作者李旭会过面。

"我问道：

"'杨先生，决定回国了吗？'

"'是的，回国更好，可以多做一些事！'他用低沉的声调回答。

"我了解他这时的心情，我曾经从其他方面听到关于他的一些事。他身体不好，境遇也不很遂心，而他所热爱和朝夕盼望的祖国已经解放了，他迫切想归去的心情不言而喻。

"我看了他一眼，除了那智慧的前额，和那永远似有所追究的眼光外，他是呈现苍老了。……

"我听郑楚耘先生谈起，杨先生这次回国，是下定很大的决心和深沉的自信，要用他过去全部累积起来的写诗技巧，去表现祖国农村的新生活。"（1957年3月28日雅加达《生活报》，李旭《诗人和战士——杨骚先生》）

杨骚开始忙于回国前的准备，他向国内一些亲友去信了解基本生活状况。8月1日，他写信给红豆，告知她这个消息，还询问了一些事情：

"我身体不大健康，离国也很久了，决定回国，拟在9月间（公历）动身。回后家住何处，尚未决定，或许住在厦门，或许住在北京。最好是能住在故乡漳州，不晓得我回漳州，容易找到一个住址否？我想若能够租到一个房子，在南门溪岸边，或在公园附近，总之，空气、阳光好一点的地方，那就好极了。漳州房租贵不贵？漳州有没有托儿所？每月一家

四五口，连房租在内需要多少费用？吃药方便不方便？我们
都是穷窘的，所以一切都不能不稍为预算一下，希望你能够
告知我一切。"

这次离开祖国算来竟已11年，对故土既感熟悉亲切，又觉生疏隔
膜。他想多了解一些事情，无论大的小的。

这封信寄出不久，杨骚就患了肺炎，还咯了血。一个多月后才治愈。

9月25日，杨骚一家4人从雅加达启程回国。同行的还有林开德
一家。

这是一个值得记住的日子。从此，那夜深人静使人心烦意乱、使
人热泪淋淋的梦境，将离杨骚遁去；从此，他将自由地呼吸祖国那清
新的空气。

第六章　叶落故土

一、回国啦

1952年10月7日，杨骚一家到达广州。踏上新生的祖国，杨骚的欣喜和兴奋难以言喻。一向只是在新华社电讯稿中寻觅祖国日新月异的光彩容貌，只是在那些传来的方块文字里感受母亲青春焕发的万种风情，今天终于亲眼看到了，亲身体会到了。

欧阳山亲自来迎接杨骚。两双手紧握在一起，杨骚亲热地叫了他一声："罗西！"这是欧阳山用过的一个名字。当年在重庆分别，欧阳山北上延安，杨骚南下新加坡，这一别就是11年。

杨骚一家在爱群大厦住了几天后搬到了吉祥路后楼房下街四号二楼。杨骚同欧阳山长谈别后情况。欧阳山盛情挽请杨骚留在广州工作。他说，这里的工作很需要人，广州的气候同南洋相差无几，离福建也近，还有相知的老朋友。杨骚心动了。

安顿好家小，杨骚乘火车北上，11月21日来到北京。他住在台基厂中侨委招待所，白天连着夜晚，同前来看望的老朋友叙说长长别情。全国作协宴请他和杨朔，杨朔刚从朝鲜回国，席间他见到了更多的文坛朋友，他们一个个意气风发，壮志满怀。他胸中荡着一股暖流。

在等待汇报和安排工作时，他抽空去了北京王府井等一些地方，饶有兴趣地摄影留念，他穿着御寒的大衣，戴着瓜皮帽，一副北方人冬天的打扮，有天中午还在"东来顺"吃了餐便饭。

几天后，周扬约见他，希望他能留在北京，做些文艺方面的行政工作。他表示想归队搞创作，周扬后来也同意了。中侨委希望他就留在北京写作，他担心气候不宜，身体适应不了，想住在南方。最后，杨骚的想法被采纳，他兴高采烈地南回，准备住在广州。

　　回到广州，他被分配到华南文联工作，参加电影剧本创作组。1953年1月，被选为广州作家协会副主席。这个广州作家协会包括广东、广西、当地驻军及中国港澳地区。

　　福建的朋友得知杨骚回来的消息，都写来了信，想要他回家乡工作。马宁在信中说："你回来了，何以不直接打回老家，难道故乡风土与人情不值得你留恋吗？"蔡大燮在信中说："昨天看了陈辛仁同志（他现在是福建省副主席），谈起了你，他要我立即打电报请你回来，我觉得电报说不清楚，提议改用快信，这就是今天动笔的直接原因。……我曾经建议林林回来，但华南又没肯放，现在你既回国，就该自觉自动地回乡服务，才算对得住祖先和下代。"这封信是由林林转来的。他们快人快语，在信中都责怪杨骚留在广州而不回福建工作。但是杨骚从信中感受到的却是春天般的温暖，就是责怪也充满着亲情。马宁的信使他想起抗战时在福州搞抗日救亡的情景。蔡大燮的信使他想起抗战胜利后，蔡大燮在新加坡找到他，说他住的是破茅房，一贫如洗，然后一起到附近一家小馆子喝啤酒，酒后，大燮说："维铨兄，国民党的日子不多了，天将亮，我们再忍气一下，便可以回家拜祖吃卤面了。"（蔡大燮《回忆杨骚》，载《杨骚的文学创作道路》厦门大学出版社1993年12月版）。现在可以说是回家了，只是卤面还没吃到。

　　黄药眠从北京转来了王亚南的一封信，黄药眠附信说："前有厦门大学校长王亚南同志来京，他极仰慕我兄为文坛先辈，希望你能去厦门大学执教，情辞恳切。厦门依山面海，风景宜人，若能俯仰其间未尝不是一件乐事。未知我兄有意乎？"王亚南的信说："久慕大名，无缘一晤。前月来京，见到黄药眠钟敬文诸兄，谈及先生，因请药眠兄写介绍函一封。先生为闽籍，如组织上许可，愿长期或短期到厦门大学中国语文系讲学，极所欢迎企盼也。"同样对他表达了热情的期待。

　　中华人民共和国成立还不算久，百废待兴，到处都需要人，到处都充满着生机。

　　洪丝丝有些迫不及待地同杨骚交流创作上的事。他从北京寄来的信说："弟前所言小说，其主题为反映侨眷得到土地的益处。环绕着这个主题，可以谈到过去农村中的农民因为不堪封建制度的剥削、压迫，不得不背井离乡，奔波到南洋去；可以谈到土改中如何依照政策，照顾华侨，尤其是侨眷中的贫农获及怎样的好处；也可以反映土改中农村欣欣向荣的新气象。这个主题是否有益，内容还应该加些什么，请兄斟酌。"

这封信激起了杨骚的创作欲望。朋友都有动作，他能够安生吗？

回国之初，还有一件事情很是打动了杨骚的心。此时，朝鲜战争仍在进行，抗美援朝运动热火朝天，我们英勇的志愿军和朝鲜人民军携手在前线浴血苦战。杨骚响应上级给志愿军写慰问信的号召，写了一封不长但充满感情色彩的信，他是以一个才回国不久的、在南洋住了许多年的文化人的身份写的。其实他在编《生活报》时，写了不下几十篇有关朝鲜战争的时评，唯有写这封信时才产生与我们的战士对话的感觉。几个月后，他收到了回信。

信封上的邮戳很模糊，似乎盖邮戳时很匆忙，邮戳打下时还移动了一下，因此看不清日期。信封上的落款是"朝鲜前线志愿军战字信箱四〇一〇号十支队"。

信笺是毛边纸，打上粗红框，框中是一行行红细纹，框左下角有年、月、日字样，这是让人用毛笔写的信笺。信是用钢笔写的，写了满满3张。

信是这样写的：

亲爱的笃清（慰问信上落了杨骚在南洋的这个化名）同志：

　　午夜，我刚从战斗的前沿转回地道指挥所，想研究一下攻击路线问题。问题研究毕，我发现桌前的豆油（灯）旁有一批从祖国寄来的慰问信，据说是刚从指挥部转来的，于是我的精力更加振作起来，看完一封又看一封。（钢笔画去"又这是一个夜间"几个字。）我们几个同志围到桌旁研究了祖国的慰问的情况，大家立即决定给你们写回信，但是人们写信的对象大都是学生和机关团体，但是（原信如此）你来的这封信却落了空，人们说："这封信是华侨来的，写得真好，可是咱们不能回给他信。"我问为什么？我的同志回答道："他是外国来的，见识高明，又是文化人，咱们回信写不好，会被取笑。"……人们这样不停地说着，我认为他们说得不对。

这封信就决定归我来回答您。

亲爱的笃清同志，我们大都是工农份(分)子出身，这是确实的，但由于革命对我们的教育，我们是敢于且有这种愿望给一切爱国者取得通讯(信)联系的，同样有责任进行互助(相)鼓舞互相帮助，团结在毛泽东的旗帜下前进。

你们在国外饱受了美国殖民者的凌辱和虐待，今天能够回到祖国的怀抱参加祖国的建设我们是异常欢迎的，并希望您在建设战线上取得光辉的成功。我们所以能够在朝鲜战胜世界上最强最凶恶的美国鬼子，这和您们的支援是分不开的，(钢笔画去"即是说"几个字。)正因为有世界爱好和平的人民、祖国人民、海外侨胞的全力支持，才能有今天在朝鲜的胜利，我们共同的事业是不可分割的。亲爱的笃清同志，你所写的简短而精练的信，每一句每一字都在鼓舞着我们继续决战的火一样的心，您更加强了我们的好胜心更增强了我们在战斗中的自豪，我们一定按照您的希望努力杀敌，保卫着祖国的美好光景。

……

目前，我们正紧张的(地)打击敌人，美帝纵使李承晚匪帮，不顾全世界人民的反对，此刻正在大肆破坏和谈，这些歇斯底里们是不守信义的。我们全体指战员清楚的(地)察觉到，真正的和平，只靠让步是不行的，必须用斗争的姿态在战争贩子手里去索取，夺取来的和平才是可靠的，因而我们满有决心直打得美帝罢手愿意和平的时候为止。

你们回到祖国生活怎样，政府对你们安排好吗，您们在海外住了多少年，生活怎样，南洋是什么风味，殖民强盗们对您们怎么样，请您来信告诉我，并盼望经常通讯(信)。这信是在战斗中写的，很乱，请勿休(原文如此)笑。

遥远的握手

您的青年近卫军肖萍

署名的旁边还盖了一个红色的印子，刻着"肖萍之章"4个字。信末写着通信地址。没有时间落款。从信中看，1953年是无疑的。

写信的应是一个知识分子出身的年轻的指挥员。杨骚收到这封信，很快就回了信。听说以后他们通过几回信，后来中断了。杨骚一直在等待，但是他再没有接到回信。

杨骚心里不安。他几次同家人说起过，"不知是不是牺牲了？是不是他牺牲了？"

也许杨骚的信毁于燃烧着战火的途中，也许这位"青年近卫军"肖萍真是遇到不测。但不论如何，这几次与抗美援朝前线的通信给杨骚留下了很深的印象。这让他感受到了祖国和人民的力量，感受到了祖国和人民的可爱。

肖萍如若尚在，也已年逾花甲。他可能没想到当年他在坑道里写的一封信，曾给一个诗人带来怎样的激动。

春节到了。这是杨骚回到祖国过的第一个春节。他叫在塞外读书的侄儿杨荣也到广州过年。除夕之夜，吃过年夜饭，杨骚同侄儿一起到离吉祥路不远的永汉北路逛花市。这里人山人海，百花斗艳。杨骚仿佛年轻了许多，他这儿看看，那儿瞧瞧，一路都是笑容。后来，他们买了一盆金橘、一束吊钟、一枝报春的桃花，杨骚拿着花，侄儿捧着金橘，高高兴兴地回了家。

在路上，杨骚突然对侄儿说："你不觉得花市是一首充满春意的诗吗？它在歌颂祖国解放的春天。"

二、家乡纪行

为了拍摄一部反映侨乡生活的电影纪录片，华南文联电影创作组组织了一个创作小组，准备到福建和广东两省的侨乡深入采访，杨骚参加了这个组。春节过后，他们就整装出发，先到福建。同行的还有司马文森等人。

1953年2月23日下午，他们一行人乘火车从广州出发，到上饶后转公共汽车至南平，然后上闽江坐小火轮，26日下午到达福州。

因解放才几年，要去的侨乡多在海防前线，为了安全起见，他们从广州出发，由一个武装人员负责带路和联系接洽。到福州后，他们被带到省政府交际处，住入一座小小的洋房，洋房四周是草坪和盆花，显得优雅安静，据说这里原是一个官僚的住宅。杨骚不禁想起十多年前自己住过的渡圭路，还有那间逼仄的小房间。当时，警察局的那个国民党特务头子还威胁着要同自己决斗，这个人如果没有逃亡，大抵也已遭惩处了。杨骚油然产生了当家做主的感觉。

第二天，省政府陈辛人副主席和省委宣传部一位姓杨的部长来看望座谈，杨骚十分感谢福建的乡人们邀请他回来工作，也表示日后会考虑回来。在福州期间，还见到了马宁等人。

3月3日创作小组来到泉州。他们先在泉州、晋江、石狮进行采访活动，然后分头下乡，杨骚来到一个叫黄蓉乡的地方，住了一个星期。乡里对他很客气，每次采访都派人带路，过河蹚水还背着过去，给了许多方便，这让杨骚十分感动。他还在日记里写道："另煮面给我吃，说是我年纪大了。自己真的老了吗？自己虽然还不觉得是老了，但外表上已经给人一个老的印象是无可怀疑的了。此次出外，在路上处处被人当位老人看待，心里总不大舒服。"

3月18日创作小组离开泉州到集美，在集美拜访了陈嘉庚。杨骚这样描述他，"年已80，精神尚健，头发灰白，脸色棕红而油润，面颊下垂，嘴角两条下陷的皱纹特别分明深刻。"他们谈起了日寇入侵新加坡的日子，还讲到《民潮》杂志和陈嘉庚署名的发刊词，恍如昨日。杨骚说，现在好啦，可以无忧无虑地干事业了。集美正在陈嘉庚的运筹下，大兴土木。

在集美和厦门的几天中，时闻大炮声，使人感受到前线的气氛。有一天上午，国民党飞机来袭，警报铃大作，高射炮的嘣嘣声响彻天空，杨骚等人被指挥着到地下隐蔽。

来到漳州的这一天是星期二，3月24日，天空晴朗。他们下午一时多在厦门坐上小火轮，两个多小时后到浮宫，在浮宫换上用木炭作动力的汽车，五时半到达漳州。"沿途经海澄、石码、水头（尽是瓦窑），乡村建筑物古旧破碎，不及泉州多多，但土地平坦宽阔，水田很多，比泉州则好多了。"这是杨骚在日记里写到漳州的最初几行字。

他们在华侨服务社吃了晚饭，然后迁移到大众旅社。此时响起防空警报，灯火立时熄灭。他们在昏暗的月光照着的狭小的街边楼下走着。这是杨骚非常熟悉的骑楼。杨骚心中漾起十分复杂的感情。

这次回乡，杨骚在漳州住了一个星期，创作组的日程从早到晚排得满满的，其中有一天还住到乡下。有个下午是安排看布袋戏，杨骚请了假，回南市老家。进老家有三个门，正门临街面，两个边门都开在小巷子里。这条不过几百米的小街南北走向（现在的香港路），是旧漳州的商业小街，做生意的人多集中在这里。杨家的正门坐东朝西。两个边门，一个朝东北，位于杨家宅院的最东边，在一条通向龙眼营———一条僻静的小街的小巷底部，这个边门用得少，通常总是关着；另一个门朝北，在一条通向香港路的小巷里，这个边门经常有人出入。

细算起来，杨骚已经有21年没有回家了。这天下午，杨骚在亲戚的陪同下，从临街的正门回到这个既熟悉又陌生的家。漳州不少老房屋被人称为"竹竿厝"，就是从街面走进去，像竹竿一样长长直直地通到底。杨家正门进去也属这类房屋，而这类房屋的底层一般光线都很差。杨骚进门后的第一个感觉就是潮湿昏暗，许多地面砖都已纹裂脱离，墙壁也剥落了。这房子和这家族一样，已经老了。

房子的第二落有一个小天井，天井上去是个厅堂，厅堂比较深，采光就是靠天井，所以显得阴森。厅堂里墙的上方悬着一个匾，上面镂着"拔元"两字。这是杨骚的养父上京朝考所得，曾是杨家的荣耀。匾的下面是一条案桌，案上有香炉、供具什么的，原来这里也是杨家祭祖的地方。大概多年香火熏燎，楼顶黑乎乎，牌匾成为一种酱色，"拔元"这两个写得还算有分量的字显得模糊起来，两边墙壁的色泽很暧昧，说不上像什么。但是看得出这里刚刚清洗过不久，收拾得还算干净。

杨骚在这里站了一会儿，先前进门的笑意没有了。也许他想起几十年前养父的调教，少年时候没少来这里上香祭拜，但自己走上了与封建礼教完全相反的一条路；也许这里实在晦暗，令人有一种说不出的窒闷。他静静地看看，然后静静地从边门向前走去。

他来到屋后的大院子，这是一个大石埕，此刻阳光铺满院内，一棵高大的龙眼树枝叶茂盛，这棵龙眼树也很有些年头了，当年杨骚还能很轻易地爬上去采龙眼，如今树身已变得那样粗，而他的手脚也早已不灵便。院子的东南角新长出两株黄皮果，出落得很秀气。院子东北角那间被称为"棉仔间"的房子仅剩几堵断墙，这是以前做棉纱生意时的作坊间。这里开阔，有自由的空间，能顺畅地呼吸。这里旧的在废去，新的在冒起。杨骚心情也觉轻快起来。他在这里流连着，和亲戚们谈着，回忆着儿时顽皮的事情。

他还到住过的房子走了一遭，然后在挨着北边门的另一个院子里与长辈、同辈和晚辈数十人合了影。他们背后的院墙上生出几丛凤尾草，这是一种繁殖能力很强的草。

临离开漳州的前一天中午，杨骚同五叔父等亲戚们吃了一餐饭。晚上同红豆、小珍吃卤面，这是最具家乡特色的食物。

这一天晚上，他心绪不宁。他在日记中写："终夜不好睡，思想杂乱。"他一定触动了什么，想到了什么，不仅仅是离情别绪。

杨骚后来曾计划以自己的家族变迁为蓝本写系列长篇小说，最初念头的萌动也许就是在这个晚上。

两天后，他在云霄常山华侨农场给养女红豆和她妹妹小珍写了封信。

他在信中说："我这一次因工作关系得回久别的家乡，时间虽然短促，不能够和你们多多思想见面，但从实地观察，多少总比未见面时互相理解了一些，是不是？我和你们会面，心情是愉快的。我抱着一颗愉快的心离开你们，希望你们也和我一样。以后常常通信，大家更加努力学习、工作，在思想、政治、文化水平方面提高自己，这是我对你们同时也是对我自己的企望。"信的文字是明朗的，但弥散着掩饰不住的淡淡怅惘。

杨骚进入广东，在潮汕一带采访，"五一"劳动节那天，他又给红豆写了信。信中说："学校功课想来一定很忙，再三两个月你就毕业了，毕业后分配到什么地方工作，要写信通知我。你妹妹雪琛（小珍）在努力学习文化没有？希望她赶快征服半文盲。"杨骚在感受着新的生活，他认识到他们这一代要参与创造新的生活，但新的生活更需要由年轻一代来创造。他时刻惦念着后人的成长。

5月15日，创作组回到广州。次日，杨骚到文联，同欧阳山、韩北屏、华嘉会面，几个月没见面，大家都很亲热。就在这次会面中，杨骚同欧阳山谈起自己准备写小说。会不会是与他家族有关的小说呢？已很难考究。遗憾的是，杨骚的创作计划并没有实现。

这次近3个月的下乡采访，杨骚很认真投入，他整整记了几大本采访笔记和日记，拍摄了许多的照片。他的采访日记多是材料和基本情况，时有一些生动的记录。如4月8日在广东梅县活动，他在日记中这样记：

"下午三时赶回地委住宿处开各女乡长座谈会，用客话，听不懂。屠下乡女乡长首先发言，颜色健康，说话时露笑容，二只金牙发亮，眉尾下垂，眉头高，剪发齐眉。大坜乡长发言，颜色苍黄，似有病态，左唇上有黑痣，眼大活泼，眉毛细长，笑时牙齿雪白显得娇态，多表情，个子不大，略矮，头发烫卷，声嘎哑低沉，说过去历史时曾下泪，低头，拿手巾拭擦鼻涕，额上浮出一条青筋来。自己虽然听不懂意思，但见她的悲痛表情和声调，不觉鼻酸，竟下几滴泪，感情受到非常的压迫。她说到激愤处，手比，眼睛露出逼人光芒，极富表情，好像没有哭过一样，感情变动迅速，谈吐语调抑扬，说到解放后翻身时，神情兴奋。六时许座谈结束，洗涤，夜饭后去中苏友好协会听山歌联唱，觉得单调，内容听不懂，无味。腹稿，打油一绝如下：翻身儿女唱山歌，应是欢情乐事多，未解歌中意何在，但听妹妹与哥哥。

这段采访日记生动传神，同时令人感受到诗人情感的丰富。

回国后的生活，让杨骚有许多新的体验和新的感受，他在一篇未见发表的文章《带毛炒鸡》中写道："一个在海外居留了十几年的像我这样的人，突然回到伟大的祖国来，接触了许多事物，觉得样样都是新气象，样样都令人兴奋，样样都是真理真实。在祖国住惯的人，或许不这样觉得吧？但在我，总觉得每件事都值得用诗，用小说，用戏曲来表现它，描写它。"

他写道，高尔基曾经说过，事实还不是全部真理，它仅是原料。应当从这原料里提炼出、抽出真正的艺术的真理。不能带毛炒鸡。必须学会拔掉非本质的事实羽毛，必须善于从事实中抽出思想。"但有什么办法呢？一切的事实，在我看来，是这样的光辉，这样的灿烂！我晓得，我大概是没有办法拔掉事实的羽毛，因为即使是羽毛，在我看来，也都是这样令人感动，令人赞叹！我晓得，不管我用诗，用小说，用戏曲，把我所看到的事实表现出来，结果都将难免是带毛炒鸡。我的艺术修养既这么拙劣，我的思想水平又这样不够，而祖国又如此伟大、丰富、天翻地覆，光辉灿烂得令人目眩，我怎有能力从它们里头塑造出典型，表现出本质呢？然而我急切于要表现它们，描写它们。就是带毛炒鸡也好，不是总比什么都不炒好吗？"

杨骚那诗人的感情被激荡起来了，他要在祖国这诗一般的田野上热情地耕耘。

三、北京的六月与热情

正当杨骚要倾尽身心投入工作时，却被意外击倒了。他突然半身偏瘫，被送入医院抢救。

回广州之前，还在汕头采访时，有一天他在行路时曾感到左边整条腿麻木无力，他并没意识到这是个危险的信号。回广州后，在发病前有几天常感左手指麻痹，他还只认为是风湿病，特地买了蛇胆酒来治疗。没想到病魔一下子来得如此突然、厉害。

经抢救，杨骚总算脱离危险，但还无法行动。他的病情仍令人们担忧。在海南岛深入生活的欧阳山闻悉后，给杨骚写了一封安慰的信：

维铨兄：

我们在海南岛的海口市接到广州来信，知道你得了病，进了医院，大家都很挂念。我们很想早点回广州探望你。接到此信时，大概病症已逐渐减轻，或许已痊愈了吧。

广州的水土气候，可能你不太习惯，居住饮食也可能比国外差些。我们对你的身体健康，又未能很好照顾，这是我们大家都不能适然于怀的。

我们都盼望你拿出过去和胃病作斗争，和日本鬼子作斗争，和国民党反动匪徒做斗争的勇气和信心来，和这场疾病作斗争，你一定能够很快恢复健康的。广州的创作活动非常需要你的帮助，你的丰富的创作经验也一定能够帮助我们每一个人的。

祝你安心静养，祝你快乐和胜利！

　　仁娘及孩子们均此致候。

　　欧阳山写完这封信署上自己的名，留了空白，再写上"1953年8月11日，在海南岛"一行字，又让易巩、陈残云等人在空白处署了名。

　　在医生的治疗下，杨骚缓慢地恢复着。但仍无法写字，几乎不能行走。9月上旬，他被选为全国第二次文代会代表。9月23日，文代会在北京召开，他因病没有办法赴京，失去了一个同朋友们会面和交流学习的机会。

　　秋天到了。这是一个丰收的时节。杨骚感到难过，该扬花抽穗的时候，他却躺在病榻上。一个作家，无法执笔，能不伤心吗？令人感到安慰的是病情已有所好转，于是他出院休养。这时，杨骚一家搬到了文德路69号之一的作家协会中。

　　春天到了。这是一个充满生命活力的时节。杨骚可以行走了，但十分勉强，完全是一种病人的蹒跚步伐。经过有关方面的联系，他决定到北京苏联红十字医院脑科去检查治疗。

　　1954年6月3日夜里，杨骚在作协容希英的陪同下，登上北上的火车。这天起，杨骚又开始记中断了许久的日记。尽管笔画不顺畅，有的字像小学生初学写字一样，但终究留下了最真实的记录。

　　他写道：

　　　　夜一时多进车站，落在最后，几乎来不及搭车。容大概等得很着急，提着箱、包，跑在前面，时时停步等我，催促我"跑快点，车快开了。"我在努力把步调加快，但快不了好多，心里着急得很。卧铺偏偏在前面，好像也在替我着急。然而终于搭上了，上车后，还望着一个持包袱的旅客在站台上跑着赶车，车已快开了。秩序良好。

　　　　和一位人民解放军同一卧车，自己在下铺，解放军在上铺，大概是谁托买荔枝，一直搭到汉口下车时没吃过一个，而荔枝快变黑了，他时时摸它。

　　　　4号夜，车里还睡得好。终日吃面，容到餐车拿，拿来

自己又吃不到三分之一，容又得拿回去，麻烦之至，自己觉
得抱歉。

　　7日下午四时半到达北京，在中国作协工作的老朋友张天翼到车
站迎接，温平和侄儿杨荣也在车站。先到温平家，晚上搬到张楚琨家
里。天下着雨，楚琨爱人吴梅丽和杨荣先后搀着杨骚走进屋里。杨骚
的衰弱让朋友们都觉得难过。

　　张楚琨的家在南吉祥胡同5号，这是一个宽敞幽静的地方。进门
是个小庭院，有棵绿叶如盖的枇杷树，再往里是个石头铺砌的大庭院，
西厢房是杨骚住的地方，这是一间书房，书橱里有线装本的全唐诗，
摆设着花，环境怡人。

　　9日下午，沙汀、艾芜、周立波三人一起来看望杨骚，说了许多
安慰的话。这情景使人想起30年代他们在上海"左联"时期的生活，
当年他们一起为摧毁旧世界而呐喊战斗，杨骚是多么想再同他们一起
为新时代而讴歌。沙汀知道杨骚回国后定居在广州，立刻就写了封信
叫欧阳山转给他，沙汀在信中说："解放以后，我曾经多方探听你的
行踪。去年年底由德国回，听天翼讲，你在北京，还去看过他。他又
告诉了你的电话号码。但当我打电话和你联系的时候，才知道你已经
回了广州！本想写信，但一忙，又懒，身体又不很好，结果并没有
写。这封信拖到今天才写，也是这些原因。但同朋友们谈到你却不止
一次了。从天翼那里，从你来信，这些年你的经历，和目前的工作情
况，我已知道不少。现在，让我来谈谈自己的情况吧。但也只能谈个
大略，详细，不管你的或者我的，恐怕只有等文代会开会才能得到。"
这信写于1953年7月，正值杨骚重病住院，无法回信，文代会也没参
加，他们一直没见面，直至今日。所以沙汀话特别多，说自己5年前
吐过一次血，以为要完蛋了，后来休息了一年才好起来，那时条件也
差，哪像现在，说杨骚的病没问题。

　　艾芜也说杨骚的病情总体上是向好的方面发展，要对自己有信
心。杨骚受到了鼓励。

　　天又下着雨。他们三人辞别时，沙汀说："维铨，明天晚上请你

吃烤鸭，可别出去。"杨骚连忙说："不要了，我很不方便。"沙汀顾不了这些，说："你等着就是了。"

第二天傍晚，杨骚见没什么消息，就吃了晚饭。没想到七时半，张天翼和周立波进屋来，说："走吧，沙汀艾芜请吃烤鸭。车就停在门外，他们二位的夫人都在车上等着呢。"杨骚见此情景，只得一起走。

到"全聚德"门口，下车后，立波和天翼扶着杨骚上楼。

这是一餐令健康人嘴馋的烤鸭全席，还佐以生啤酒和其他的菜。可惜杨骚只吃了几片鸭肉，喝了几口汤。天翼食欲很好，又一大杯一大杯地喝着啤酒。沙汀也能吃。杨骚多数时候是在看着，他叹喟道："多么想开怀一回，但是没办法。"许多年以前，他不也是这样大杯喝酒，大块吃肉吗？就是胃手术前，也没戒过酒。沙汀说："没关系，你离开北京时也许就可以像我们一样吃喝了。"

立波不大说话，天翼就顾高兴地吃，也不大说话。艾芜是酒下肚后，话才多起来。就数沙汀话最多。

杨骚对沙汀说："你跟从前一样，没变。"沙汀笑着回答："是呀，还是那样没长进。"他夫人玉颀也在一边笑他。

这是一次令杨骚难忘的聚餐，因为他已经很久没有参加这样的聚会了。这一切都让杨骚想到年轻，想到生活，想到生命。

第二天，杨荣向伯父问起昨晚的宴请，心想伯父一定十分高兴。没想到杨骚当着侄儿的面，潜然泪下。杨荣一下愣住了。他没有问伯父为什么流泪，以后也一直没有问。

朋友们都精力充沛地投入生活，而自己满腔热情回国，却身负沉疴，不能一道前行，还有什么能比这更使人难过？

杨骚到北京后，洪丝丝、王纪元等也都来探望，鼓励他先治好病，再考虑写作等其他问题。

经苏联红十字医院细致检查，杨骚准备回广州治疗。离开北京的前一天，他到中山公园看了印度艺术展览会，又慢慢行到天安门前看了许久。在这首都中心，在这第一面五星红旗升起来的地方，他一定有很多的感触。

朋友们始终惦念着他。他在当日的日记中写道："回来已快五点钟。不久，天翼、沙汀、立波、舒群来望，谈了许多，沙汀特别关心我，问这问那，要打电报给白尘……问我是否是要转移到北京，可先寄信来，为我找房子……舒群对我很关心，天翼说多休养……友情难得，给我许多勇气鼓励。"

6月26日上午，杨骚离开北京，次日下午到达上海。华东作协来车把他接到锦江饭店，董竹君创办的这家饭店，在旧上海就颇有名气。杨骚平生第一次住上这样的饭店，他在日记中说："自己奇怪作协为何带自己到此，实在太阔气了。"夜里，孔罗荪来坐，杨骚请他叫以群明日来。

次日下午，以群来了，他是上海电影制片厂的副厂长，不苟言笑。自作家前线访问团一起相伴半年后，在重庆相见的次数也不多，他们多少年没这样坐在一起谈谈话了，话题当然也是多多的。有没有谈到当年他同沙汀一起找杨骚转达组织希望他到海外工作的事情呢？很可能有，因为这毕竟是杨骚不长的生命旅程中一个重要的转折。杨骚是绝对不会想到自己这位看上去非常健硕的著名文艺理论家朋友，在十多年后，以跳楼的方式结束生命。

杨骚还抽空特意坐车到四马路看北新书店，可是没有看到。"北新"两个字同杨骚有许多感情上的牵连，同他的文学生涯有很密切的联系。他又坐车到外滩公园，他在日记中说在这里"坐了许久"，看别人悠悠然然地打太极拳。外滩是上海历史的象征，举目望去，林林总总数十座巨大的建筑，有哥特式的、巴洛克式的、罗马式的，现在在杨骚眼里，便是一朵朵亦动未动的驳杂的浪头，冲撞在心里，五味杂陈。杨骚这几十年，有多少恩和怨，有多少欢乐和痛苦，有多少幻灭和追求，同这花花绿绿又汹汹涌涌的大上海连结在一起。这是可以写出许多文字的。

杨骚6月30日离开上海，这天中午，黄源、以群、罗荪及爱人请他吃饭。杨骚心情很好，觉得这一餐饭很好吃，别有一番滋味。

7月2日，他回到广州。

四、温馨的文德路和宁静的白鹤洞

杨骚从北京回广州后，被选为广东省第一届人大代表。

7月28日，他住入广州人民医院，治疗手指肿痛，此症在月初出现。但治疗没有效果，于9月4日出院。后来一直靠服APC止疼。

此时，杨骚一家仍住在文德路作协的院子里。这处让杨骚感到亲切温馨的作协大院由一座红色的三层洋楼和一座灰白色的二层洋楼组成。杨骚住在灰白小楼的一层。这是一个大通间，原是留法同学会的酒吧，三面都是玻璃窗，里面生活

1955年，广州白鹤洞居住的小楼前。后排右一侄儿杨荣，左一长子泳南，前排左一次子西北。

设施齐全。杨骚一家入住时，欧阳山担心杨骚用不惯西式炉具，特意交代作协符公望等在厨房添置了烧煤球的炉子和烧木柴的风炉。二楼是司马文森和华嘉两家。白楼和红楼之间，是一片庭院般的空地。这不是一般的空地，它用洗米石批荡铺设，曾是一座诱人的露天舞池，周围种植着花草灌木，还有一株名贵的白梅树。那座红楼的外墙贴着华丽的红色寿山石，显露着高贵典雅，楼中的人字形木地板和钢窗均从德国进口。这座楼曾是德奥瑞（德国、奥地利、瑞士）同学会场所，楼里也住着作家们：一楼是黄谷柳和周国瑾两家；二楼是欧阳山和陈残云两家；三楼是韩北屏一家。

院子里有不少作家的孩子们，聚在一起就热闹了。这热闹也给杨骚带来些许蓬勃的气息。后来司马文森的大女儿小兰写了一篇纯真的回忆文章，记叙了我们视为共同的家园中的大院生活的片段。

　　我们最爱做的游戏还是"演戏"，不过这种游戏必须趁家长外出的时候才能做。我们把花花绿绿的床单和毛巾披在身上，就自编自演地唱起"粤剧"来。记得有一次，我们演"火焰山"，我的妹妹小萌当唐僧，小莘当沙和尚，欧阳星星（欧阳山的儿子）当猪八戒。可是让谁当孙悟空呢？找了半天也没有合适的，只好让杨泳南当了，因为在我们当中他至少还算稍懂刀剑的。我当铁扇公主。按照剧情，唐僧师徒上西天取经路过火焰山，被烈火阻挡了无法通过，孙悟空就找铁扇公主取扇，可是在演这一场时却临时闹了不小的笑话：按照商量好的剧情，"铁扇公主"不肯借宝扇给"孙悟空"，反而动怒了，只一扇就把孙悟空吹跑了。可是不知道为什么，"孙悟空"竟认真起来，我一连扇了几扇他也不肯走，我已经唱了好几遍"要扇你一扇了"，他还在原地不动，我只好悄悄地提醒他"我这把扇子是宝扇呀，你快走吧"。现在想起来，这是多么滑稽的事啊！还有一次，我们演地主和农民，欧阳星星赶忙抢着说："我当农民！"大家一致反对："你又白又胖哪像农民呀！"结果，他就当了地主。于是我们这些"贫苦的农民"为地主种地，一年过去了，狗腿子来收租，大家一起跪在地上恳求着："大老爷，开开恩吧！"欧阳星星就神气十足地叉着腰，理都不理我们。后来农民起来了，大家拿着大木棍一面打地主，一面说："打死你！"确实，大家都演得十分认真，就好像这是真的事。

　　有一年中秋节过得比往年都有趣，前一天，我们在一起玩耍，杨泳南给大家讲他新听到的鬼故事，听完后大家就议论开了：到底有没有鬼呢？杨泳南说："肯定有鬼的，不然哪来的鬼故事呢？"我和韩舞燕、韩舞凤（韩北屏的女儿）都反对他的说法，"鬼是假的，你说有鬼，你见到它了？"一方说有，一方说无，大家争得面红耳赤，可是谁都拿不出有力的证据来。这时一直没开口的小萌提出建议来了："杨泳南不是说黑屋子里有鬼吗？明天晚上就是中秋节了，大家一起打着灯笼，上黑屋子里看看好吗？"其实小萌也未必不信有鬼，她之所以这样提，只因为她历来就是一个冒险家。"好吧，好吧，那，谁都得去，要不去就是胆小鬼！"快嘴的韩舞凤首先赞成。说完她看着欧阳星星扑哧一下笑出来，"哦，她是在用'激将法'呀！"我不由得暗暗好笑。"欧阳星星，你敢去么？"杨泳南笑着问。"谁不敢去呀，……"欧阳星星涨红着脸气呼呼地说。于是大伙商量好要绝对保守秘密后，就带着探险的好奇心回家了。显然，谁也不愿意被同伴们骂作"胆小鬼"。第二天——中秋节的晚上，大家老早就聚合在预定地点，大家排好队就提着灯笼向漆黑的会议室走去，由于我算是其中的长者，就当领队的。开始大家还有说有笑，可是渐渐没人说话了。连最爱热闹的舞凤也异常安静。到了！我看着会议室黑洞洞的大门，壮壮胆就迈了进去，大伙儿也一个个陆续走进去，里面黑漆漆的，仿佛特别空荡，静啊，静，好像连风都不动了。突然，走在最后面的杨泳南尖叫一声："有鬼！"于是大伙齐声呐喊，转过头去没命地跑，一直到了灯光明亮的大门口才停了下来。不知道是由于跑得太急，还是由于恐惧，一个个脸色苍白。过了一会儿，平定下来了，大家就问杨泳南："鬼是什么样的？"这一问杨泳南竟结巴起来，半天没说出所以然来。原来他什么也没看见，只是心里太紧张了，就无中生有地制造了这一场虚惊。大家又好笑又好气，又重新整队出发了。这一次我们顺利地顺着黑屋的墙壁走了三圈，终于证明了鬼是不存在的。从那以后杨泳南好几天不敢见大家，欧阳星星也是如此。为什么呢？原来欧阳星星听到杨泳南的那一声喊，就吓得灯笼也不要了，一直跑回家里去。事后，母亲对我颇为生气，因为我是其中的长者，又已经上了小学，竟领着孩子们胡闹。

这样子的胡闹，在文德路作协院子里，隔三岔五就会上演一回，成为一道斑斓的风景。

在文德路的日子里，杨骚还请了作协的同志给妻子陈仁娘补习中文并教她学说粤语。数十年后，一个偶然的机会，于逢的女儿小颖和儿子小亮告诉西北，这个老师就是仇智杰。接上了关系，已耄耋之年的仇智杰给西北发了一条长长的微信。微信中说："我主要教中文，即汉字；粤语是教平时应酬用语，为平时出入见客所用。你妈很聪明又刻苦。我并无教书经验，但有年轻人的热情。只是一字一句要她练习写，跟着我读。我尽量用普通话，夹粤语连比带画让她明白。印度尼西亚文和汉语差别很大，有些字发音完全不一样，但你妈能融会贯通，我指定的课文她能依时读出来。给她练习的功课亦能大体完成。但书写困难一些，但她努力学。有时你爸爸插插嘴来辩识。大多利用每天中午休息时间，因白天我要上班，晚上又是你家雷打不动的一家在一起吃饭休息的时间。那年代，人与人之间的关系非常真诚，亲切。"

文德路是一条古旧书肆之地，还有古玩和宠物店，文人名士喜欢在这里流连。杨骚虽然深居简出，在家中养病，但偶尔也带泳南外出寄信，顺便也行街散步。陈仁娘也上街，街上宠物店里蠕动的面包虫子曾使她感到害怕。文德路口有一间三开间铺面的老字号致美斋酱园店，专卖特级的南北酱菜海味食品，闻名遐迩，几成广州地标。后来杨骚搬到白鹤洞，家人进城，总会到此店购买酱菜。

作协的秘书长徐楚和副秘书长容希英对杨骚一家同样关心备至。许多年后，杨骚后人到银河公墓给父亲扫墓，他们也陪同去。杨西北同徐楚还保持了长时间的通信联系。这是后话。

由于年纪太小，西北对文德路的家印象很模糊，只是记得有次在欧阳山家里吃饭，饭粒掉落在桌子上，被大人要求捡起来吃掉，有点委屈和害怕。似乎只有这幕情景被留住了。但是这并不妨碍他对这处地方的怀念，同时产生了许多童真的想象。

　　1954年11月28日，郑振铎出访印度途经广州，适逢周而复也在广州活动，两人一起来文德路看望杨骚。

　　1955年年初，为了养病，杨骚搬到广州近郊的白鹤洞，住在山顶道15号。那时，这是一处安谧幽静的地方。这山顶道15号是一幢小洋楼，像这样的小洋楼这里还有几幢。据说这里原先是外国驻广州领事馆人员消夏度假的别墅区。

　　15号这幢小楼有两层，顶层的屋顶下还有个隐蔽的蓄水池。楼前是小叶黄杨夹出的甬道，小叶黄杨被修整过，矮矮的，叶片绿油油的。楼前有凤凰木，高高的树上有鸟窝，还有绿色的小乔木。楼后是一个草坪，草坪边上有棵大王椰子树，是观赏树，这硕大的状如芭蕉扇般的叶子也会枯萎垂下，每当这时，就会被人勾扯下来，拖去当燃料。旁边是共青团学校，对面是广州二十二中，不远处还有所广州八中，附近有片小树林，多是相思树。

　　早晨，窗外枝头的鸟鸣很动听地传入屋内。草坪上有人来锻炼，做徒手操，竖蜻蜓什么的。团校的喇叭传来乐曲，是轻音乐，像苏联的《红莓花儿开》、南斯拉夫的《深深的海洋》、保加利亚的《给边防军写封信》等，傍晚，这音乐声会再度传来。这日复一日的旋律，成了杨骚年幼的儿子们孩提时代的音乐启蒙。夜晚，珠江航船的汽笛，偶尔会打破四周的寂静。

　　这是个养病和写作的好地方。绿树成荫，景色优美，空气湿润清新。

　　杨骚一家住在二楼，长子泳南在广州华侨小学住宿，次子西北在市内的托儿所全托，都是周末才回家。

　　杨骚的休养生活还是很有规律的，通常早上起床后，做点操，下楼在草坪上或周围散散步，中午小睡，有一段时间下午做针灸治疗，晚上十时左右上床，睡前记日记，其余时间看看书，读读报，会会客，极少出广州。这里出广州一般是到白鹤洞码头坐船，在珠江上航行半小时，然后在南方大厦附近的码头上船。

　　5月8日晚饭后，杨骚腹部疼痛，其实是急性阑尾炎，附近联合诊所的医生没有诊断出来，拖延至10日才用行军床抬上船送到医院，医生说再过几个小时就会穿肠，不死亦十分麻烦，所幸手术顺利，8天后出院。杨骚挨的这一刀，成了这段平静生活中的小波澜。

每逢周末，两个孩子回家，家中便充满了生气。暑假到来了，每天早晨带着两个儿子在草坪上散步，对病弱中的杨骚来说是一件很有乐趣的事，他在日记里几乎天天都附上一笔。牵着儿子在茵茵草地上徜徉，对杨骚来说可能是一种彻底的身心放松。

此时，泳南9岁，西北刚4岁，除偶尔淘气使父亲光火，他们的天真可爱给父亲带来了无比的慰藉。

泳南对父亲的印象就是他总坐在书桌前的转椅里看书看报，这大概因为周末回家，一进门，看到的父亲都是这种姿势，所以印象深刻。有一个星期五下午放学时，临时接到通知可以提早放假回家，晚饭后，泳南乘车到珠江码头，最后一班开向白鹤洞的船已开走，他茫然无措，慌张起来，后经好心人指点，才辗转回到家，得到父亲的抚慰。杨骚在这天的日记中记："整顿房中床铺及其他。夜约九时，南突然敲门回来，看他脸色仓惶，问他如何，原来是老师们全部于明天开什么大会，叫他回来。南因无主意，听老师话回来，搭不到船，过大基头，改坐小船到大涌口，从大涌口徒步回。在途中难免恐慌，甚至哭泣，大概谁问他怎样，后来经说明，才带他回。这算是南到此为止第一次的冒险故事。夜又重新把床调入房中，让南睡。"这件事泳南也记得很牢。

杨骚牵着儿子散步，西北年幼个小，父亲牵着他，那只很大的手就在他的眼前，那只手青筋道道，像匍匐着小蚯蚓。可能散步的次数多，这手反复出现，反复叠印在童稚的脑中，给西北留下的印象最深。此外，还有不少零散的记忆，像父亲拿零钱叫他到附近的店铺买香烟，买"大前门"的或是"飞马"的，西北壮着胆买回来，向父亲炫耀自己的勇敢，得到了父亲的称赞；像帮父亲去寄信，回来后很高兴地说自己长大了，已够得着那高高邮筒的嘴巴；像有一天淘气，被父亲抓住用鸡毛帚抽屁股，西北哭叫，被母亲抢着抱走。如今这些都成了脑海中珍贵的画页，连抽打屁股也成为最难得的疼爱。

这一年6月底，侄儿杨荣因病从塞外回家乡治疗，因为广州环境好，杨骚写信叫他到白鹤洞，就住在一起休养。在这日复一日的平静生活中，杨骚始终忘不了自己的写作计划。

但是疾病缠身，使他的写作计划难以实现，这让他感到很痛苦。一天，在例行的打针时，"因想起久病缠绵不好，大哭"。他在日记这么写着。大哭，可见痛苦至极。但宣泄痛苦之后，他并不低头。杨骚积极寻医找药，与病魔顽强抗争。他在日记中说出自己的心愿："如能医好，工作十年足矣。"十年，能写出多少东西？实际上，他已在勉力地工作着。

杨骚知道杨荣喜欢文学，也曾写过一些东西，就鼓励他向这方面去努力。他对侄儿说："我们不能像常人一样工作，就两人合着干，两人合起来也可以顶一个人用。"说干，真的就干起来。祖国的生活浪花拍打着两代人的心田，他们对生活的热情也从笔端流淌出来。他们合作写出了童话《苹果姑娘》，内容是批评官僚主义的，发表在1956年第一期的《作品》杂志上，同年8月，华南人民出版社出版了单行本。他们接着写出了独幕话剧《弟弟的百宝箱》，是反映少先队员积极参加祖国建设的，发表在同年第四期的《作品》上，次年6月被上海美术出版社改编成连环画。这两篇作品20多年以后都被收入了《木棉树下的童话》，由广东人民出版社出版。尽管这不是什么鸿篇巨制，杨骚那颗不安的心还是得到稍许平复。

杨骚同从前一样，时刻关注着年轻的作者。当时有个才20多岁的中学教师叫欧嘉年，已出过《隐藏的敌人》和《周身胆》两本小说，住在旁边一座叫"邓发堂"的房子。他知道杨骚的名字，又是邻居，于是"怀着异常复杂的心情"拜访了杨骚，没想到这个老作家如此平易近人又和蔼可亲。于是便时常来坐，两人成了忘年交。杨骚看他的作品，认为他有"创作才华"，也诚恳地讲了自己的意见，每次两人都谈得十分融洽。

那时同杨骚住过这一座楼的作家还有于逢、陈芦荻等，欧嘉年说他们写完作品就走了，像"游方僧"一般，留下杨骚当"主持"，说他"成了携眷的和尚"，说得杨骚哈哈笑。

几十年以后，欧嘉年在《默默的忆念》一文里说："岁月匆匆，'文革'的政治风暴，把我刮得扫地出门，而且几乎性命难保。我在宛如冰窖的处境中，常常想到杨骚同志对我的鼓励和关心，长期碰到的冷面孔和恶面孔确实太多，绝无私利地拳拳顾我的文苑中人，只有杨骚在我心中占着第一位。"

有一次，于逢向杨骚了解一个叫黄东平的人，原来他从印度尼西亚向《作品》寄来了诗稿，那时对海外来稿的采用都很慎重。杨骚还记得这个曾向《生活报》投过稿的青年人，于是向于逢作了推荐。黄东平的诗作在《作品》发表后，给杨骚寄来了一封信，信中说："我写这信请求先生能多多对我的习作提出宝贵的教言。此间习作者，没有人能给他们指导，这是先生所熟知的。像在椰嘉达（雅加达）时一样，希望先生在国内仍然能给海外文艺习作者以教益，我热切地等待着。"杨骚给他回了信，1956年年底，黄东平还给杨骚来过信。杨骚对华侨青年的文化提高系于怀中，他已答应出版社，准备为华侨青年编选一套从"五四"至1949年的中国现代文学读物。

1956年3月，幼子杨泳左出生。

6月17日，巴人到广州，没忘了先来看看老朋友。杨骚在日记中写道："早，王任叔来，和周延。闻他杨骚杨骚的叫声，我正在看生活报，不知是谁，及他来，才明白原来是他。他主要来看看我，并说系拉稿而来，提我过去的东西什么没有找到，我说因为《乡曲》没有，所以收集不起来。他说于逢螺丝钉问题等，谓准备付印。看来他身体非常健康。他问我如何，云休养五六年也不要紧，主要须休息。但自己觉得三年已经够长了，他安慰说不必着急。"在这次见面中，巴人问起抗战胜利后他们在新加坡一起合影的照片还在不在，杨骚说有。第三天，杨骚叫杨荣将洗出的相片送给巴人。这就是不少书刊都用过的那张巴人与杨骚的合影，巴人蓄着美髯公般的大胡子。

11月2日，草明到广州，来白鹤洞看望杨骚，杨骚留她在家中吃了饭。被杨骚视为小妹妹的草明劝说杨骚要开朗一些，听听音乐，说他嗓子那么好听，要唱唱歌。杨骚答应了。有谁知道，此时死亡之剑已悄悄悬在杨骚的头上。

杨骚对音乐，尤其是提琴，依然一往情深。有次，马思聪到广州演出，杨骚因身体虚弱无法外出，他叫杨荣买票去听，他说："马思聪的提琴拉得实在好，你要去听听，我当年在上海也曾买票听他演奏。"

杨荣有些犹豫，说："听完音乐会，很迟了，恐没有船回白鹤洞。"

杨骚大不以为然地说："哎呀，你就在广州找家旅社住一个晚上又何妨。"

或许，小提琴牵惹出他许多旧日的回想。

一天，人民文学出版社鲁迅著作编辑室给杨骚来了一封信。信中说："在我们注释《鲁迅日记》所载人名的工作中，有一个问题需要您帮助解决。《鲁迅日记》1929年11月13日记：'杨骚凌璧如来。'我们希望知道凌璧如的简历及他与鲁迅先生的关系。请抽暇答复我们。劳神之处十分感谢。"

第二天，杨骚回了信。他问杨荣："不知道他们现在在台湾怎么样？"这个他们，当然不只是凌璧如。

杨荣将多年前自己在台湾读书时，到凌琴如家的情况说了，也说到琴如看着杨骚的相片时泪光盈盈。这是一幅令人百感交集，难以描述的景象。

杨骚听后半晌不语。

第七章　没有结束

一、A妹

　　在这一章里，请允许我恢复第一人称的叙述方式。我是在父亲51岁的那年来到这个世界的，5岁半那年父亲离我们而去。我那时尚年幼，无法得知父亲有过怎样的情感经历和生活波折，后来，经过旷日持久的艰苦搜寻和阅读资料，他才在我脑中比较完整地凸显。

　　1986年，我同凌璧如老人有了通信联系。他给我的第一封信中有这样一段文字："令尊的感情充沛而流露自然。行于诗中有时它奔放得如黄河决口万马飞腾，有时它又如山间细流淙淙入耳。他的诗，有时静美得有如仲夏夜之梦序曲中的秋虫细雨，有时却又像柴翁悲怆曲中最后绝望的呼唤。他才华洋溢，头脑清新，常站在时代尖端。"这是他展现给我的关于父亲印象的第一幕。他还寄来了他翻拍的保存完好的有关父亲的相片，非常珍贵。

　　后来，我看了他通过钱歌川老人寄来的他自己写的关于维铨的回忆，第一个反应是，这篇文章该唤起几个老人怎样的记忆，当事人之一写的文章，另一位当事人亲自寄给又一位已故当事人的后代。都过去半个多世纪了，他们也已暮年，还有什么可忌讳的呢？也许他们是这样想的。然后我陷入了平静的思索中。这篇回忆，在我面前展现了父亲的另一面。这是退去了包装的活生生的父亲。他的心路历程，果真如凌璧如的夫人张万涛说的那样，可以写出又一部《红楼梦》吗？感情这东西，要条分缕析，真是难哪！

　　"A妹"琴如是对父亲有过影响的女性，但她给我的形象始终很模糊，一直到我在上海珺如家中看到她的照片为止。她在一张生活照的背后写着："三妹（珺如）子弟：这是大姐十年前的照片。当下课后，一群孩子拥着我拍的。1964年4月寄自新加坡"。照片中的琴如成熟、健康、美丽。珺如对我说："大姐是个感情很丰富的人，她回国时曾住在这里，有一天早上起床，发现我还在床上，轻轻掀开我的帐子，小声唤我，还没起床呀。好像我还是个小妹妹。她听大陆的音乐，听着听着就会流下眼泪。回美国时她还带走了一把大陆的泥土。"她对我说：大姐曾对我谈过同杨骚的恋情，说有时酒多喝了点，会想到杨骚，就爱唱一首歌，很忧伤的，怎么唱我一时想不起来。

我后来想，父亲当年曾多么钟情于酒，醉酣视八极，把酒问青天。这情景大概琴如没有忘记。

堂叔杨杰对我说："四哥（我父亲）去世后，我将这消息告诉琴如，她流下了眼泪。"她哭了，一定感慨良多。

琴如一家于1964年迁往新加坡。钱歌川先后在新加坡的义安学院、新加坡大学、南洋大学任教，琴如也当老师。1972年年底移居纽约。他们1974年曾回大陆探亲观光，当时正值"文革"后期，想必没能和多少朋友会面，即使会面也很难深谈些什么。1978年，他们又回来了一次，这一次还在北京出席了国务院举行的国庆宴会。大陆一派春天的景象。他们心动了。

在有关部门的邀请下，他们准备回国工作，双双将在北京国际关系学院任教，歌川教英语，琴如教中文，学院连房子都准备好了。可惜这个计划最终搁浅下来。琴如回美国后，身体不适，医院检查的结果是她得了肠癌。经治疗后，病情得到控制，效果还很好。据说医生认为已经没有什么问题了，琴如掉以轻心，没有认真继续治疗。后来癌细胞扩散，病情恶化。1981年11月8日，引起小肠缠结，手术抢救后，延至同月15日下午4时20分去世。琴如魂逝异国，回故乡定居成了美丽的梦想。

钱歌川1982年第三次回国。这次回国，他看望了王礼锡的夫人陆晶清，陆晶清送给他一本《新文学史料》，这本杂志中刊登了王礼锡写的"作家战地访问团"日记，还附有访问团全体成员的照片。钱歌川看了这些日记后很有感想。他在《忆王礼锡》一文中说："我现在来读礼锡的'作家战地访问团'的日记，就好像我参加了他那访问团似的，宛如身历其境，如闻其声，如见其人，一则是他写得太生动了，一则是因为团员中许多都是熟人，如杨骚就是我东京高师的同学，而且还有更深的关系。"（见《楚云沧海集》，湖南人民出版社1985年9月版）。此时，钱歌川已80岁。回首往事，要说的也太多太多了。"还有更深的关系"，这不是一句两句话就可以说得明白的。

钱歌川一直寓居纽约。他终已年迈，有一次外出寄信，不慎跌倒，牙齿也嗑落了，自此身体一直没有恢复过来。大概觉得痛苦，他曾萌生过安乐死的念头。1990年10月13日，钱歌川在纽约病逝。1990年10月20日，《参考消息》第二版底栏的"台湾短讯"，登载了一则短消息，"中央社报道，旅居纽约的著名学者钱歌川13日因肺病逝世，终年88岁。钱歌川原籍湖南湘潭"。

凌璧如已在早些时候的1989年元月，在台湾台北县新店市辞世，葬于富德墓园。我是在元月15日收到台湾来信才知道的。信中说他"走的时候，不愿为他所爱的人添一点麻烦，欲为他自己留下难以弥补的遗憾：他再也没有机会活着回到大陆，与两位心爱的妹妹见面，还有许多期待着他的亲友，与四十年梦中的锦绣河山"。

曲终人散。人散曲终了吗？

我看了凌琴如入殓前的遗照。她已75岁，而且经受癌细胞的折磨，她的模样是显老了。她闭着双眼，是在默想什么吗？

大千世界，芸芸众生。人啊，在这里演绎了多少九曲回肠的故事。

二、寻白薇

我能看书以后，在盛大的节日里，在报纸中出现的一长串的人名里看到"白薇"两个字，觉得很自然，没有什么惊奇的地方。"文化大革命"中，我随着乱哄哄的人流涌向北京。我住在堂姐小珍（红豆的妹妹）家里，他们夫妇都在外文局工作。那时许多我崇拜的大人物如同草芥。有一天我

湖南资兴市白薇广场的白薇铜像

突然想去找找白薇。当时我个子长得小，一副孩子模样。实际上我也是怀着一种童稚的愿望寻找她的。善良的人们疑惑地打量我，摇摇头。派出所的人则眯起眼问，找她干什么？你是她什么人？我转身走开了。

是啊，我是她什么人？我怅怅地走在宽敞的长安街上。我当然没想到已70多岁的白薇也被喝令弯腰挨斗，还曾像皮球一样地在公共汽车上被踢来踢去。

回国后，父亲曾两度来京，没有任何迹象和片言只字表示他想与她联系。我还是个情窦未开的毛孩子，没有探寻过是什么原因使他们相互回避。但是想同她见面的念头愈加强烈起来，只是一直把它埋在心底。

1983年夏天，我到了北京。有一天我到王府井附近的柳倩叔叔家里做客，他也是中国诗歌会的成员。那时他还没搬家，房子窄小，显得杂乱。谈起往事时，他说他有白薇的地址，很快就从小本子里找出

来抄给我。他提醒说，白薇脾气不好，家庭保姆换了好几个。丁玲去看望她，话没说两句就被她赶走了。

我决定去寻找她。柳倩叔叔的话让我多了个心眼，我想以一个普通人的身份去拜访。暑热的日子，周身的血整天奔涌得厉害。

一天，太阳刚偏西，我走向和平里的一座公寓，楼前一排高大的杨树，叶子哗哗掀动，在阳光里绿晃晃地闪着。我走进楼梯，登着楼阶时，心跳得很快。一个自己少年时代就知道的人，一个和自己的亲人感情笃深的人、一个抹着传奇色彩的人，就住在这座楼里，现在马上要见到她了，感觉自己真像传奇小说中的又一个人物。走到三楼，我又一阵局促，事先没有联系，冒昧登门，好吗？可是脚步不由自主地迈动，眼睛留神地巡看房号。那间房间出现了。

房门打开着，一位老太太埋在矮矮的藤椅里，一只手软软垂落，地上有一本杂志，藤椅几乎将门道塞住了。我一下就断定，她就是白薇。虽然同我看过的她年轻时的照片相比，判若两人，但是，那安详的、思索什么问题的模样却太像太像了。

一个中年女子出来询问，我自报家门，她听到我的名字，竟露出会意的微笑。后来我才知道这是白薇在湖南的一个远亲，来北京照料她的生活。我曾写过信给有关部门寻找白薇，没有回音，不知是不是信转到了，她也知道这回事。

门道里的老太太正是白薇。她有点背耳，我提高声音问了两三次，她才欠起身体，我立刻发现她行动不便，请她不要动，自己侧着身体走进房，她指指房中的凳子，说："请坐。"

我的神情松弛了，紧张感已经消失。我将凳子搬到门道坐下，离她至多一米远。我们开始了交谈。

"你是哪里来的？"

"福建。"

"福建什么地方？福州吗？"

"不，漳州。"

她点点头，又问："有什么事吗？"

"看看您。"

"哦，谢谢。"

她是不相信我只是来看看她的，谈了一阵子，于是又问我有什么事，我又重复说了一遍只是来看望她，她感慨地露出笑容，双手合掌作揖状，连声道谢。她已在文坛寂寞了多少年，平日除朋友和采访者，绝少有人打扰，她似乎被世人遗忘了。可是，有心人会记住她的，中国现代文学史上，清晰地留下了《打出幽灵塔》的印痕。

我们随和地谈着。她叙家常地说，她从前的爱人是漳州人，又马上补充，她就这一个爱人。

尽管我已知道她再没有成家，除了保姆外，就孑然一身，心里还是一震。

她已89岁，脸上生出许多褐色的老年斑，可是遮掩不住她那白净的皮肤。她的嘴唇依然浮着健康的血色。她的眼睛不再熠熠闪光，却依然有许多热情在涌着。她的手指纤长，在抚摸干净的衣襟。去年她摔了一跤，从此就不能行走了。可是，她的心还在跳动。

她娓娓叙说，父亲有一副好嗓子，唱歌很动人，喜欢喝酒，对朋友非常好。间歇时，我不再犹豫了。我决断地说出自己是什么人。只见她双手下意识地缩拢，在藤椅的扶手上猛然一拍，失声叫："哎呀，你是杨骚的儿子呀！"便顿时语塞。

我歉疚地笑笑，未做其他解释。

她端详着我，问了许多我们一家的情况，而且问了不止一遍。谈到父亲时，只是简洁的一句两句，就收住了，几乎不谈自己。偶尔也静默片刻，这种时候，她的手自然地垂落在藤椅的扶手外，也许，她在追忆着往事。

毕竟是上了年纪的人，我想，该让她休息了。我克制着自己，与她告别。她点点头，但是没有办法站起来。

我沿着大街走着，正值下班，大街上非常热闹，公共汽车塞着满满的人，一辆咬着一辆，自行车像泛滥的河水。我只觉得像在旷野里行走，眼前一片广漠，视线可以落得很远很远。刚才和白薇的见面，我听到了50多年前的故事。她充满感情的话语，如今仍萦绕在我的耳畔。

几天后，我又跨入和平里这座公寓大楼，轻快地踩着楼梯，还小

声哼着歌。走到三楼，来到白薇的房门前，我愕然了。房门紧闭，上
面悬着一把铜锁。我挨了这无形的一击，胸口像被堵上了似的。敲敲
邻居的门，想打听一下她的下落，都没人在，四周静悄悄的。我拖着
沉重的步子，一级一级往下走。

　　我脑中曾闪过不祥的念头，但它稍现即逝。不会发生什么
不幸的事情的，饱经生活磨难的白薇，已显示出她极其坚韧的生
命力。

　　但是，她房门上的铜锁，却像一个抹不掉的问号顽强地缠着我。
这么说，她避开我了？在友人家，在宾馆中，在茫茫的北京城里，她
隐没了。那几天，当我乘车时，吃饭时，睡觉前，她房门的铜锁，总
在我眼前出现。

　　还好我在北京住的时间比较长，我不甘心，过了些时候，又去了
一趟。她的房门开着，她坐在房中的藤椅里。她好像有点无可奈何地
说："作协送我去避暑。住了几天，不习惯，又回来了。"

　　我们谈了许久，她留我吃了餐便饭。我注意到她的住处没有一件
多余的东西，唯一的奢侈品就是一张简陋的桌子上摆着的那台小小的
黑白电视机。那位当保姆的远亲说，白薇是不允许在家中摆放镜子的，
也不让人拍照。她希望自己依然是从前那个好看的白薇。

　　谈话间，她曾看住我，说："要是知道你会来找，我是不会见的。"

　　我已长大成人，无须再去探究这句话的深意。

　　回到南方，我每次在书中看到"白薇"两个字，就清晰地浮现起
她埋坐在藤椅中的身影。我时常在夜深人静时，遥望北方的夜空，默
默祈愿白薇能安然无恙地度过自己的余年。

　　实际上，新中国成立后在端木蕻良同白薇的一次见面时，他对她
谈起过1941年在香港同杨骚会面的事情。白薇沉默了。那年7月15日，
她给杨骚写了一封信，她称呼杨骚为"老维"，信的开头这样写"3月
初，接到你着港的信后，再没接到你的信，念念你的行踪。前天，读
到你到星岛的信，你能平安抵星，很欢慰。这次远去国土，希望你能
坚持宿志，做出些事来！听说之的也去了南洋，真么？见着郁达夫先
生，请为我向他致意！"信末又写"几时才能实现和你合作剧本？你，

突然决心远走南洋，事先并未一商。我，将被这惨澹的磨折，迫我将以能执笔的手去执佣么？"署名是"素"。这封长信的首尾写得都很平和，中间却是激烈的。大约这就是白薇。

她沉默，也许要说的太多，却无从说起。也许她想，都已经过去了，说有何益？

中华人民共和国成立后，白薇被安排到北京中国青年艺术剧院工作，她主动要求到北大荒，一干就是6年，回北京后，又要求到新疆，在草原的部队农场干了两年，"文革"前回北京。50年代中期，徐懋庸见过她，他说："我听她说，还带着一些病，看起来却健康、活泼，行动矫健得像一个少女，使我不敢再像20多年前那样叫她'大姐'了。"

时光流转，现已经进入21世纪，生活变得花花绿绿，多少前尘往事早已归入泥土。但是，仍有人回忆起白薇。童年时曾与白薇同住一座公寓楼的邢小群写了一篇关于她的文章（载《南方周末》2019年4月4日）。她这样写道：

> 住进51号楼时，我10岁。刚到那里，一切都很新鲜，最使我好奇的是三楼住着的一位老太太。
>
> 她深居简出，一旦出门，总穿一身丝质的衣裙：乳白色的衬衫，衣领镂花，领口上别着一枚晶莹的领针，黑色的长裙一直盖过脚面。天凉了，她出门还是这身打扮。我暗暗猜想，她是不是把御寒的衣服穿到里面了呢？她肤色很白，看上去有60多岁，其实那时她已过了古稀之年。当时她的穿着莫说与普通人相比，就是在左邻右舍的文艺界人士中，也显得十分特别。她好像来自一个我不熟悉的世界。
>
> 她孤身一人生活，雇着一个保姆。有一次，轮到我家收水费，我跟着妈妈上了楼，敲开她家房门，她探出半个身子，一边掏钱，一边忙不迭地对我妈说："我使水很费，我应该多交一份。"当时全楼一个水表，按人头收费。她说罢，把三个人的水费塞到妈妈手里。
>
> 我问父亲（《平原游击队》的作家邢野），咱们楼上的老

奶奶是谁？父亲说："她叫白薇，是位老作家，我上中学的时候，就读过她的诗。"说起她来，父亲的口气是很尊敬的。

白薇平素与邻居不多来往，但对我们姐妹很亲切。有时我在楼道里碰上她，她总把我往墙壁上一贴："站好，不要驼背！"

有一回，她买回几盆花，从三轮车上搬下来，就冲我家窗子喊："孩子们，给奶奶搬花儿。"花盆进了屋，牛奶糖便揣进了我们的口袋。我更高兴的是，终于看见老太太家里是什么样子了。她住一处两居室的房间，那时的房子没有厅，只有过道。大的一间她住，小的一间保姆住。她的书房兼卧室，窗帘是淡蓝色的，床罩是淡蓝色的，沙发罩也是淡蓝色的，让人感到舒适、整洁、安静。

转眼就到了春节。白薇奶奶第一次走进我们家，手里拿着四张条屏送给我们，对我妈说："你们有四员女将，让她们都当女英雄。"我们上前展开一看，分别是花木兰、梁红玉、穆桂英、樊梨花。

我家后来搬到太原。趁大串联的机会，我和妹妹又来到北京，专门到和平街看望白薇奶奶。那天，她孤零零地躺在床上，满头银发，乱蓬蓬的，身上还是白衣服，但颜色却发黄了，皱皱巴巴的；脸似乎小了一圈，多了细细的皱纹，看起来很憔悴。一见面，她便认出我来，问：爸爸好吗？妈妈好吗？嘴里不停地念叨：都是好人，都是好人。

我当时14岁，对老人家的命运似懂非懂，她却完全把我当成大人，说了许多话。她太需要理解，太需要帮助，可望着她老态龙钟的样子，我真不知道说什么好。

我不厌其烦录下这些字。因为，我一直很想了解白薇的生活状况。她送给邢家四姐妹的条屏是四个古代有名的女将，其实，这是她少女时代憧憬的回光。这四员女将，都是白薇年轻时的偶像。这是当年她的祖母向孙女讲述的故事中的女主角，因此在她的心中打上了深深的烙印。白薇是有自己人生理想的。

1986年，白薇想回湖南家乡，"作协"和湖南各方面都做了准备，可是因为她身体不适，终未成行。

1987年8月27日，白薇走完了她人生的旅程，这一年她94岁。

> 9月10日，白薇的遗体告别仪式在八宝山革命公墓礼堂举行。彭真、邓颖超、胡乔木、胡启立、王震、刘澜涛，周谷城，杨静仁、陆定一、叶圣陶、巴金、赵朴初，周扬、王蒙、贺敬之、夏衍、阳翰笙、冰心、冯至、冯牧、艾青、沙汀、陆文夫、张光年、陈荒煤、铁依甫江、刘白羽、林默涵、臧克家、唐达成等人献了花圈。习仲勋、康克清及有关人士一百余人向她的遗体告别。（摘自1987年9月12日《文艺报》）

白薇去世前几天，董竹君的儿子看望了她，同她合了一张影。这大概是白薇生前留给这铺满荆棘和鲜花的世界的最后一张照片。

如今，白薇的家乡湖南资兴市修建了一座白薇广场，广场内有白薇的铜像，铜像的碑座身上，是邓颖超的亲笔题字"白薇同志像"。

有一个漳州的女诗人安琪来到资兴后，写了一首《早安，白薇》的诗。诗云：

> 早安，白薇/露水中的小广场黑褐，清幽，苔藓茂密/早安，青石板台阶和无人踩踏的寂寞，寂寞的白薇/你好！/我来自漳州/你爱人的故乡/我是杨骚故乡的诗人我代替杨骚看你来了白薇/我的前辈！/你和杨骚爱恨纠缠的一生我了然于胸过/不胜唏嘘过/心痛过不平过/无可奈何过/你我相距数十年但再漫长的距离也无法消弭你我之间的共同/我们都是女人！/都在爱中狂喜过绝望过/都被爱火照得光彩十足又被爱火/烧得伤痕累累直至/心死。……

当然她无法代替杨骚来看望白薇，这只是她的一个心愿。在爱中狂喜过绝望过甚至伤痕累累的心，是不会死的，诗中发出的只是一声无奈的叹喟。

只要生命仍在，爱情对谁来说都是一种永远的渴望。

2017年，在漳州纪念杨骚逝世60周年的文艺演出中，我与编排节目的闽南师范大学的老师商定，演出了白薇的名剧《打出幽灵塔》，这会不会是1949年之后白薇剧本的首次上演呢？研究戏剧的专家们说，曹禺写作《雷雨》时，受到了《打出幽灵塔》的影响。晚会上，还朗诵了我写的散文《寻白薇》。这两个节目都博得了观众热烈的掌声。

人间美好的感情是不应该也不会消失的。

三、他倏然离去

　　父亲比白薇提前整整30年离开这个世界。这么早离去，是他自己没有想到的。

　　1955年12月31日，这一天布满浓雾。即将过去的一年，病痛缠身，耗去杨骚许多精力，无奈至极。这淹没了绿树、建筑物、使草坪也难以看清的大雾，同杨骚的心情有些相似，同是茫茫然然。他在日记中写："1955年如是完结了，病未痊愈，感慨多余。"当然，雾会散去，天也会晴朗，只是对杨骚来说，晴朗的时候太少了。

　　他也许想到过死，但是他曾认为这至少是10年以后的事，他是准备再工作10年的。可是，是否有过一些预示呢？

杨骚逝世前日记

在1956年5月2日的日记中，他写道："北（指西北）已差不多5岁，对于死亡不知何物，前曾问我是不是想死。对是。又说现在是不是死着，漫应之。"5月18日，他又写："前几天北问仁（指陈仁娘），'爸爸死了怎么样？叫谁来做爸爸？是不是叫大哥哥（指杨荣）做爸爸？'因再前几天他来问时间，我戏说'如果我死了怎么样？'他说'是不是爸爸想死着？'我说'是。'再后几天，他看我躺着，他又来问'是不是爸爸还想死着？'北今年6月6日满5岁，对死还不认识。"

这是关于死亡的话题第一次在父亲的日记里出现。当时我对死当然是懵懂无知，父亲将此事记入日记，除因为觉得有趣以外，是不是第六感官对死已有所觉察。

不管如何，那时在他心里占着第一位置的是治病，然后只要身体允许的情况下就得写作了。他不止一次对人讲起，病情好些时，想迁回漳州住，虽然家乡医疗条件远不如广州，但那里的生活他熟悉，对写作有利。他曾写信对红豆说："我手脚不灵，病未痊愈，不然，我都想再回去一次，看看大家是在怎样奋斗，为人民，也就是为自己的前途奋斗。"

这一年10月11日，他在信中对红豆说："我最近颇想回漳州或厦门居住，因为照我的病状，既不能远离居地体验生活，又不能就近接触生活（广州话不懂），想写作实在困难。若能回家乡，比较就容易解决这种困难了。但我想，这要在鹰厦铁路造成以后，即明年的事情了，现在只不过和你说说而已。不知漳州或厦门房子容易租否？……你对我回家乡住有什么意见吗？请写信告诉我。"

11月17日，他给红豆的信中又写：

"你近来身体还好吗？不要太劳（累），搞坏身体。身体能长期健康，便能长期工作；而工作是需要长期的、能耐的、有恒的。望注意。

"我最近又服中药，祈能于明年回漳以前身体好一点。

"阿琛（小珍）想也是健康工作为慰。"

父亲感受太多了，体会太深了，身体不好，则什么都做不成。他将身体健康列在头等重要的位置上。

11月19日，他住入了广东中医实验医院。早在4月下旬，广州作协就联系好，让他住院，他觉得自己回国后，几乎一直被疾病拖累，没有做什么事，却得到多方的关照，真受之有愧。他在日记中写："病如是麻烦组织，实在有点不安。"后来父亲没有入院。

这次住院，他不愿意闲待着。今年以来，有人民文学出版社、作家出版社、上海少年儿童出版社等约译著和书稿，报纸约稿的也有不少。他想先搞点翻译，拟定翻译日本文学作品。在病床上，他着手开始做准备工作。桌上摆着各种资料，还有字典和笔记本。

11月27日，方殷从北京到广州，来医院探望。他们十分融洽地谈了许多话，父亲说自己"过分兴奋，头、眼有点晕"。

在住院之前，父亲曾出现过背腰酸、腹部变硬、呼吸困难的症状，虽然几分钟以后便恢复正常，但一两个月总会来一次，他认为这症状可能会致命。住院一个月后，病情似乎向好的方面转化，他对母亲说，再住一个月看看。

但是头晕变得频繁。12月27日，早上他洗脸时头晕，中午又晕，在床上都坐不住，全身没有力气，想呕吐和流汗，又吐不出来，后来左胸发酸。医生来了，用听诊器听音，说没有异常，是神经疼，叫护士来打了一针。父亲在这天的日记里写："自己问医生是不是自己要死了？他笑说不会。"

父亲这次预感是准确的。死神实际上已在向他逼近。

在以后的十来天中，他叮嘱来医院的泳南要用功读书，对西北说不要捉弄小弟弟。还看了《再论无产阶级专政的历史经验》等。元旦

公祭大会

天，他午睡醒来，看到杨荣带着泳南和西北已来。聊天中，杨荣说自己想以新中国成立前的生活体验尝试一下写多幕剧，父亲听了很高兴，极力鼓励他动笔。两个小孩在病房里玩，吃柚子又吃糖果，时不时还开心地嚷嚷，他一脸疼爱又无奈地说："两个家伙在一起，真调皮，没有办法。"这一天父亲在日记中写："今天57年元旦，天亮，太阳好，暖和。"新的一年开始了，生活是多么美好。

1月13日，他记日记："早起静坐，半操。照例查病，自己的病情告之。欲晕未晕。近晚饭时荣拿鸡汁来。……看作品，《啼笑皆非》独幕剧，写得不错。下半夜睡不好。头痛。"

1月14日，他记日记："早七时起床，未坐未操，因贪睡。甄医生照例查病，学习者陪伴。自己以病情告之，示趾。今天看时事手册。头昏昏，但未晕，眼几乎要花。"

死神已伸出看不见的手，在惋惜地抚摸着一个热爱生活的人。

第二天上午，父亲同往常一样，盥洗，饮食，聊天，休息。就在此时，死神温柔地扼住了他。他就这样离去了。

以后我一直在想，父亲怎么可以这样离去。留下了母亲和三个幼儿。如果当时医疗水平高如今日，父亲可能会被多挽留几年。

小车子很快将我们从白鹤洞送到市内。记得我在车内还哭了一阵子。后来想哭，但却哭不出来。我真是不知道死亡为何物。

1月16日，《南方日报》和《广州日报》都发了"作家杨骚逝世"的消息。消息写道：

> 作家杨骚同志不幸于昨（15）日上午9时15分在本市广东中医实验医院病逝。享年57岁。遗体移往德坭路别有天殡仪馆，17日上午10时大殓，12时发引。
>
> 杨骚同志在1953年秋，曾一度患脑血管栓塞，医愈后又患半身不遂症，长期休养亦未复原，去年11月进广东中医实验医院留医。昨天上午9时左右患中风症（脑血管栓塞），经急救无效，延到9时15分逝世。
>
> 杨骚同志早年曾留学日本，回国后参加中国左翼作家联

盟，从事写作，翻译，并曾在国外主编报刊。解放后参加华南的文学领导工作。遗作有诗集《受难者的短曲》《春的感伤》《乡曲》《心曲》，散文集《急就篇》，诗剧、独幕剧《心曲》《空舞台》《蚊市》《黄》等，翻译《铁流》《十月》《没钱的犹太人》《赤恋》等。

杨骚同志逝世的消息引起各方面的哀悼，并组成了治丧委员会。这个委员会的名单如下：

> 主任委员：陶铸
> 副主任委员：陈汝棠　朱光　欧阳山
> 委员：丁坡、王任叔、王纪元、王匡、王起、方君壮、丘哲、朱光、杜国庠、杜埃、陈汝棠、周扬、周钢鸣、欧阳山、罗理实、茅盾、胡愈之、胡一声、郑天佑、夏衍、梁若尘、郭沫若、郭翘然、陶铸、娄光琦、冯乃超、黄药眠、肖隽英、杨康华、廖必光、饶彰风。

在17日举行的公祭仪式上，念了一篇祭文。祭文如下：

敬爱的杨骚同志：

今天，在你的灵前，我们以沉痛的心情，来向你告别，我们——你的同志，你的朋友亲戚，在这里举行一个朴素庄严的仪式，来将你的遗体，安葬在独立、自由的祖国大地。

敬爱的同志，愿你安息！忠诚的爱国主义战士，愿你安息！

在这临别的时刻，我们回想起你：当历史上第一次树起中国无产阶级文学的大旗，你的心就被伟大的革命思想所吸引，参加了中国左翼作家联盟，投进了战斗的行列。

你把对革命的热情，织成了无数动人的诗篇，在你的诗集《乡曲》《春的感伤》和《受难者的短曲》里，唱出你的、也同样是人民的痛苦和不幸。

　　第一个把名著《没钱的犹太人》介绍到中国来的是你，这本书无情地揭露了资本主义社会吃人的罪恶和无耻的文明。而美国无产阶级文学的伟大作家高尔德同志，他勇敢地抛弃一切旧的教育，站在先进的世界观立场，为了劳动人民的利益而不懈地战斗，他的道路给了你极其宝贵的启示。

　　你很早就把绥拉菲摩维支的巨著《铁流》，介绍到中国来。在那无比寒冷的日子里，人们读了《铁流》，心里就感到一阵温暖。谁都会因此而联想起正在艰苦作战的我们自己的工农红军，谁都会把那行将燎原的星星之火，看成是人类的救星，未来的希望。

　　同志！我们清楚地知道你，你一直相信这个未来总有一天会变成为现实。二十年来，在那漫漫的长夜里，无论是你生活得如何艰苦，无论是你的呼吸怎样地不自由，你都没有放弃你的信念。甚至你被迫流亡海外，你还是继续鼓吹祖国的独立、自由和解放。在争取民族解放、人民民主的伟大爱国事业中，你所献出的一份辛勤，和一片诚心，我们是永远不会忘记的。

　　在这临别的时刻，我们回想起你：当中国人民站了起来，你亲眼看到了胜利，心里充满欢喜，你挈妻携儿，满怀兴奋，回到祖国母亲的怀抱，掸清了身上异乡的尘土，准备在亲爱的土地上耕耘劳动。这几年来，尽管病魔不断地纠缠着你，你并没有被它吓倒，你不仅努力参加人民民主政权的各种活动，不仅深入农村，改造自己，继续坚持写作，并且，还严肃地提出申请加入中国共产党的要求。只要你在呼吸，你的战斗不会停息。

　　同志，你知道，在我们的队伍缺少一个你，该是多么重大的损失！

　　现在，我们以沉痛的心情向你告别。我们将你安葬在独立、自由的祖国大地。

　　安息吧，敬爱的同志！安息吧，忠诚的爱国主义战士！

杨骚之墓（广州银河公墓）

这是一篇颇具感情色彩的祭文。我曾经读过许多遍。我们家里保存着父亲公祭仪式、出殡和入葬的照片。父亲躺在玻璃罩里，睡着了似的。四周满是花圈和挽联，人们正绕行着向他告别。父亲的棺木放入墓穴时，母亲和哥哥在哭，旁边有人扶着他们。我被人牵着手，小不点一个，两眼呆呆地看着别处。弟弟不满周岁，还不会走路，被保姆带在家里。

父亲葬在广州银河公墓。我们去扫墓时，我和哥哥在墓前照了张相，我们捧着鲜花，我的个头才及墓碑的一半高。

父亲去世后，哥哥做过这样的梦：他梦见这座墓有一天竟然打开了，他可以走进去，父亲也可以走出来。原来父亲没有死，只不过是住在这个地方而已。这个地方布置得简单了点，但还是挺有意思的。父亲对他说：我不能够经常出来。所以也不是什么时候想见父亲就可以见得到的。

但是不要紧。哥哥对我说，那时他隔一段时间就要做一回这样的梦，在墓里或墓外与父亲见面。情节大体一样。

儿子祈望在梦中同父亲相见，这种思念只有自己能懂。

四、六十年以后

洋洋洒洒写到这里，已20多万字，我想，应当在这一节里写写我的母亲。

父亲在我5岁多的时候去世，那时我母亲只有38岁，我弟弟还在襁褓之中。38岁，当时对我来说是个遥远的、不可企及的年龄。如今已过不惑之年，才明白38岁意味着什么。这是生命正当成熟，对生活抱着热切期待，身心如日中天的年华。这时父亲的突然离去，对母亲无疑是个极大的打击。我至今仍记得她掩脸哭泣的样子。哥哥当时才11岁，怎样把

漳州杨骚文学馆的杨骚铜像

这3个孩子拉扯大？未来的日子会是多么艰难而漫长。我们从印度尼西亚回来后，外祖父和外祖母都还在印度尼西亚。于是母亲想再出去，据说必要的手续也办好了，但有关方面出于诸多考虑，劝我们留下。于是我们一家就留下了。后来我不止一次想过，假如当时出去了，不知现在会是一副什么模样。

生活是很实在的。我们住的小楼在白鹤洞山顶道15号，家中有个保姆。母亲是个很单纯的女子，平时就照看小孩和料理一些家务。父

亲去世后，我们还在楼里住了不短的一段时间，后来搬到邻近一栋小楼的地下室，在山顶道11号。我尚年幼，觉得兴奋和新鲜，每当看到窗外晃过一截截腿脚，就好像自己是游击队员，在伏击敌人。母亲尽管单纯，也明白生活的艰辛已经开始。

1959年年初，我们搬回福建漳州老家。父亲去世后，广东作协、中国作协和父亲的朋友为我们筹集了一笔抚恤金。人民文学出版社计划出《杨骚选集》，这样我们可以得到一笔稿酬（后来书没有出成），大概以后十几年的生活不会有什么问题，可还是要节俭过日子。回老家，生活费能省不少，遇到问题还有亲人可以商量。漳州老家在一条窄窄的小街上，没有电灯，没有自来水，抽水马桶更是天方夜谭。这对许多已习惯了的人来说不是问题，可对母亲来说，反差大了一些。但是，她没过多久也就适应了。

大概过了不到一年，那场席卷全国的大饥馑也波及了我们家。定量的粮食不够吃，配给的番薯后来都吃怕了。有一天哥哥对我说，他找到了一种吃番薯不害怕的办法："将番薯沾满辣椒酱，往嘴里一塞，什么番薯味也没有。"说着就示范给我看。又有一天哥哥对我说，他找到了一种吃饭耐饿的办法，"吃饭不要嚼烂，喝粥不嚼，赶快往肚里吞，消化的时间越长就越耐饿。"说着也是示范给我看。这当然都是一试就灵，但却以我们的健康为代价。日后我们双双得了胃病，这种迅速吞食法很可能就是病因之一，而我的胃病至今未愈。但不管如何，我们三餐都有的吃，晚上偶尔还可以到附近的黑市场买些不知是什么野果野菜捣制成的代食品。那时又叫"瓜菜代"，用瓜和菜顶替粮食，只是这个"代"都叫母亲包了，我总看到她端着盘子往嘴里扒菜。许多年以后，粮食不那么紧张了，有天晚饭后，我同母亲闲聊，谈到困难时期，母亲笑笑说："那时我早上都没吃饭，一天就是两餐。"我一时愕然。我小时候上学，早晨都是早早吃完饭就走了，母亲通常忙完家务才用餐，怎会想到她为了我们多吃几口饭省下了自己的早餐，而我们一直都没有发觉。母亲全然不把这当一回事，多年之后才这样不经意地告诉我们。那天晚上我沉默了许久。

后来哥哥又回到广州读书，"文革"期间分配到广州工作。不久我到山里插队,当农民去了。第二年,供给我们做生活费的那笔抚恤金也用完了。这时,我们陷入困窘中。还是亲人的接济才使我们渡过难关。我在穷山沟里,无法养活自己,母亲没忘记抠下一元两元托进山的知青带给我,我每每接过这蘸满母爱的毛票,都羞愧难当。

漳州芝山公园文化墙的杨骚铜像

这时，弟弟虚报年龄到工厂当学徒（其实是童工）。当时这是一份很令人羡慕的工作，至少能养活自己，而且就住在城里家中。我也难免偶尔眼热。有次回城，老听弟弟嚷嚷肚子饿，这时他已是半大的小伙子了，正是长身体的时候。一天夜晚他外出回来，又说肚子饿，炒了剩饭吃。我在一旁哼道："你还没尝过肚子饿的味道呢。"我在远离村庄的山田里劳动，尝够了饥肠辘辘的滋味。不想在一旁的母亲勃然大怒，朝我嚷道："你想怎么样，让他跟你一样吗？"我们三兄弟，数弟弟的童年残缺，至少未感受过父爱。他小时候从楼梯摔下过几次，有一次还昏了过去，是母亲慌里慌张抱他到医院去才把他救了过来。母亲不愿意看到我们受苦。

就这么一年一年，我们长大了，都有了一份工作。我开始留意搜集父亲的资料和遗著。后来出了《杨骚选集》。只是母亲没有太多的兴奋。她拿了一本去看，几天后对我说："哎呀，里头有错别字。"仅此而已。我又开始筹办父亲的学术讨论会，后来会议成功召开，新华社发了通稿，许多大报都登了消息。母亲知道后，宽慰地笑笑，还是没有太多的兴奋。名利场对她来说是很陌生的东西。她似乎认定生活在这个世上的责任就是把我们带大。

我记不得她有过什么奢望。后来终于想起她曾说过10年后要回广州看看，住到华侨新村、她当姑娘家时很要好的、后来也回国的小姐妹家里，当然主要是她的丈夫、我的父亲的坟墓就在广州。她说的时候漾满笑容，而且很自信。转眼间10年过去了，母亲并不见苍老，可惜"文化大革命"搅黄了母亲的愿望，经济上不允许，我们也没心思回广州。

之后，母亲没再提起过去广州的事，她的小姐妹们也都出国了。直到有一回我出差到广州去，父亲的朋友们向我问起母亲，要我有机会带她来走走。我转达了这个问候之后，她显出兴奋的样子，点点头说："要的。"这时已是改革开放，气象万千的年代了。

母亲已显出老态，身子佝偻着，步子开始沉缓，视力极差。她桌头摆着放大的父亲坟墓的彩色照片。其实她是看不见的，这完全是一种心灵的寄托。

　　这是一个春风沉醉的夜晚。晚饭后，母亲很高兴地谈着家事。她心情看起来很好，絮絮叨叨地讲起我们小时候的事。说我读小学时每次上学，总要叫一声"妈妈"，等她应了才肯离家。有一次她故意不应，我就站在门口一直叫，叫得她不由得笑起来，应了，我才气呼呼地走了。说我弟弟有一回不知为何总歪着脖子，吓得她半死，后来抱到医院治疗了好几次，才慢慢好了。说弟弟两三岁时从楼梯上摔下来几次，一定影响了智力。还数落我哥哥这么大年纪了，还不想成家。这时我哥哥已在深圳，母亲说今年一定要到深圳，顺便也到广州。我屈指一算，我们从广州搬回家乡已有30多年。于是我们筹划着什么时候去、谁带她去比较合适等。母亲心情非常舒畅，在金黄的灯光照映下，她的脸上竟然带着醉人的酡红。

　　第二天晚饭后，她正在收拾桌子，大概一阵晕眩，昏倒桌下，额头和鼻梁磕碰到了桌子。正好家中没人，20分钟后才被家人发现，赶紧送往医院急诊室。当我知道消息赶到医院，看到她躺在铺着白布的木床上，两眼紧闭着。

　　母亲就这么利索地远行了，带着未了的心愿和我们悔之不及的感情。

　　我将她抱在怀中回家时，她鼻中淌出血，血滴在我的衣襟上。

新时期重印的杨骚著作

　　母亲曾说过，她死的时候要穿结婚时穿的婚纱，我们在衣柜里找出这件乳白色的婚纱，披覆在她身上。母亲是个基督教徒，我们按基督教的方式送她走向天国。

　　这一年母亲74岁。

　　我们家中存着一份母亲的笔迹，这是她抄写的父亲在20年代末写的6首诗，它们是《月彷徨》《断琴哀星》《北风与爱》《跪在她面前》《夜色》《把梦拂开》，除了最后一首外，其余的都是情诗。这些诗都被收入了诗集《春的感伤》中。我很奇怪，母亲为什么会抄这些诗？大概母亲觉得这些诗有点意思。

　　我上山下乡插队时，曾去过广州一次。离开广州前，我先到银河公墓给父亲扫墓，然后到母亲的小姐妹家中告别。当她们问我刚才去哪里玩时，我眼泪一下就滚落了下来。此时，我才发现我对父亲的感情是那么深。

　　父亲安葬在广州，这里是他辞别俗世人间前，生活和工作了数年的地方。半个多世纪过去了，他有过魂归故里的时候吗？现在，漳州新开辟了一处山水相依、充满绿意的芝山公园，园中有一处文化名人墙，墙上有一尊杨骚站立的全身浮

杨骚诞辰110周年，闽南师范大学芗涛剧社演出抗战独幕剧《本地货》。

雕铜像，他手里拿着自己的诗集《乡曲》，凝望着故乡的土地。漳州是历史文化名城，杨骚的老家正好在这座古城核心区的中轴线上。这片由国家保护起来的古城核心区，建了一处杨骚文学馆，馆中有洋溢着他风貌神采的半身铜塑像，还展出勾勒了他一生的照片和著作。或许，这座公园和这处文学馆，可以成为他魂灵栖息的地方。

现在，父亲、母亲，以及同父亲有过不同寻常感情关系的人，都已在天上自由自在地游动，如同白云一样，时分时合。或许，他们真感到这是一种最彻底的解脱。

愿父亲在天之灵永远幸福。

1998年8月至1999年2月中旬工余
2019年5—6月修改

后记

花了时间，终于改完这部书稿。

我做了些事实的补充，弥补了当年写作时因为时间匆促而留下的小遗憾。离第一稿已过去有些时日，此次修改还增加了一些新的内容。

改毕书稿，适逢父亲生辰120周年之际，就将它作为献给父亲的一束无色无香的花儿。

感谢中国华侨出版社给了我这个出版的机会。

2019年7月